悪意の科学

意地悪な行動はなぜ進化し社会を動かしているのか？

サイモン・マッカーシー＝ジョーンズ
プレシ南日子訳

インターシフト

悪意の科学

意地悪な行動はなぜ進化し社会を動かしているのか？

【目次】

＊文中、〔　〕は訳者の注記です

はじめに　人間は4つの顔をもつ

なぜ悪意は進化で失われなかったか？

悪意（意地悪）の根は深い。大昔から伝えられている物語にも悪意に満ちた嫌がらせが描かれている。たとえば古代ギリシャ神話では、英雄イアーソーンに裏切られた妻のメーデイアが腹いせに自ら子どもたちをあやめてしまう。また、トロイア戦争の英雄アキレスは、ギリシャの総大将が自分の奴隷を奪ったため、味方でありながらギリシャ軍への協力を拒んだ。民話にも悪意は登場する。ある物語では、魔法使いが男に1つだけ願いをかなえてやろうともちかけるのだが、当然ながらこの申し出には落とし穴がある。男が望みを1つかなえたら、それが何であれ、同じことが2倍になって憎らしい隣人の身に降りかかると聞き、男は自分を片目だけ失明させてくれと頼むのだ。[1]こうした話は長い年月のあいだにほこりをかぶってはいるものの、登場人物たちの行動は現代のわたしたちにも通じるものがある。

こんにち、人間が悪意からつまらない行動をとることは誰でも知っている。たとえば駐車場で故意にもたもたしてほかの車を待たせる人もいれば、隣人の眺めを遮るためにわざわざ塀を建てる人もいる。それにわたしたちは悪意が大きなダメージをもたらしうることもわかっている。離婚相手に仕返しするためだけに親権を得ようとする人もいれば、政局に混乱をもたらしそうな候補者にあえて投票する人もいる。にもかかわらず、悪意にはプラスの面もあると言われたら、すんなり納得できるだろうか？

そもそも悪意とは何だろう？　アメリカの心理学者デヴィッド・マーカスは、悪意のある行動[2]とは、他者を傷付け害を与え、かつその過程で自分にも害が及ぶ行動と定義している。もっとも、これは「狭義の」定義であり、より広義の定義には、他者に害を与えるが、自分は傷付くリスクがあるだけの場合も含まれる。また、自分の利益につながらないにもかかわらず、他者に害を与えるためにする行為も悪意のある行動といえるだろう。[3]しかしながら、マーカスが指摘しているように、他者を傷付けることで必然的に自分も害を被るという狭義の定義は、悪意のある行動をそのほかの敵対行動やサディスティックな行動と区別するのに役立つ。

実際、悪意を理解するには、悪意に当てはまらない行動に目を向けるとわかりやすい。コストと利益という観点から人間の行動を考えた場合、他者との交流には基本的に次の4種類があり、[4]そのうち2つは行為者に特別な利益を直接もたらす行動だ。人間は自分と他者の双方に利益をもたらすように行動（協力行動）することもあれば、他者ではなく自分だけが利益を得るように行動（利己的行動）することもある。第3の行動は自分がコストを負担して他者に利益を与える利他的行動だ。こうした協力行動、利己的行動、利他的行動については、これまで多くの科学者が生涯をかけて研究してきた。しかし、第4の行動も存在する。自己と他者の双方に害を及ぼす悪意のある行動だ。これまで悪意のある行動は闇の中に放置されてきたが、これは望ましいことではない。わたしたちは悪意に光を当てる必要がある。

悪意について説明するのは難しい。悪意はまるで進化論に疑問を投げかけているかのようだ。全員に害が及ぶような行動が自然淘汰で失われなかったのはなぜだろう？　本来なら悪意は生き延びられなかったはずだ。仮に悪意が長期的に見て行為者に利益をもたらすのなら、失われずに存在し続けているのもうなずける。だが、長期的利益をもたらさない場合はどうだろう？　こうした悪意のある行動はどうすれば説明できるのか？　そもそもそんな行動は存在するのだろうか？

悪意は経済学者にも難問を突きつける。自己の利益に反する行動をするのは、一体どんな人間だろう？　長年経済学者は説明を要する問題があることにすら気付いていなかった。18世紀の著名な経済学者アダム・スミスは、人間は悪意のある「感情にかられて行動することがそう多いわけではないし」、たとえこうした感情にかられても「よく考えたすえ、行動を抑える」[5]（『国富論』山岡洋一訳、日本経済新聞出版社）と主張している。時代は下って1970年代、アメリカの経済学者ゴードン・タロックは、平均的な人は約95％利己的であると主張している。[6]「強欲は善」（1987年の映画『ウォール街』の中で使われた、当時の資本主義経済を象徴する言葉）とされた1980年代、多くの人々は、この推定値は控えめだと感じたことだろう。

経済学者は人間を自己の利益を最大化すべく合理的に行動する生き物、ホモ・エコノミクスと見なしていた。また、例外はあるものの、通常は自己の利益といえば金銭的利益と解釈されている。[7] ところが、後ほど第1章で論じるように、1977年に行なわれたある画期的な研究により、人間はタダで現金が手に入る機会に恵まれても、ときには平気で辞退することがわかった。アダム・スミスは楽観的すぎたのだ。タロックが提示した95%の残りの5%には、とても現実的で強い影響力を持つ要素が隠れていた。

悪意は害を伴うが、そもそも害とはどんな要素から成り立っているのだろう? ある行動が害を及ぼしているか否か判断し、悪意に基づいていると決定するのは誰なのか? 極端な例だが、たとえば自爆テロを起こせば自分は来世で報われ、残された家族は今世で補償が得られると考えている人が実際に自爆テロで命を落とした場合、それは自分に害を及ぼしたことになるのだろうか? 進化生物学には害を客観的に測定する基準がある。適応性(繁殖成功率)の喪失だ。なお、個人の適応性喪失を伴う悪意のある行動、いわゆる「進化的悪意」については第4章で考察することにする。一方、経済学者および心理学者は直接個人がコストを負う形態の害に注目しがちだ。この「心理的悪意」は長期的に見ると個人に予想外の利益を及ぼすこともある。こうした悪意はやがて利己主義へと発展する。

悪の中にある善の起源

悪意がどんなものかはわかったが、まだ2つの疑問が残っている。第1に誰かに悪意に基づく行動をとらせる要素は何か？　つまり悪意がどのように作用しているのか？　これは悪意の至近要因と呼ばれている。第２に人間が悪意を抱く、より深い理由は何だろう？　そもそも悪意はなぜ存在するのか？　悪意は進化においてどのような機能を果たしているのか？　これは悪意の究極要因だ。ここで１つ、卑近な例だが、赤ん坊が泣く理由を考えてみよう。寒いからとか、お腹がすいたからという理由は至近要因にあたる。一方、両親にかまってほしいからという理由は究極要因だ。[8]では、悪意の理由についてさぐれば何がわかってくるだろう？

悪意の究極要因が得られれば、悪意がどのように現代の世界を形づくっているかという、差し迫った問題について考える端緒がつかめる。たとえば人類の祖先は糖分と脂肪分を大いに好んだおかげで、カロリーの高い食物を積極的にとるようになった。しかし、こんにちの西欧諸国では、糖分と脂肪分の高い安価な食品があふれ、かつては適応に役立っていた習性が、糖尿病や心疾患を引き起こしている。同じように悪意も人類と共に進化を遂げてきたわけだが、過去に想定されていた世界とはまったく異なる現代の世界に遭遇したら、一体どんなことが起こるだろう？　人類の祖先にはまったくなじみのない、さまざまなレベルの経済格差や不公平が存在し、ソーシャルメディアを通じたコミュニケーションが行なわれるようになった世界に悪意はどのような影響を及ぼすのか？

これが差し迫った問題である理由は、悪意は非常に危険に思えるからだ。見方によっては、悪意は人類にとってのクリプトナイト〔アメリカンコミックスのヒーロー、スーパーマンの弱点とされる架空の物質〕のようですらある。悪意は当然ながら協力の対極に位置する。これは懸念すべきことである。というのも、協力は人類にとって非常に大きな力だからだ。人類が繁栄できたのは、協力して働く能力が極めて高かったおかげといえる。粘菌ですら協力することはあるが[9]、人類は協力する能力をフル活用している。人類が血縁関係のない個体同士で大きな集団を形成して暮らせるのはそのおかげだ[10]。人類ほど協力的ではないほかの霊長類にそんな芸当はできない[11]。おかげで今のところ映画『猿の惑星』のように人類がサルに取って代わられる恐れはないが、サルに支配される以外にも懸念すべきことはいくつもある。もし悪意によって協力関係にひびが入ったら、人類の進歩を阻害するばかりか、現在直面している複雑な世界的問題を解決するのにも支障をきたしかねない[12]。世界は良くなってきているとはいえ[13]、進歩が保証されているわけではないのだ。

また、悪意は非常に恐ろしいものにもなりうる。自己の利益に束縛されない敵ほど恐ろしい相手がいるだろうか？　自分勝手な人間も厄介ではあるが、少なくとも相手の利己心に訴えて説得することはできる。では、自分の幸福を犠牲にしてでもあなたを傷付けようとするほどの悪意を持つ人には、どんな言葉をかけたらいいだろう？　彼らは映画『ターミネーター』に登場する人間の姿をした殺人兵器のようなものだ。こうした人々は交渉にも応じず、説得不能で、あなたを殺すまではいかないとしても、少なくとも何かしら迷惑をかけるまで、決して止めることはできない。しかも困ったことに、彼らが存在するのはＳＦの世界だけではない。

第二次世界大戦後半、ドイツとロシアの戦いが激化する中、ヒトラーは列車の用途についてある決断を迫られた。東部で殺害するユダヤ人の移送に使うべきか、ソ連と戦うドイツ軍に必要不可欠な武器や燃料、物資の輸送に使うべきか。[14] ヒトラーが選んだのはホロコーストだった。ドイツが滅ぶリスクを承知の上で、ユダヤ人を絶滅させようとしたのだ。悪意の恐ろしさは底知れない。

悪意は明確かつ甚大な危険をもたらす。悪意をコントロールするには、悪意を理解する必要があるが、それにはまず悪意を詳しく検証するほかない。そして、悪意を理解できたと思ったら、今度は別の要素が姿を現し、わたしたちは悪意について誤解していないか改めて考えずにはいられなくなるのだ。アメリカの哲学者ジョン・ロールズは、道徳上の徳は人々が「仲間としてお互いに関して欲することが合理的であるような」性格特性の1つだが、悪意は人間が他者に欲しない特性であり、「すべての人に危害を及ぼす」悪徳であると言っている[15]（『正義論』川本隆史・福間聡・神島裕子訳、紀伊國屋書店）。だが、これは本当だろうか？　悪意をより詳しく検証していくと、異なる側面が見えてくる。

というのも、どうやら悪意には善を促す力があるようなのだ。悪意はわたしたちが自分を高め、何かを創造する助けとなることもある。しかも、必ずしも協力の妨げになるとは限らない。実際のところ、悪意は逆説的に協力を促すこともある。また、必然的に不公平を生み出すわけではなく、不公平をなくすための最強のツールの1つとなることもある。不公平や正しがたい不平等がある限り、人間には悪意が必要なのだ。

旧約聖書の『エゼキエル書』には、予言者エゼキエルが30歳のときに見たあるビジョンについて記されている。北方から大嵐が訪れるのだが、嵐の内部では火が燃えていて、その火の中から4つの面を持つ生き物が生まれる。各面には顔があり、1つは人間、1つはライオン、1つは雄牛、そしてもう1つはワシだった。エゼキエルが見た生き物のように、人間の本質は異なる姿を併せ持つキメラのようだ。わたしたちも世界に利己、利他、協力、悪意という4つの顔を見せている。人間は多面的であり、天使でもなければ悪魔でもない。自分自身を理解するには1つの面だけではなく、自分のすべての面を理解する必要があるのだ。人間は独自の行動のレパートリーを持った順応性のあるサルであり、利益を得るためにレパートリーのうちどの行動をとるかは、直面している状況によって決まる。悪意は魂に付いた邪悪な汚れなどではなく、魂の一部なのだ。単に人間には闇の面と光の面があるというわけではなく、闇の面が光を生み出すこともある。では、心の準備をして、これから悪の中にある善の起源を見つけに行こう。

第1章 たとえ損しても意地悪をしたくなる

人間観をくつがえす研究

1977年秋、西ドイツは最後通牒を突きつけられた。同年は第二次世界大戦の悪夢の後に生まれた新世代のドイツ人が成人した年であり、彼らこそドイツの劇作家ベルトルト・ブレヒトが1938年に発表した詩「のちの時代のひとびとに」の中で語りかけた「Nachgeborenen（後世の人々）」だった。彼らは親の世代が犯した罪の陰で育ったが、だからといってドイツ第三帝国の犯罪に対する責任はない。それでもこうした犯罪によって汚名を着せられたと感じていた若者たちは、国内でナチスの残党を目にするたびに強い不快感を持った。そして、なかには言葉には表せないほどの抵抗を感じる人もいた。彼らはアウシュビッツの収容所をつくるような人々に道理を説いても無駄だと考えていた。そうした感情から、資本主義、帝国主義、ファシズムの打倒を目指す急進的左翼組織バーダー・マインホフ・グルッペ（後に「ドイツ赤軍」と改称）が誕生する。しかし、マルクス主義を掲げ、マシンガンを振りかざす無秩序な若者の集団の例に漏れず、結局のところドイツ赤軍もただ流血事件を起こしただけだった。

1977年9月5日の夜、ドイツ赤軍のメンバーが青い乳母車を押しながらケルンの静かな道を歩いていると大型のメルセデスが角を曲がってきた。後部座席にはハンス＝マルティン・シュライヤーが乗っている。戦争中、ナチスの親衛隊の士官を務めた男だ。1977年当時、シュライヤーは西ドイツで最も力のある実業家の1人になっていた。乳母車が目に入ると運転手は急ブレーキを踏んだ。護衛の警察官がメルセデスの後部に衝突し、そこへドイツ赤軍が襲いかかった。

ヘッケラー＆コッホ社製の半自動小銃で武装したメンバーが1人、警察車両のボンネットによじ上ると、男たちと車両に銃弾を浴びせかけた。銃撃が終わった時点で3人の警察官と運転手は命を落としていたが、シュライヤーはまだ生きていた。ドイツ赤軍のメンバーはシュライヤーを人質に取り、西ドイツ政府に究極の選択を迫った。シュライヤーの命と引き替えに、終身刑で投獄されているドイツ赤軍第1世代のメンバーの釈放を要求したのだ。政府が手をこまねいているあいだに事態は悪化していった。

シュライヤーの誘拐から5週間後の1977年10月13日、パレスチナ解放人民戦線がルフトハンザ181便をハイジャックした。パレスチナ解放人民戦線とドイツ赤軍には強いきずながある。パレスチナ解放人民戦線の訓練に参加し、ヨルダンの砂漠で一緒に匍匐《ほふく》前進した仲なのだ。ハイジャック犯はパイロットに命令して、最終的にソマリアのモガディシュに着陸。そこで最後通牒を出した。ドイツ赤軍の同胞の釈放を含む要求に応えなければ、80人を超す乗客と乗務員、そして、シュライヤーの命はないというのだ。

10月18日、事件は急展開を迎える。西ドイツ政府はえり抜きの対テロ特殊部隊、国境警備隊第9グループ（GSG9）をソマリアに派遣していた。この部隊は、1972年夏に開かれたミュンヘン・オリンピックでイスラエルの選手が殺害された事件を受けて創設されたものだ。午前2時、滑走路に停まった飛行機の前で、ソマリア兵が閃光弾を爆発させた。状況を確認しにハイジャック犯たちがコックピットに入ると同時にGSG9部隊が飛行機になだれ込む。そして、わずか数分でハイジャック犯を倒し、人質全員を無事救出した。

同じ日の午前7時。ドイツではシュタムハイム刑務所の看守が見回りを始めたところだった。仲間の最後通牒が聞き入れられなかったというニュースは、収監されているドイツ赤軍のメンバーにも伝わっていた。看守が最初に確認したドイツ赤軍のメンバーはヤン＝カール・ラスペだった。ラスペは椅子に腰掛け、頭部に銃創を負った状態で発見され、数時間後に死亡した。ハイジャック事件との関連を疑った看守は近くにあるアンドレアス・バーダーの監房へ走った。

バーダーはドイツ赤軍の創設者で、元の名称のバーダー・マインホフ・グルッペは彼の名から取ったものだ。若いころのバーダーはマルクスを読むような男ではなかった。毛沢東を読むこともなく、そもそも本など読んでいたのかも定かではない。[1] 車を飛ばしたり、いろいろな女性と遊んだりするほうが好きだったのだ。バーダーの分析によれば、西ドイツの政治は「便所の汚物」同然だった。収監中、面会に訪れたフランスの有名な哲学者ジャン＝ポール・サルトルは、バーダーのことを「愚か者」と評している。バーダーは昔から権威者とは折り合いが悪かった。子どものころ湖にボートに乗りに行ったとき、母親が「気をつけなさい」と注意すると、バーダーは湖に飛び込んだという。[2] 青年期には同情を買うために肺がんのふりをしたこともあった。そして成人後には、爆撃、放火、殺人までするようになっていた。

収監されていたドイツ赤軍のメンバーは、ハーマン・メルヴィルの小説『白鯨』から採ったコードネームを使っていて、バーダーは白鯨に片足を奪われ復讐に燃える主人公エイハブの名で呼ばれていた。この10月の朝、看守がバーダーの監房に入ると、エイハブは仰向けに倒れ、頭の下には血の海ができていた。その後、検死によりバーダーは首の後部の銃創が原因で死んだことがわかった。

次に看守が向かったのは、バーダーの恋人、グドルン・エンスリン受刑囚の監房だ。エンスリンは牧師の娘だったが、右のほおを打たれたら左のほおを向けるような女性ではない。エンスリンにとって、暴力に対する答えは暴力だけだった。暗闇の中で、エンスリンは窓の外をじっと見ながら立っているように見えた。ところが、彼女の足は床から1フット（約30センチ）浮いていた。首をつって死んでいたのだ。4番目のメンバー、イルムガルト・メーラーはベッドの中で見つかった。胸にいくつかの刺し傷があったが、彼女は一命を取り留めた。

シュライヤーを誘拐したドイツ赤軍のメンバーのもとに仲間の死の知らせが届くと、メンバーはシュライヤーの頭を撃った。翌日、警察は緑色のアウディのトランクに詰め込まれたシュライヤーの遺体を確認。こうして「ドイツの秋」と呼ばれた、1977年の一連のテロ事件は幕を閉じた。

刑務所のドイツ赤軍メンバーの死因については諸説ある。[3]公式見解によれば、彼らの傷は自殺の試みによる自傷と考えられた。また、メンバーたちは国が彼らを死に追いやったかのように見える方法で自殺した点も指摘されている。その目的は、政府が非道であるという印象を与え、転覆を促すことにあったのかもしれない。

もしそうだとしたら、エイハブというコードネームはバーダーにぴったりだ。『白鯨』に登場するエイハブ船長は、題名にもなっている白鯨を倒すことに執着するあまり、その過程で自分自身や船、乗組員の命を犠牲にすることも辞さない。収監されていたドイツ赤軍メンバーの自殺の理由が西ドイツ政府に打撃を与えるためだったとしたら、こうした行動を表す言葉がある。エイハブ船長の行動を表すのにも当てはまるその言葉とは、悪意である。

見事な偶然により、悪意の研究の基礎は同じく1977年秋、ドイツで築かれた。[4]しかもドイツ赤軍がシュライヤーを誘拐した街で始まったのである。この研究計画は、この秋の出来事を反映するかのように、最後通牒に対する人々の反応に注目している。こうして世界に最後通牒ゲームが紹介された。この研究は、人間という生き物に対する認識をくつがえすこととなる。それから40年以上たった今でも、このゲームによる研究結果はさまざまな要素が混じり合った人間性についての洞察を与え続けている。

悪意に満ちた入札

悪意は日常的経験の隅々に行きわたっている。次の状況について考えてみてほしい。あなたはいくつ当てはまるだろうか?

①混み合った駐車場から車を出すとき、自分が停まっているスペースに車を入れようと待っている人がいたら、相手をもっと待たせるためにわざとゆっくり車を出す。
②特定の候補者を落選させるためなら、たとえ対立候補が好きではなく、自分や国に不利益をもたらすと思われても対立候補に投票する。
③みっともない格好で出かけないように親から注意されたら、たとえ友だちの前で恥をかいても、さらにみっともない格好をする。
④家にいるほかの人を寒さで不快にさせるためなら、自分も寒い思いをしてかまわない。
⑤自分が遅くまで残業すれば同僚も残業しなければならなくなるのであれば、あえて残業する。
⑥後ろの車が車間距離を詰めてきたら、たとえ危険を冒してでも相手を怖がらせるためだけにブレーキを踏む。
⑦パートナーに腹が立ったら、自分も空腹になるのを覚悟の上で夕食を焦がす。
⑧隣人を不快にさせるためなら、自分の庭に何か醜いものを置く。
⑨たとえ今年の自分のボーナスが減るとしても、同僚が失敗するのを見たい。

⑩後ろに並んでいる人を待たせるためだけに、わざとゆっくり会計をする。

２０１４年ワシントン州立大学のデヴィッド・マーカスは、一般の人々にこれらの質問をした。驚くべきことに、アンケートを行なって人間の悪意を定量化しようとしたのはマーカスが初めてだった。各項目について、5〜10％の人々が自分に当てはまると回答した。[5]

当然ながら、アンケートが評価するのは、回答者自身が自分ならこう行動すると言った内容だけだ。実際にそういう状況に直面したら、回答とはまったく異なる行動をとるかもしれない。これは心理学における長年の課題でもある。時代をさかのぼって、１９３０年代、スタンフォード大学の研究者リチャード・ラピエールは、人間はときどき人種差別的なことを口にするが、異なる人種の人と会っても彼らに差別的な行動はしないことに気付いた。家ではびっくりするほど人種差別的な考え方をしているけれど、外では異なる人種の人とも気さくに付きあっている年配の親戚に心当たりがある人もいるだろう。ラピエールは、これは例外ではなく、むしろ普通であると考えた。そこで、中国人の若いカップルと一緒に2年間アメリカ中を旅してこの説を検証した。

当時、アメリカに住む中国人は広くはびこる偏見にさらされていた。ラピエールと中国人のカップルがホテルやレストランに着くと、ラピエールはまず2人に先に入ってもらい、自分はカバンをいじるふりをして店主たちの行動を観察した。アメリカを横断する1万マイル（約1万６０００キロ）に及ぶ自動車旅行中に訪れた１８４軒のレストランの中で、サービスの提供を拒否した店は１

軒もなく、3人が訪れた66軒のホテルのうち宿泊を断ったのは1軒だけだった。ちなみにこの唯一断ったホテルのオーナーは、「日本人は泊まらせない」と言ったそうだ。6カ月後、ラピエールがこれらのレストランとホテルにアンケートを送り、中国人の客を受け入れるか尋ねたところ、90％以上が受け入れないと回答した。[6] 人々が言うことと、実際に行なうことは大いに異なることもあるのだ。この実験の場合、言行の不一致はありがたかった。

しかしながら、悪意に基づく行動に関するある研究では、マーカスのアンケートによる研究に近い結果が出た。この研究は、オークションの仕組みを利用している。たとえば、オンラインのオークションサイトｅＢａｙでフラットスクリーンのテレビに50ドルの最高入札価格が付いているとしよう。ほかの入札者はきっと２００ドル以上支払うだろうと予想したあなたは、このテレビに関心などないにもかかわらず、入札価格をつり上げるためだけに１００ドルで入札する。案の定、相手の入札者はこれに反応して１１０ドルで入札してきた。あなたはしばらく考える。相手にもっと支払わせられるだろうか？　そして、１５０ドルで入札することにする。相手は無反応だ。心臓がドキドキして、玉のような汗が流れる。しまった。落札してしまうかもしれない。そこへ相手が１６０ドルで入札してきた。あなたはぐったりして椅子に腰を下ろし、また普通に息ができるようになった。そして、もうこれ以上、運だめしはしないことにする。悪意のある行動をしたが、うまく逃げおおせたのだ。それにしても、一体、どうしてオークションになど参加したのだろう、とあなたは考える。これから出会うこともないであろう見知らぬ誰かが、自分よりもほんの少しだけ得をしないようにするために、どうして時間を無駄にした上に大金を失うリスクまで冒したのか？疑問に思っている人もいるかもしれないので念のため付け加えると、これはわたしの実体験に基づいた話ではない。わたしはテレビに入札などしない。わたしが入札したのは花瓶だ。

自慢にもならない個人的なエピソードはさておき、2012年、経済学者エリック・キンブロウとJ・フィリップ・ライスは、オークションでどれだけ頻繁に悪意の入札が行なわれているか研究した。2人が実施したオークションでは、落札者が支払う金額は自身が提示した最高額ではなく、2番目に高い入札額にするというルールを設けた。これなら被験者は、自分が落札するリスクを負うことなく金額〔2番目に高い入札額〕をつり上げられるからだ。

実験の結果、3分の1の人々はほとんどの場合、最も悪意に満ちた入札を行なった。[7] これほど多くの人が意地悪をするとは驚きだ。一方、別の3分の1の人々はほとんどの場合、悪意のない入札をしている。ということは、まったく嫌がらせをしない人と最大限に嫌がらせをする人を合わせると半数を超える。つまり、悪意のある行動は一部の人に集中しているだけでなく、する人はするが、しない人はまったくしないような現象だったのだ。だからこそ、もしあなたが上記の悪意に満ちたシナリオに無縁だというなら、それは嘘ではないのだと思う。もちろん、なかには善人ぶっている人もいるかもしれない。わたしがこのように人々の良識を疑いたくなる理由については、第2章で人類の進化の観点から解説しよう。

オークションによる研究では、自分が一切リスクを負わずにほかの人に損害を与えることができた。せいぜい、ほかの人々の入札額をつり上げる方法を考えるために時間と労力を無駄にした程度だ。いずれにしても、大きな犠牲を払わずに意地悪ができた。では、悪意に満ちた入札をするのに少しでもお金がかかったらどうだろう？　嫌がらせをするのに現金を支払わなければならなかったら、悪意はなくなるのだろうか？

この疑問に答えるために別のゲームの例を見てみよう。このゲームでは本物のお金が手に入り、悪意のある行動は金銭的犠牲を伴う。これが１９７７年ドイツの秋のさなかにケルンでつくられた最後通牒ゲームだ。簡単なゲームだが、非常に大きな影響を及ぼしてきた。学問の世界では、誰かほかの人が1人でも自分の研究に興味を示してくれればとても嬉しいものだが、最後通牒ゲームを用いた最初の研究論文は、実に５０００本以上の論文に引用されており、現在でも悪意の研究に使われている。アメリカの研究室であれ、ボルネオの開拓地であれ、今こうしているあいだも、どこかで誰かが最後通牒ゲームをしていることだろう。

最後通牒ゲームによる発見

１９７７年、33歳のヴェルナー・ギュートはドイツの秋のテロ事件のさなかにケルン大学の教授に採用され、赴任した。ゲーム理論家たちは、人間の行動に関するギュートの研究を支持し、研究資金として１０００ドイツマルクを提供した。ギュートが考案したこのゲームは、彼の子ども時代の経験に基づいていた。[8] ギュートが兄弟と1つのケーキを分け合わなければならないとき、1人がケーキを2つに切り、もう1人が先にどちらか一方を選んでいた。理論上、この方法ならケーキを切る係はできるだけ公平にケーキを切ろうとするはずだ。実際には、それでも分け方についてあとからいちゃもんが付いたらしいが。この経験から着想を得て、ギュートは最後通牒ゲームをつくった。ちなみにこのゲームも分け方についてあとからいちゃもんが付く。

では、ここでゲームの流れを説明しよう。このゲームは隣の部屋にいる相手とペアでプレイする。この相手は、たとえば10ドルなど、いくらかのお金を与えられていて、あなたとこのお金を分け合うように言われている。相手の提示する金額を受け入れるなら、あなたはその金額を、相手は残りの金額を手にする。ところが、あなたには提案を拒否するという選択肢もある。あなたが提案を拒否したら、あなたも相手も何ももらえない。ゲームをプレイするのは1回だけだ。そのため相手の提案は最後通牒であり、提示された金額を受け取るか、何も受け取らないかしか選択肢はない。

たとえば、相手のオファーが届き、見てみると、あなたの分け前は10ドル中2ドルだけだったとする。つまり相手は8ドルを自分のものにしようとしているのだ。あなたなら、この提案を受け入れるだろうか？　思い出してほしい。これは本物のお金だ。モノポリー用のお金ではない。あなたの頭にはどんな考えが浮かぶだろう？　恐らく「0ドルでもかまわないのに2ドルもくれるなんてとても親切だ。受け取ろう」とか「これは不公平だけれど、何ももらえないよりはマシだから2ドルもらっておこう」と思うのではないだろうか。または「これは不公平だ。拒否して相手に思い知らせてやろう」あるいは「相手はわたしより偉いと思っているに違いない。それなら相手も8ドルを受け取れなくしてしまおう。どうせわたしが失うのは2ドルだけなのだから」と思うかもしれない。
専門家は人々の行動をどう予想していただろう？　経済学者と数学者は、オファーが0ドルでない限り、人々はどんなオファーも受け入れるだろうと予想した。経済学者はプレイヤーを自分の利益を最大化するように行動するホモ・エコノミクスと見なしていた。自らの物質的利益に動かされる彼らは、タダでお金が手に入るなら、それを拒否することはないはずだ。たとえいくらだって、もらえないよりはマシなはずである。

ところが、ギュートたちの発見した結果は異なっていた。人々は自分の物質的利益を最大化しない行動をとることも少なくなかったのだ。タダでお金がもらえるというのに提示額が低いとしばしば拒否した。現在では、約半数の人が10ドル中2ドル以下の提案は拒否することが実証されている。[9] つまり、人々は（もしかしたらあなたも）、自分は少ししかお金をもらえないのに相手はたくさんもらえるという状況よりも、誰も何ももらえないという状況のほうが好ましいと考えたのだ。

ギュートがこの研究結果を初めて発表したとき、経済学者たちの反応はおおむね次の2つに分かれた。「ケルン大学の学生はばかなのか？」（ウィリアム・パウンドストーン『プライスレス』松浦俊輔・小野木明恵訳、青土社）と疑うか、ギュートの実験方法に何か問題があったのではないかと考えたのだ。[10] 実験の内容を理解していれば、タダで手に入るお金を拒むことなどあるだろうか？　低額の提示をし、嫌がらせのためだけに拒否されたプレイヤーたちも困惑した。相手にオファーを拒否されて気を悪くしたあるプレイヤーはこう嘆いた。「相手プレイヤーがみんなばかだから、全然稼げなかった！　結構な額を拒否して、一銭ももらえない方を選ぶなんてどういうことだ？　ゲームのことを全然わかってないんだ！」[11]（『プライスレス』）。しかしながら、世界中でギュートの研究に似た結果が出ている。

それから2年後、ケルンから6000キロ西で、ギュートらとは無関係の別の研究グループが、独自に最後通牒ゲームを思いつく。このグループにはのちにノーベル経済学賞を受賞するダニエル・カーネマンもいた。そして、彼らもギュートらと同じパターンを確認するのだが、彼らが衝撃を受けたのは、低額オファーの拒否がいかに経済理論に反しているかという点だ。カーネマンは「怒りとか、代償を払ってでも相手を罰したいとか、そういうことだ」と指摘。さらに「本当に困る」のは、ホモ・エコノミクスという考えが、「だれかが『王様は裸だ』と言うまで、何の異論もなく、何百年ももつかもしれないことだ。ささいな反例しかなかったし」[12]（『プライスレス』）と述べている。

経済学者たちの名誉のために言うと、彼らは最後通牒ゲームでプレイヤーが取る行動パターンを言い当てていた。ただ単にこの行動が観察される動物の種類をまちがえていただけだ。ドイツ赤軍メンバーの獄中死の真相はわからないにせよ、人間なら悪意に満ちた自殺であったという説明自体は少なくとも理解できる。しかし、人間に一番近い動物であるチンパンジーがこの悪意による自殺説を聞いたら当惑するだろう。もちろん、チンパンジーは1970年代の西ドイツの政治に関心などないだろうし、言葉の理解力はどれだけ寛大に見てもかなり限られている。しかしながら、ドイツ赤軍メンバーの自殺が悪意に基づいていた可能性をチンパンジーが理解する上でより大きな障害となるのは、チンパンジーは悪意に基づく行動をしないことだ。

チンパンジーは自分を傷付けた相手を攻撃することはあっても、[13]獲物を不公平に分配したチンパンジーに対して、自分が犠牲を払ってまで仕返しをすることはない。[14]分け前がゼロでなければ、どのようなオファーでも受け入れるのだ。人間に近いほかの動物、ボノボにも同じことがいえる。[15]彼らとは対照的に人間は文字どおり、また比喩的にもバナナを突き返す。[16]

最後通牒ゲームにおける人々の行動に関する経済学者の予想は、ある特定の集団に属する西洋人の行動に近かったことは確かだ。この集団は平均的な人々よりも最後通牒ゲームで低額オファーを受け入れやすい。[17]もっとも、彼らは一般的な人々とは言いがたい。そもそも公平性という考えすらなかなか理解できないらしい。研究者たちがこの集団に対して、経済ゲームにおける公平な金銭的貢献とは何か尋ねたところ、3分の1以上が回答を拒否したか、複雑で理解不能な回答をした。さらにこの集団は、意思決定をする際に公平性を考慮すると答えた割合が一般的な人々の2分の1だった。この変わった人々について調査した研究者は、「同集団にとって、この文脈における『公平性』という言葉の意味はいくぶん異質なものだった」と結論している。[18]また、この集団は慈善活動に対する貢献度が低い。これは彼らが大金をかけてこの集団に加入し、長年変わった考え方に接してきたためだといえるだろう。[19]もうおわかりのように、この集団とは経済学者のことだ。[20]

これらをすべて考慮すると、1970年代の経済学者はチンパンジーの扱いにはたけていたが人間の扱いには難があったという以外に、どんなことがわかるだろう？　最後通牒ゲームの結果を受け入れる前に、こうした結果は現実を本当に反映しているのかよく考える必要がある。結果を見ると、かなり多くの人が悪意に満ちた行動をしているように思える。しかし、彼らが低額オファーを拒否したのは、失うお金もたいした額ではないからかもしれない。10ドルの10％を辞退するとして、そもそも1ドルで何が買えるだろう？　では、辞退するのが100ドルの10％だったら？　10ドルならディナーだって食べられる。

この疑問に答えるべく、アメリカの経済学者エリザベス・ホフマンらは、最後通牒ゲームに5000ドルをつぎ込んだ。各ゲームにおいて、学生は現金100ドルを分け合う。[21]　100ドルといえば、ピザが何枚も買える金額だ。通常どおり、学生たちはそれぞれ1回ずつプレイした。自分だったら10ドルのオファーを受け入れるか考えてみてほしい。30ドルだったらどうだろう？

ホフマンらは、たとえタダで手に入るはずの2桁のお金を拒否することになっても、一部の学生は悪意のある行動をとることを発見した。100ドル中10ドルのオファーを受けた学生のうち、75％がオファーを拒否し、30ドル提示された学生ですら約半数は拒否したのだ。ある学生は相手へ提示する金額を書く紙に、こんなに楽に現金がもらえることはないのだから、何も殉教者のように振る舞う必要はないだろうと書いたが、思惑どおりにはならなかった。相手はオファーを拒否し、こう返信してきたのだ。「貪欲の罪のせいでこの国はめちゃくちゃだ。みんな仲間なんだからちゃんと払えよ」[22]（『プライスレス』）。

30ドルでもたいした額ではないという人もいるだろう。うらやましい限りだ。それなら、インドネシアで行なわれた最後通牒ゲームの実験を見てみよう。[23] この実験で分け合う金額は、平均的な学生が1カ月に使う金額の3倍に相当した。あなた自身の1カ月の出費がいくらか考えてみてほしい。その額のたとえ10％だけだったとしても、タダで手に入る現金を拒んだりするだろうか？　インドネシアのプレイヤーの一部は実際に拒否した。10〜20％の金額のオファーを受けたプレイヤーのうち、10人に1人がオファーを拒否して、タダで手に入るかなりの額の現金を放棄したのだ。

これは人間について何か重要なことを伝えていると結論する前に、別の反例についても考えてみよう。最後通牒ゲームで悪意のある行動を見せるのは、いわゆるWEIRD（Western：西洋の、Educated：教育された、Industrial：工業化された、Rich：裕福で、Democratic：民主的）な社会の人々にしか当てはまらないのかもしれない。[24] 人類学者ジョセフ・ヘンリックによる一連の優れた研究から、最後通牒ゲームでのプレイヤーの行動は、社会によって大きく異なることがわかった。この研究が始まったのは1995年で、ヘンリックはペルーを訪れ、マチゲンガ族を被験者に最後通牒ゲームを行なった。[25] マチゲンガ族はマチュピチュからもさほど遠くない、アマゾン盆地に暮らす先住民だ。最後通牒ゲームで、マチゲンガ族はそれまでのプレイヤーとはまったく違う行動をすることにヘンリックはすぐ気付いた。

マチゲンガ族の中に低額オファーを拒否する人はほとんどいなかった。20％以下の金額のオファーを受けた10人のうち、断ったのは1人だけだったのだ。[26]「マチゲンガ族の人々は、タダで手に入るお金を断るなんて、ばかげていると考えたのです」とヘンリックは言う。「ゲームで自分とプレイする役に選ばれた運の良い相手を罰するためにお金を無駄にする人がいるなんて、理解できないのでしょう[27]」。マチゲンガ族は優れた経済学者になるに違いない。

ヘンリックはこのほかにケニア、エクアドル、パラグアイ、モンゴルなど、14の小規模な社会で最後通牒ゲームを行ない、2001年に研究結果を発表。これらの社会では、低額オファーに対する反応がそれぞれ大幅に異なっていたと報告した[28]。南アメリカで移動生活を送るアチェ族が最後通牒ゲームを行なった際、2ドル以下のオファーを断った人はいなかった。一方、大地溝帯に住むタンザニアのハッザ族の場合、2ドル以下のオファーを受けた人の80%がこれを拒否した。悪意の度合いは文化ごとに異なるが、悪意は西洋人特有のものではなさそうだ。その理由は後ほど説明しよう。

最後通牒ゲームの結果を見ると、悪意のある行動は一般的であると結論したくなる。確かに人間の心の中の悪意は、外に出たくてうずうずしているようだ。そして、悪意のある行動を抑制する力が弱まると一気にあふれ出す。これを確かめるには、酔っぱらいが最後通牒ゲームでどのようなプレイをするか検証するといい。2014年にピッツバーグの研究者たちが午前3時までバーの外をうろうろしていた理由のうち、少なくとも1つはこの研究のためだった[29]。そして、2つのことが判明した。1つは「わたしの移動実験室に来て、最後通牒ゲームをしませんか？」という質問は怪しげだが、実際のところ怪しむ必要はないということだ。これには268人が同意している。そのうち77人はかなり酔っていた。血中アルコール濃度が0・08%以上で、法律上も酒気帯びと認められるレベルだ。２つめの発見は、酔った人はしらふの人よりも低額のオファーをよく拒否することだ。脳のブレーキを外すと、脳内の悪意が表に出てくるのだろう。

　別の研究グループもよく似た課題について調査しているが、酔っぱらいに吐いたものをかけられる心配のない研究方法を選んだ。[30] この研究は、自制心は筋肉に似ているという観察結果に端を発している。[31] 自制心はしばらく集中的に使うと弱くなるのだ。研究者たちは２つのグループに最後通牒ゲームをしてもらったのだが、一方のグループだけ、最初に自制心という筋肉を疲れさせ、もう一方のグループは実験室に着くとすぐにゲームを始めた。その結果、すぐにゲームを始めたグループは不公平なオファーの44％を拒否したのに対し、自制心を疲れさせたグループはオファーの64％を拒否した。つまり、自制心を弱らせるとより悪意が強くなるといえる。悪意は努力しなくても無意識のうちに姿を現すのだ。

　こうした発見は実験室で行なわれた人工的なゲームの結果に過ぎないと言われれば、確かにそのとおりだ。では、現実世界における悪意はどうだろう？　自分たちのまわりでは、ささいな個人的嫌がらせ以外の悪意のある行動が見られるだろうか？　悪意はどこまで過激になるだろう？　株主の利益を最大化することが求められるビジネスの世界でも悪意は見られるだろうか？　政治の舞台ではどうだろう？　いざとなれば誰でも本当に悪意のある行動をとるのだろうか？　それとも利己心が悪意に優るのだろうか？　ということで、これから悪意について調査していこう。まずは進化学的に最も明らかな争いとされる、性と繁殖の問題から始める。[32]

配偶者や恋人への悪意

2013年、アラン・マルコヴィッツは湖畔にたたずむ元妻の家の隣に美しい家を購入した。マルコヴィッツの経歴を一言で表すなら、変化に富んでいたというのが最適だろう。『トップレスの予言者――アメリカで最も成功したストリップバー起業家が語る真実[33]（*Topless Prophet: The True Story of America's Most Successful Gentleman's Club Entrepreneur*）』の著者であるアラン・マルコヴィッツは、ストリッパーから1回、警察官から1回銃撃されたことがあるが、2回とも生き延びた。元妻が離婚前から関係を持っていた不倫相手と一緒に住んでいると確信したマルコヴィッツは、7000ドル〔2013年11月当時のレートで約70万円〕をつぎ込んで高さ12フィート（約3.5メートル）ものブロンズのオブジェをつくり、裏庭のポーチに置いた。その上、300ドル〔同約3万円〕もかけてスポットライトまで設置し、いつでも目立つようにしたのだ。元妻の家に向けられたこのオブジェは手の形をしていて、1本だけ指を立てていたのだが、それがどの指かはもうおわかりだろう。[34]

2000年以上前、ギリシャの哲学者アリストテレスは、悪意（*epêreasmos*）を自分が得をするためではなく、相手が得をしないように他者の願いの邪魔をすることと定義している。[35] 哲学者になっていなかったら、アリストテレスは離婚問題専門の敏腕弁護士になっていたことだろう。アリストテレスによる悪意の定義は、多くの場合、険悪な別れ方をしたカップルや泥沼離婚をした夫婦に当てはまる。[36]

関係が終わりに近づくと、悪意がよく表に出るようになる。離婚する相手が財産を手にできないように、双方が損をするにもかかわらず財産を破壊する人もいる。それに相手が嫌がらせをするかもしれないという発想が害をもたらすこともある。虐待を受けた女性たちの中には、相手から嫌がらせをしていると言われることを恐れて、声を上げられない人もいる。[37]

配偶者間の悪意は致命的になることもある。コルデュラ・ハーンとニコラス・バーサ博士はニューヨークのアッパーイーストサイドにある19世紀に建てられた4階建てのタウンハウス〔縦割り型の集合住宅の一種〕に住んでいた。[38] バーサにとって、このタウンハウスには単なる家以上の価値があった。バーサはルーマニアからの移民で、このタウンハウスは彼のアメリカン・ドリーム実現の象徴だったのだ。２人が離婚したとき、バーサはコルデュラのことを金目当ての女と言っており、自分の夢が彼女の手に渡らないように願っていた。ところが裁判所の見解は違った。自宅を売ってコルデュラに４００万ドル〔２００６年7月当時のレートで約4億５７００万円〕以上支払うようバーサに求めたのだ。２００６年7月10日、バーサはタウンハウスのガス栓にホースを取り付けた。そして、巻かれたホースを伸ばしながら地下室へ。やがてガスが地下室に充満した。このタウンホールは、室内にバーサを残したまま爆発した（『ニューヨーク・ポスト』紙はバーサ博士を「ドクター・ブーム〔爆破博士〕」と呼んでいる）。バーサは崩壊したタウンハウスから昏睡状態で救出され、6日後に死亡した。悪意のせいで彼はすべてを失ったのだ。

配偶者間の悪意の巻き添えを食うのは建物だけではない。子どもが両親の嫌がらせに巻き込まれ

ない。[41]

ることもある。離婚闘争の武器として親が子どもたちを利用することもあるのだ。[39] 相手に嫌がらせをするためだけに親権を取ることもある。[40] 当然ながら、これは子どもの発育に悪影響を及ぼしかねない。[41]

配偶者間の悪意は子殺しに発展することすらある。著書『利己的な遺伝子』の中で生物学者のリチャード・ドーキンスは、夫に捨てられた架空の女性について「子供には雄の遺伝子が半分入りこんでいるので、子を棄ててしまえば雄に対して仕返しができるわけだが、これも雌の慰めになりはしない。『意地悪』それ自身には何ら利点はないからである」（『利己的な遺伝子』日髙敏隆・岸由二・羽田節子・垂水雄二訳、紀伊國屋書店）と記している。もっとも、こうした行動に利点を見いだす親もいるだろう。メーデイアの話は単なる神話ではない。それに女性だけがメーデイアのようなことをするとは限らない。

1999年6月20日、アメリカは父の日だった。夜明けごろ、インディアナ州フランクリンの警察にロナルドとエイミーのシャナバーガー夫妻宅から通報が入った。[42] 前夜遅く、職場から戻ったエイミーは、息子のタイラーはもう寝ているものと思い、まっすぐベッドに向かった。まだ赤ちゃんだったタイラーはすくすく育っており、最近は腰もすわって、タオルで「いないいないばあ」をしてもらうのが大好きだった。寝がけに「タイラーは元気？」とロナルドに尋ねると、ささやき声で「ああ」という答えが返ってきた。

父の日の朝、エイミーがタイラーの部屋に行くと、そこにはベビーベッドでうつ伏せのまま息絶えたタイラーの姿があった。遺体は検視のためインディアナ大学病院に運ばれた。病理学者の診断は乳幼児突然死症候群（ＳＩＤＳ）だった。これは1歳未満の子どもが突然予期せず亡くなった場合につけられる診断名だ。ところがあとになって真実が判明する。

タイラーの誕生と死につながる出来事は3年前にさかのぼる。ロナルドとエイミーはまだ結婚していなかった。あるとき、ロナルドの父親が亡くなった。しかし、あいにくエイミーは両親とクルーズに出かけていた。ロナルドはすぐに戻って父親の葬儀に参列してくれるよう頼んだが、エイミーは断った。機嫌を損ねたロナルドは、同僚にエイミーを許せる自信がないと語っていたという。それでもロナルドは翌年エイミーと結婚。１９９８年の感謝祭の日にタイラーが誕生したが、ロナルドは妻と生まれたばかりの息子の面会にすら行かなかった。何かがおかしかった。１９９９年のあの運命の父の日に2人のもとを訪れた人々も、何かがおかしいことに気付いていたという。警察が到着したときエイミーはすすり泣いていたが、ロナルドは冷淡で、距離を置き、エイミーを慰めようともしなかったのだ。エイミーの両親が娘を慰めにやって来たとき、ロナルドは義父に父の日のプレゼントを手渡した。中身はナイフだったという。

タイラーが亡くなった2日後、何がおかしかったのか明らかになった。葬儀が終わるとロナルドはエイミーを傍らに呼び、タイラーの死は自然死ではなかったと告げたのだ。ロナルドはエイミーが仕事に行っているあいだにタイラーの頭をラップで巻いた。タイラーを窒息させるあいだ、ロナルドは食事をして歯を磨き、20分後に部屋に戻った。そしてラップを取ると、うつ伏せにしてベビーベッドに寝かせ、自分も床についたという。ロナルドはエイミーが旅行をキャンセルして父親の葬儀に来なかったからタイラーを殺したのだと言った。ロナルドはエイミーと結婚し、妊娠させ、新しい息子が初めての父の日を迎えるのを待って殺したのだ。裁判官は49年の禁固刑を科した。この事例は特別ではなく、配偶者への悪意から子どもをあやめる例は枚挙にいとまがない。[43] しかし、これ以上個別の事例には触れないことにしよう。

他者に対する嫌がらせのために自ら命を絶つ人もいる。「悪意による自殺」はよくあることなのだ。[44] オーストラリアの大学生、ジョシュア・ラヴィーンドランは父親ととても親密な関係で、同じ家に住んでいた。のちにほかの人々は、2人の関係を「特殊」で「独特」だったと言っている。どちらも人間関係を表すには必ずしも好ましい表現とは限らない。あるときジョシュアが父親に1人暮らしをしたいと言いだして、激しい口論になった。そして翌日、ジョシュアは父親がロープで首をつっているのを発見した。裁判官は、この父親は「息子を思いどおりに操ろうとしており、支配的だった」とし、父親が首をつったのは、単に2人の口論について息子に罪悪感を与えるための「悪意のある行動」だったと結論している。[45]

人質事件の犯人や自殺志願者との交渉を行なうネゴシエイターは、他者への悪意から自分自身を傷付ける行為に精通している。あるネゴシエイターが経験したケースでは、ナイフを持った自殺志願の男性が妻を現場に連れてくるよう要求。[46] 警察に説得されてやって来た妻を見るなり、男は「お前がおれに何をしたか、よく見ていろ」と言うと、自分の腹部を切り裂いたという。別のケースでは、ある警察官が元恋人のアパートのドアを蹴破り、部屋にいた元恋人と彼女の新しいボーイフレンドに向かって前出の男と同じく「お前がおれに何をしたか、よく見ていろ」と叫んだ。そして、腹部を切り裂く代わりに自分の頭を撃ち抜いた。[47] 哲学者マーサ・ヌスバウムの説を当てはめれば、何人《なんぴと》たりとも愛が死を生み出さないと確約などできないのだ。[48]

ギュートが最後通牒ゲームで発見した悪意のある行動は、人間関係においてよく見られるものだ。これまであげてきた事例のいくつかは、理解不能の狂気の沙汰と解釈するのが一番だろう。実際、精神異常による無罪の訴えが最も認められやすいのが、実母が子どもを殺害したケースだ。[49] それに特殊な事例は特殊な解釈を必要とする。たとえば他者への嫌がらせによる幼児殺害について説明するには、人間の性行動の進化という観点から見ていく必要がある。[50] しかしながら、人間が悪意のある行動をする理由について、一般的な原則を見つけ出すこともできる。また、そうすることで、大胆な悪意のある行動も、ありふれた嫌がらせがエスカレートしたものとして理解できるようになるだろう。どんぐりを理解できれば、樫の木も理解できるはずだ。

ビジネスでの悪意

一見、ビジネスの世界はこうした家庭内の感情のもつれとは無縁に思える。きっと誰もが自己の利益を最大化すべく、常にホモ・エコノミクスのように行動するはずだ。ところがそうではない。ビジネス界におけるライバル同士の悪意のある行動は意外とよく見られるのだ。

1958年はイタリアのトラクター業界にとって当たり年だった。そのおかげで、あるイタリアのトラクター製造業社の社長だったフェルッチオは、自分だけでなく妻にもフェラーリを買うことができた。ところが、彼は決して運転がうまいほうではなかった。愛車のフェラーリのクラッチを4回も焼き切ってしまったフェルッチオは、近くにあるフェラーリ社の工場に持ち込むのはやめて、自社で一番腕利きの機械工に修理させることにした。すると驚いたことに、このフェラーリのクラッチは、フェルッチオの会社が小型トラクター用に使っているクラッチとまったく同じだったことが判明したのだ。[51] 機械工から報告を受けたフェルッチオは憤慨した。これまでフェラーリ社でクラッチを取り換えてもらうたびに、まったく同じトラクター用クラッチの100倍の費用を支払っていたからだ。フェルッチオはフェラーリの創業者であるエンツォ・フェラーリのもとを訪れ、「お宅の高級車が使っているのはうちのトラクターと同じ部品じゃないか！」と大声で問い詰めた。するとフェラーリは「トラクターを運転している君のような農民にわが社の車についてとやかく言われる筋合いはない。うちの車は世界最高級なのだから」と答えて火に油を注いだという。[52] そこでフェルッチオはフェラーリに見せつけるため、自らスポーツカーをつくる決意をした。これはリスクの高い事業であり、妻に何度も止められたが、フェルッチオはリスクも覚悟の上だった。そして、悪意に突き動かされた行動に出る。その結果、彼の名を冠した自動車会社は意外にも成功を収めた。ちなみにフェルッチオの名字は、ランボルギーニである。

こうした悪意のある行動はこんにちでも見られる。ビジネス界の大物も例外ではない。世界一有名な投資家で、地球上で最も裕福な人物の1人、ウォーレン・バフェットの例を見てみよう。[53]バフェットが初めてバークシャー・ハサウェイに投資したのは1962年で、当時、繊維業社だった同社は経営が傾きかけていた。バフェットは、バークシャー・ハサウェイが繊維工場を売り、その収入で自社株を買い戻しているのを知ったバフェットは、同社の株を購入し、別の工場を売るのを待って、同社にその株を売れば利益が得られると考えた。バークシャー・ハサウェイから、いくらで株を売るつもりか聞かれたバフェットは、11・50ドルで売る約束をする。数週間後、同社は自社株の買い申し込みを行なった。ところが提示した金額は11・50ドルではなく、11・38ドルだった。この8分の1ドルほどの違いが、高くつくまちがいだったことが判明する。バフェットの道徳規範に反していたからだ。彼は激怒した。そして、より多くの同社株を買い、経営権を手に入れ、経営者を首にした。しかし、繊維業に資金をつぎ込んだバフェットは、その資金をより収益性の高い投資に活用できなくなった。バフェットの推計によると、この悪意のある行動のせいで、長期的に見ると2000億ドル（万ではない、億だ〔当時のレートで約16兆円〕）も損をしたという。この経験を受けてバフェットはこうアドバイスしている。「腹立ち紛れに自分の損になるようなことをするにしても、つぶれそうなビジネスに首を突っ込んでいたら、足を洗うことだ」[54]

成功したビジネスパーソンの中には、悪意のささやきに抵抗できる人もいる。ここで、バフェットも登場する別の例をあげよう。スタートアップ企業に比べて大企業がどれほど有利か、バフェットは「堀（モート）」にたとえて説明しているが、バフェットと同じく世界的大富豪で、まもなく火星一の大富豪になる予定のイーロン・マスクは意見を異にする。新しいテクノロジーがモートを用無しにできると考えているからだ。マスクはさらにモートの概念を「時代遅れ」だと言った。これに対してバフェットは「イーロンはいくつかの分野に大きな変化をもたらしたかもしれないが、製菓業界でわたしたちと争う気はないだろう」と反論。バフェットはアメリカの老舗チョコレートメーカー、シーズ・キャンディーズも所有している。するとマスクは「自分も製菓会社を始める予定で、素晴らしい事業になりそうだ」とツイートし、「ものすごく本気だ」と付け加えた。こんにちマスクは自動車からロケット、火炎放射器、マスク本人がラップで歌ったゴリラの追悼ソングまで、実にさまざまなものを販売しているが、まだ菓子類は売っていない。[55]

悪意は個人的な問題のように思えるが、集団同士の交渉でも見られることがある。たとえば企業と組合の団体交渉だ。労使交渉で一方が悪意のある行動をとれば、仕事も生活も永久に失いかねない。[56] 交渉においては、悪意に満ちた反応を引き起こす要素を理解しておくことが不可欠だ。

ということで、悪意は個人としても職業上も多大な代償を伴うことは明らかだ。さらに世界の舞台で起こる出来事に影響を及ぼす影響力も持っている。悪意に満ちた人々は、世界全体を変えてしまうかもしれないのだ。

選挙における悪意

投票記載台の暗闇にも悪意ははびこっている。19世紀フランスの心理学者ギュスターヴ・ル・ボンは、悪意に基づく投票の可能性に気付いた。そして、一般の人が自分と同等の市民の中から誰かを選挙で選ぶ場合、悪意が介入しているとル・ボンは主張している。彼らが同輩に投票するのは「選挙人が日ごろその下に隷属している上役の人間とか、手ごわい雇主とかに対抗して、一時自分のほうが主人顔できるような錯覚を起こす場合などが、これである」[57]（『群衆心理』櫻井成夫訳、創元文庫）というのだ。

ル・ボンのいう悪意に満ちた投票は過去のものではない。一般的な政治理論によれば、人々が投票するのはひいきの候補が当選する確率を高めるためだ。ところが２０１４年の研究から、既存の候補者に無関心な有権者のうち14％が、特定の候補者に嫌がらせをするためわざわざ投票所へ行くことがわかった。こうした有権者は、たとえばある候補者が過去に公約違反をしていたことが判明すると、その候補者に嫌がらせするため対立候補に投票するのだ。[58]

２００４年にニューヨークの無料新聞に掲載された記事の中で、「悪意の投票者」という歯切れの良い用語が紹介された。[59]記事を書いたマーク・エームズは左派には理解しがたい事実があると言っている。その事実とは「何百万人ものアメリカ人、とりわけ白人男性は、いわゆる自己の最大利益のために投票していない」ことだ。エームズの説明によれば、こうした投票者は自分たちよりも幸福で身なりも良く、裕福な人々を不幸にするために票を投じるという。エームズの言うように、彼らは「悪意から投票している」のだ。

エームズの見解によると、悪意の投票者の動機は合理的な利己心ではなく、自分よりも成功して、知識もあり、低い階級の人々に手を差し伸べようとしている人々に対する抵抗だった。エームズは、仮に「完全に意地悪な大統領」がいたとすれば、それはリチャード・ニクソンだと述べている。エームズいわくニクソンは「見た目も話し方も意地悪で、オーガズムを経験しすぎているヒッピーたちを迫害した」。ジョージ・W・ブッシュがジョン・ケリーと対決した2004年の選挙戦のさなかにこの記事を書いていたエームズは、左派が悪意の投票者を中立化させる方法に気付いた。ただ「しゃくに障ることをしない」ようにすればいいのだ。12年後、ヒラリー・クリントンがドナルド・トランプ支持者の半分は「惨めな人々の集まり」と言ったのはよく知られているが、この一言はしゃくに障るどころか、彼らの逆鱗に触れてしまった。

悪意の影響は、選挙の行方だけでなく、当選者が推進する政策やそれに対する有権者の反応にも及ぶ。所得配分に関する政策について考えてみよう。経済状況が悪化している時代には、貧富の差を縮める政府が支持されるはずだ。ところが2008年の不況の際、人々は政府による所得の再配分をさほど重視していなかった。[60] これは減税により自分たちよりも低い社会階層の人々との差が縮まる場合、たとえ生活が多少楽になるとしても、減税を望まない人々が一定数いたためだと考えられる。人間の「最下位を避けようとする」性質が表れたのだ。[61]

最下位になりたくない気持ちと同じように、最上位の人々に対する嫌悪感も人間を悪意のある行動に駆り立てる。仮に1日だけ自分の国の財務大臣になったところを想像してみてほしい。あなたのオフィスに役人が入ってきて、2つの選択肢を提示する。1つめの選択肢は、社会の富裕層に対する税率を50％引き上げるという案だ。そうすれば貧困層全員に1人500ドルずつ支給できる。2つめの選択肢は富裕層への税率を10％だけ上げる。しかし、低税率が富裕層にモティベーションを与え、もっとよく働くようになるため、税収はさらに増えて、貧困層に1人1000ドルずつ支給できるようになるという。あなたならどちらを選ぶだろうか？

2017年、心理学者のダニエル・スニーサーらは、イギリスとアメリカ、インドの人々にこの二者択一をしてもらった。[62]すると約85％の人は双方が得をする2つめの選択肢を選んだ。富裕層への負担を最小限にして、貧困層への援助を最大限にできる方法を選んだのだ。ところが15％は1つめの選択肢を選んだ。これらの人々の優先事項は明らかに異なっていた。彼らは富裕層への負担を最大限に、貧困層への支援を最小限にして、双方を敗者にしたのだ。つまり、悪意に満ちた選択をしたといえるだろう。

終末論的な人

夫婦関係や仕事、政治とは無縁の人にとっても、悪意は恐ろしい。悪意は全人類を滅亡させうるからだ。悪意は人類の存在を脅かす。オックスフォード大学の哲学者ニック・ボストロムは、新しいアイディアを思いつく人類の能力を理解するために、壺からボールを取り出すところを想像するよう提案している。[63]これまで取り出したボールのほとんどは白だった。これは世界に貢献したアイディアだ。ほかには灰色のボールもあった。これは一長一短あるアイディアを表している。たとえば核分裂は灰色のボールだ。核分裂のアイディアは新しいエネルギー源をもたらしたが、危険な武器にもなった。壷の中にはほかの種類のボールも隠れているとボストロムは警鐘を鳴らす。まだ見たこともないアイディアだ。このボールを取り出したら、人類を破滅に追いやるような新しい発明をもたらすだろう。これは黒いボールだ。

人類がまだ黒いボールを取り出していないのは、単に運が良かっただけである。ボストロムはこう問いかける。もし核兵器がとても簡単につくれたらどうなっていただろう？ 物置小屋で核兵器をつくれたらどうなるか、想像してみてほしい。[64] ボストロムは、黒いボールが出てきたら、自ら大きな代償を払ってでも、文明を破壊するような行動に出る輩がいるのではないかと懸念している。ボストロムはこうした人々を「終末論的な人」と呼んでいる。終末論的な人は悪意に満ちた人間になる。悪意に満ちた人が自己破壊に走るのを止めるには、そのための手段が必要だ。最初の黒いボールが出てくる前に悪意を理解し、コントロールできるようになっていなければならない。人類に残された時間がどれだけあるのかは定かではない。

Dファクター

悪意は一部の人に集中しているが、彼らがどんな人間なのかはほとんどわかっていない。ある研究のための予備調査によると、平均して女性よりも男性、[65] 高齢者よりも若者[66]のほうが、悪意が強いという。また、悪意が強い人はより攻撃的であり、冷淡で、他者を利用し、搾取しようとする傾向にあり、[67]共感力、自尊心、誠実性、同調性が低い。[68]

悪意はダークトライアド（3つのネガティブな性格特性）と呼ばれる、サイコパシー（精神病質）、ナルシシズム（自己愛傾向）、マキャヴェリズム（権謀術数主義）を有していることと関連している。こうした負の特性は、ダークファクター（略して「Dファクター」）と呼ばれる大木の枝に相当する。[69]これは自分が価値を認めたもの（快楽、権力、お金、地位など）を手に入れるためなら、他者に害が及ぶことなど気にしないか、受け入れる、さらには楽しむ傾向を指す。Dファクターが高い人は、自分の行動を正当化するようなストーリーをつくりあげる。たとえば、自分は他者より優れている、支配は当然のことであり、望ましい、誰でも自分のことを最優先しているのだから、自分もそうしてかまわないなどと考えているのだ。[70]

　こうしてみると悪意は軽蔑に値するもののように思える。しかし、話はまだ終わりではない。悪意にはれっきとした利点もあるのだ。最後通牒ゲームについての議論では低額オファーを受け取ったときの人々の反応に注目したが、サイエンスライターのマット・リドレーは2010年に出版された著書『繁栄——明日を切り拓くための人類10万年史』（大田直子・鍛原多恵子・柴田裕之訳、早川書房）の中で、オファーを出す立場の人間の行動に注目している。[71]ほとんどの人は全体の40％強という比較的公平なオファーを出した。[72]そこでリドレーは「気前の良さは生まれつきのもののようだ」と記している（『繁栄』）。もっとも、人々がこういう行動をとるのは、相手のプレイヤーが意地悪な面を持っている可能性を懸念しているからでもある。ケチなオファーをしたら、相手の悪意の引き金を引き、何ももらえないかもしれない。頭に銃口を突きつけられたときに気前よく振る舞うのは、自分の利益のためだ。悪意は不公平な扱いへの反発というだけでなく、人々に公平な行動を促すものだともいえるだろう。

銃は適切な人物が使えば人の命を助けられるが、不適切な人の手に渡れば誰かの命を奪いかねない。悪意に関するもう1つの誤解は、悪意は基本的に問題だと思われていることである。悪意を悪用できることは確かだ。しかし、これから見ていくように、悪意を正義のために用いたり、創造性の助けにしたりすることもできる。一方、特定のタイプの人が悪意を持った場合はより有害だ。最後通牒ゲームで低額のオファーを悪意で断った人々について詳しく観察すると、この集団には2つのタイプの人がいることがわかる。一方は平等主義、もう一方は支配のために悪意のある行動をしているのだ。これを理解するには、人間に関する根本的で議論の分れる問題に答えなければならない。それは、人間とはどういう生き物なのか、という問題だ。

第2章 支配に抗する悪意

平等主義はなぜ生まれたか？

人間は平等を愛する平等主義者なのか、権力を求める暴君なのか。人類は何世紀にもわたって議論を戦わせてきた。どんな結論も物議を醸す。それが正しいか否かは別として、政治的意味合いを持っているからだ。人類は支配的ヒエラルキーの中で生きるように進化したと信じる人々は、共産主義社会は大失敗に終わる運命だと考えるだろう。人類学者クリストファー・ボームによる研究から、わたしも人類は平等主義と権力志向の両方の傾向を進化させてきたと考えている。人間の中には2つの生物がいるのだ。ところが困ったことにわたしたちはこのことを忘れ、常に一方がすべてだと思い込んでいる。

わたしたちは勝者の子孫だ。彼らの考え方はわたしたちの中で生きている。そして、世界はとっくに彼らの時代とは変わってしまったにもかかわらず、わたしたちにも当時と同じ行動をとらせようとする。人間の本質を理解するためには、祖先が当時の世界を生き抜くのに最も成功した戦略が何だったのか明らかにする必要がある。その方法の1つは発掘することだ。とはいえ、死者は嘘をつかないが、進んで真実を述べるわけでもない。しかし幸いなことに、わたしたちは現存している人々に答えを求めることもできる。祖先が進化を遂げてきたのと同じような環境で暮らしている民族はたくさんいるからだ。こうした狩猟採集民族は、人類の進化の過程を垣間見る機会を提供してくれている。タイムマシンがなくてもタイムトラベルはできるのだ。

今から約5万年前、解剖学でいうところの現生人類が登場した後期更新世のころに人類が直面したのと同じような問題を、現代の狩猟採集民族も抱えているだろうことがうかがえる。現在、こうした種族は血縁関係のない人も含む20〜30人からなる集団で独立して生活している。[1]彼らは狩りをして殺した獲物の肉を分け合う。ボームは300以上の狩猟採集社会を調査した。その構造に関するボームの結論は明らかだ。現代の狩猟採集社会は平等主義だという。この結論からボームは「恐らく地球上のほぼすべての人間がそんな平等主義を実践していた[2]」と推論している（『モラルの起源——道徳、良心、利他行動はどのように進化したのか』斉藤隆央訳、白揚社）。

こうした平等主義は権力を求めるメンバーを容認できなかった結果として現れる。この集団は支配的で乱暴なメンバーを許容しない。[3]アフリカの狩猟採集民族クン族のある人はこう言っている。「若者が多くの獲物を仕留めると、自分を首長や大物だと思うようになって、自分以外をしもべや劣った者と見なす」。そのような行動はクン族にとって問題となる。「俺たちはこれを受け入れられない。自慢するような奴はお断りだ。いつかそんなうぬぼれでだれかを殺すことになる」[4]（『モラルの起源』）

この説に別の人類学者のリチャード・ランガムが重要な補足を加えている。ランガムが述べているように、小規模な狩猟採集社会において「平等主義はおもに男たち、とくに既婚男性の関係を表す言葉だ」[5]（『善と悪のパラドックス――ヒトの進化と〈自己家畜化〉の歴史』依田卓巳訳、NTT出版）。男性同士は平等主義的に行動するが、女性に対しても平等とは限らない。狩猟採集民族のジュホアンシ族は大人全員に対して平等だが、男性が女性をたたいても受ける罰はごく軽いとランガムはいう。同様にランガムの観察したところによれば、タンザニアの狩猟採集民族ハヅァ族は平等主義者とされているが、まわりに木陰があまりない場合、男性が木陰に入り、女性は日なたに座っているという。このほかにもランガムは、こうした「平等主義」とされる社会において、女性が男性からひどい扱いを受けている事例を数多くあげている。

支配に抗する反支配的行動はこの平等主義を擁護している。狩猟採集民族は支配しようとするメンバーを押さえ込む手段を持っていて、ボームが述べているように、「アルファ雄にあたる社会的な略奪者を……積極的に、場合によってはかなり暴力的に取り締まる」[6]（『モラルの起源』）。そして、乱暴者や集団を支配しようとするメンバーを殺すことまであるのだ。カナダに住むイヌイット族のあるグループを対象とした研究によれば、コミュニティに対する具体的な脅威の1つは「自分の欲しいもの（女性など）を力ずくで手に入れる攻撃的な男性」だ。[7] こうした男性は家族から殺されるなど、「往々にして暴力的な最期を迎える」。カエサルを暗殺したときのブルータスの言を借りれば、専制者はかくの如くである。

以上より、平等主義は「古代からある進化した人間のパターン」のように思われる。[8]「自分より得をする人間がいたらただではおかない」という反支配的姿勢でいれば、食料などの資源を確実に平等に分けてもらえるだろう。[9]そして、その個体は進化的優位性を手にすることができる。人間の支配的行動の起源同様、反支配的行動の起源も動物の歴史をはるか昔までさかのぼる。反支配的行動は、支配的行動ほどではないものの、人間に最も近い霊長類にも見られるのだ。ボノボの群では、時として下位のメンバーが団結して支配的な雄を攻撃し、殺したり、群から追い出したりすることがある。

しかしながら、人間の反支配的行動はほかの霊長類のものとは異なる。チンパンジーが反支配的行動を見せる場合、そのチンパンジーは高齢のアルファ雄からその座を奪い取る。一方、人間は仕返しをすればそれで満足できる。必ずしも相手の地位を奪うとは限らないのだ。スコットランドにあるセント・アンドリューズ大学の元研究者で人類学者のデヴィッド・エアダールの見解どおり、「このため人類の反支配は新しいものであり、単なる霊長類の共通祖先の権力闘争の延長とは動機が質的に異なる」[10]。この新しい形態の反支配が現れたのは、人類特有のそのほかの能力のおかげだ。具体的に言うと、道徳的に物事を考察する能力と武器を扱う能力、言語を駆使する能力である。

わたしたちの道徳的感情は、不公平な行動をとり、他者を支配しようとする人々に対して強く反応する。[11] アメリカの心理学者ジョナサン・ハイトが述べているように、人間は自由の侵害に対して特有の道徳観を発達させてきた。[12] ハイトによれば、この道徳観は、機会さえあれば自分たちを支配しようとする他者のいる小規模な集団で暮らす上で起こる問題への対処法として生まれたものだという。この道徳的感情を経験できなかった人々（しかも、これから見ていくように、他者に悪意を持つという反応をしない人々）は、進化の観点から見ると成功しにくい。わたしたちの平等主義が平等への愛によるものか、支配への嫌悪によるものかは重要な問題だ。ハイトは後者を支持しており、わたしも同意見だ。この点については後ほど改めて論じることにする。

人間に備わった、武器をはじめとする道具をつくる能力も反支配的行動をとりやすくしている。素手で相手を殺すのは至難の業だ。そんなことができたら、クラヴ・マガ（イスラエル軍が開発した接近格闘術）など必要ないだろう。人間の親戚で、道具を使わないチンパンジーは、人間よりずっと強いが、それでも一対一で相手を殺すのは難しい。[13] しかし、武器があれば、自分より強い相手を倒すことができる。また、人間に殺傷能力があるのは、死という概念を理解しているからでもある。チンパンジーはほかのチンパンジーに深い傷を負わせても、生かしておくことがある。一方、人間は死というものを理解した上で、相手を殺そうとするのだ。[14]

武器も潜在的役割を果たしているものの、反支配的行動に不可欠な要素は言語であると思われる。[15] 小規模な集団がお互いに協力し合って出る杭を打ち、アイディアを試し、うわさ話をできるのは、言語のおかげだ。

集団を支配しようとするほかの男性を引きずり下ろし、より平等な社会をつくれるようにした、人間特有のこうした要素は、人類に多大な影響を及ぼしたといえる。ランガムは、これが人間の自己家畜化をもたらしたと主張している。[16] 人間はオオカミを家畜化してイヌをつくっただけでなく、自分たちも家畜化して、攻撃的なサルから穏やかで忍耐力のある生き物に変わったのだ。ランガムの議論は「処刑仮説」を支持しているが、これはチャールズ・ダーウィンの「暴力的で怒りやすい男たちは往々にして残酷な末路を迎える」〔『善と悪のパラドックス』〕という見解に立脚している。

ランガムの言わんとするところは、より暴力的で集団を支配しようとする男性はほかの男性たちから処刑されたということだ。その結果、より攻撃性が低く、従順な人々の遺伝子が次の世代まで生き残ることとなる。[17] 専制的な権力者がいなくなると、社会規範が社会の新しい支配者となった。これは「いとこたち〔決定権を握る少数の実力者たち〕による専制」あるいはランガムの言うところの「あまり横暴ではないかつての敗者たち」の専制によって強化された〔『善と悪のパラドックス』〕。規則に従わない人々はその集団から処罰される。わたしたちには規則に従おうとする強い衝動と、規則に従わない人々を引きずり下ろそうとする根深い願望があるのはこのためだ。

人間に平等主義の面があることに驚く人もいるだろう。大衆文化において、人間は階層的に構成された生き方をするようにできているという考えがほぼ普遍的に受け入れられているからだ。[18] この見方が広く受け入れられているのは、的を射ているからである。

社会的動物は、資源と交尾の相手を手に入れるために戦わなければならない集団の中でどう暮らすべきかという問題に直面している。一般的な解決策の1つは、支配的ヒエラルキーを形成することだ。こうした階層構造は、海中で暮らすロブスターやイセエビにも、森で暮らすチンパンジーやヒヒにも、空を飛ぶコウモリや鳥にも、陸上で暮らすライオンやオオカミにも見られる。支配的ヒエラルキーは大昔からあらゆるところに存在していた。泳いでいようが木に登っていようが、空を飛んでいようが、歩いていようが、人間の中にもこの遺産は引き継がれている。人間を集団に放り込めば、ものの数分でヒエラルキーができあがる。

支配的ヒエラルキーの中には序列がある。個人は自分が序列のどこに位置するか理解していて、自分よりも上位の人々に従う。こうした序列の利点は、けがを伴いかねない戦いを回避できることだ。全員がこの恩恵を受けることができる。

ヒエラルキーの頂点にいる個人は、支配者と呼ばれる。この地位にいるとよく有利になることから、わたしたちには支配者の地位を求める性質が生来備わっている。多くの生き物の場合、身体能力の高い個体が階層の頂点に立つ。大きな角を持ったシカ同士が1歩も引かずに戦うようすが思い浮かぶだろう。だが、より人間に近いチンパンジーについて考えてみると、腕力だけで支配者になれるわけではないようだ。より力の弱い2頭の雄が力を合わせてボスを引きずり下ろすこともある。人間の場合はさらに複雑だ。人間にはいわゆる「攻撃的支配志向性」と「社会的支配志向性」が見られる。[19]

攻撃的支配志向性が高い人は、たとえ騒動を引き起こしても自分のやり方を要求し、欲しいものを手に入れ、好戦的で、他者を自分に従わせようとする。そして、目的のためには手段を選ばず、人をだましたり、へつらったりすることもある。一方、社会的支配志向性の高い人々は、理性で他者を説得する傾向にある。彼らは人々の前で堂々と楽しそうに話し、会話を切り出すのがうまく、責任ある役割を好み、他者から決断を任される。社会的支配志向性の高い人々は、ほかの成功者と協力しながら学ぶが、攻撃的支配志向性の高い人々は、社会的情報を活用せずに決断を下す傾向がある。

人間はさまざまな適応を遂げて、支配的ヒエラルキーの中で生きられるようになった。人間は幼くてもヒエラルキーのルールを理解する。誰から許可を得るべきか、誰に対して義務を負っているか、わかっているのだ。そしてヒエラルキーの高い地位を強く求める。実際に出世欲は人間の基本的動機の1つだ。[20] 人間はまだ話ができない乳児でさえ、ほかの人たちの地位の違いを理解できる。サルと同じように、人間も他者のステータスを大いに気にしているのだ。[21] サルはボスザルを一目見るためなら、ごほうびの甘いサクランボジュースでもあきらめる。[22] 人間はそんなことはしないと思うなら、どの店でもいいので雑誌売り場を覗いてみてほしい。人間がどれだけ有名人のことを知りたがっているかわかるだろう。

地位を認識し、それにふさわしい行動をとることは利益になるのだ。低い地位の者が高い地位の者たちの秘密を知るのにも役立つ。[23] アメリカのリアリティ番組「カーダシアン家のお騒がせセレブライフ」を観るのは、中身のない映画を観るよりも良い教育法かもしれない。人間はステータスの高い人の顔により注意を払い、よく覚えている。[24] そのため権力のない者は、権力のある者の庇護を受けようとする。[25] 文化、性別、年齢にかかわらず、誰にとってもステータスが重要であることがわかる。[26] これは普遍的な現象なのだ。

したがって、人間は反支配的側面と支配を求める側面の両方を進化させてきた生物といえる。エアダールはこのことをうまく表現している。彼の言葉を借りれば、人間は「相反する性質を兼ね備えており、自分はより多くを得ようとする一方で他者がより多くを得ることには反対し、自分は他者を支配しようとする一方で他者が支配することには反対する……この衝突は人間の心理の奥深くに組み込まれて」いるのだ。[27]

人間には支配的な面と反支配的な面があるとしたら、当然ながら次に問うべきことは、どちらの面が優勢になるのか決定する要素は何かだ。ボームの主張によれば、これらの要素には人々がヒエラルキーについてどう感じているか、社会で必要とされる中央集権型の命令および支配の度合い、従属者が自分たちよりも上位の人々をどの程度コントロールできるかも含まれる。約1万年前、ほとんどの人類が定住化し農耕社会で暮らすようになると、平等主義の狩猟採集社会はより階層的で支配的な社会に移行した。エアダールの見解によれば、これは環境が変わって、人間の反支配的傾向が機能しなくなったからである。[28] 人類はより大きな集団で暮らすようになり、個人の財産を持ち、リーダーの正当性を認識するようになった。[29] 保存可能な大量の余剰食物が手に入るようになり、人々は庇護を受け入れ、反支配的抵抗を回避するようになる。

では、これらはどう悪意とかかわっているのだろう？　わたしの意見としては、人間の反支配的傾向も権力を求める傾向も悪意の定義に当てはまる行動を導きうる。反支配的な面は他者から後れを取るのを嫌う。そして、自分がコストを負担してでも、他者を引きずり下ろそうとする。偉そうな口を利く乱暴者がいたら、何も言わないほうが安全なことはわかっているが、それでも黙れと言わずにはいられないのだ。こうした側面は、自分たちを高めるというよりも、権力者を引きずり下ろそうとする。わたしはこれを反支配的悪意と呼んでいる。反支配的悪意は、ヒエラルキーをなくそうとする普遍的な人権や多文化主義、多様化といった考えやイデオロギーを支持するよう促す。[30]そして、政治的には左寄りになる。

一方、権力を求める面も、他者より劣ることを嫌い、他者に優ることを好む。そして、相手よりも得をするためなら代償を払って相手を傷付けることも辞さない。相手が自分よりも下まで落ちるのなら、自分もあえてはしごの下の段に落ちようとする。これをわたしは支配的悪意と呼んでいる。人間の性質のうち、権力を求める面は、ナショナリズムやプロテスタントの労働倫理、自由市場主義といった、ヒエラルキーの存在を強化するイデオロギーを支持し、人種差別や性差別、反ユダヤ主義、移民排斥感情など、ヒエラルキーを正当化しようとする問題深い姿勢を助長する。[31]そして、政治的には右寄りになるのだ。これからこの2種類の悪意を掘り下げてみよう。

ホモ・レシプロカンス

最後通牒ゲームは一部の人々が悪意のある行動をとることを証明した。その後の研究により、この集団には2種類のまったく異なるタイプの人々がいることが判明している。最後通牒ゲームで悪意のある行動をとった人々に独裁者ゲームと呼ばれる別のゲームをしてもらったところ、この事実が明らかになった。

独裁者ゲームは最後通牒ゲームに似ていて、お金を分け合う点は共通している。ところが独裁者ゲームでは、提案者（相手に何割の分け前を与えるか決める人）が置かれた状況が異なる。提案者は相手のプレイヤーにはオファーを受けるか断るか選ぶことができないと説明されるのだ。相手はオファーを受けるほかない。

提案者はもはや相手が悪意のある反応をする心配がないため、自分の内なる道徳的基準からだけ影響を受ける。最後通牒ゲームで悪意のある反応をした人の道徳的基準は、2つのまったく異なる方向を示すことが判明した。こうした人々が独裁者ゲームをすると、お金を公平に分ける人と不公平に分ける人がいるのだ[32]。

まずは独裁者ゲームで公平な分け前を提供する協力的な人々に注目しよう。彼らが最後通牒ゲームで低額オファーを拒否したのは、不公平な扱いを受けたと感じたためと考えられる。彼らに最後通牒ゲームで低額オファーを拒否した理由を尋ねたところ、この考えが正しいことが裏付けられた。ある参加者はこう答えている。「自分では『悪意のある』人間だとは思っていません……ただ公平で、相手にも公平であることを求めるだけです[33]」

経済学者であり、元レスリング選手のアーンスト・フェールは、公平な人々が最後通牒ゲームで低額オファーを拒否するのは、コミュニティの公平性の基準に違反した人を罰するためなら代償を払う覚悟があるからだと主張している。[34] フェールによれば、そうすることで、彼らが罰した人々は以前より公平に行動するようになる。さまざまな状況でさまざまな人々が同じことをとすれば、社会はより協力的になるだろう。[35] つまり、低額オファーを悪意により拒否するのは、反社会的な行動ではない。むしろ社会性のある行動なのだ。狩猟採集社会に見られた平等主義を支えていたのは、この種の反支配的行動である。はっきり言えば、彼らはヒーローである。映画『ダイ・ハード』のジョン・マクレーンであり、テレビドラマ『24－TWENTY FOUR－』のジャック・バウアーであり、バットマンなのだ。

このような行動をする人々がいることから、強い互恵性理論が生まれた。[36] 互恵性とは好意には好意で、親切には親切で、意地悪には意地悪で応えることだ。弱い互恵性と強い互恵性があり、[37] 弱い互恵性の場合、自分の利益になるときだけ相手に報いる。弱い互恵主義者が考えているのは、自分たちの利益を最大化することだけだ。自分がコストを支払わなければならない場合は、他者を罰したりしない。悪意を持つことは得意ではないのだ。

一方、強い互恵主義者は、損害を被ったら、たとえコストを支払ってでも仕返しする。アメリカの経済学者ハーバート・ギンタスによれば、強い互恵主義者は他者と協力する傾向があるため、最初は公平な行動をする。ところが彼らは、たとえコストを支払ってでも、協力的でない他者を罰しようともする。[38]

こうした人々はホモ・エコノミクスのような行動はせず、すぐ手に入る自己の物理的利益を最大化しようとはしない。ギンタスと共同研究者のサミュエル・ボウルズは、彼らをホモ・レシプロカンス（互恵人）と呼ぶことを提案した。[39] 最後通牒ゲームにおけるホモ・レシプロカンスの悪意のある行動は「コストのかかる罰」と呼ばれている。彼らは個人的に代償を払って相手を罰するのだ。

コストのかかる罰を行なう人は聖者ではない。「より大きな善のためにわたしが重荷を背負って、この人物に罰を与えなければ」などと考えているわけではないからだ。彼らがそのように考えているとしたら、生前に臓器を提供するような、社会の中で最も徳の高い人々ほど最後通牒ゲームで低額オファーを拒否するはずだ。ところが彼らは拒否したりしない。腎臓を提供した人々に最後通牒ゲームをしてもらったところ、提供したことのない人々と比べて、不公平なオファーをよく拒否するという傾向は見られなかったのだ。[40]

より利他的な人がコストのかかる罰をより多く行なうことはないが、ほかの人のためによくドアを開けてくれる人はコストのかかる罰をよく行使する傾向がある。人に親切にするという規範を守っている人ほど、最後通牒ゲームで低額オファーをよく断るのだ。[41] ほかの人のためにドアを開いておくなど、誰かの役に立つという規範に従う傾向は、社会的に大きな力であり、利己的な誘惑に直面した際、社会のためになる行動をとるよう人々を促す。こうした規範の順守は「共有地の悲劇」と呼ばれる問題を解決するのに役立つ。[42]

1つ広大な共有地があったとしよう。誰もがそこにヒツジを放牧して自己の利益を最大化しようとしたら、その共有地は荒れ果ててしまう。一方、制限を設けて、1日数時間だけ放牧することにすれば、その土地は全員の生活を支えることができる。これは中央当局に権力を与えなくても実現可能だ。ヒツジを1日数時間だけ放牧することが普通になれば、ほとんどの人は自分も従わなければならないと感じるようになる。現代の人々は服従することに抵抗があり、それには正当な理由があることも少なくない。[43] とはいえ、服従は人類が社会生活から恩恵を受ける基本的な方法の1つでもある。不公平な人を罰するという規範に従えば、全員が利益を得られるのだ。それに、不公平に対してコストのかかる罰を行なうのは、社会のためになる規範である。また、わたしたちはほとんどの人が不公平に対してコストのかかる罰を行なうと考えている。それどころか、人間はそう行動すべきだと信じているのだ。[44]

当然ながら、そもそも不公平だと感じなければ、誰もこのような行動はしない。コストのかかる罰という形態の悪意を理解するには、人間がどうやって公平か否かを判断しているのか知っておく必要がある。

文化が違えば公平さの基準も違う

世の中にはお金よりも大切なものがある。そうでなければ、みんな最後通牒ゲームで0ドル以外のオファーはすべて受け入れるはずだ。きっと何かほかの要素が決断を左右しているのだろう。わたしたちは自分が手にする金額だけでなく、ほかのみんながいくらもらうかも気になる。人間は不公平を嫌うのだ。[45]

他者よりも分け前が少ないことを嫌うのは当然だ。しかし、他者よりも分け前が多いことを嫌うこともある。これは少なくとも人間を純粋に利己的な生き物と見なす場合、それほど当然とはいえない。進化のおかげで、人間の脳はわたしたち自身よりも賢いことがあり、他者より得をするのは良くないかもしれないとささやく。脳はそれが反支配的反発を招きかねないことを知っているのだ。そのため、わたしたちに罪悪感を抱かせ、そうした行動を思いとどまらせる。独裁者ゲームで提案者は相手に何も与えないこともできるのに、過半数の参加者は相手にいくらか与えるのは、このためでもある。[46]もちろん全員ではない。こうした人々については次の章で見ていくことにしよう。

何が公平か判断する際、わたしたちは全員が平等な分け前を得られるかどうかを考慮する。しかし、少なくとも大人の場合、それだけで判断しているわけではない。人間は年を取るにしたがって、不平等は公平でありうることに気付く。そして、意図をより重視するようになる。子どもが最後通牒ゲームをする場合、提案者はほかに選択肢がなかったので10ドル中2ドルでオファーしたと言っても、そのオファーを受け入れる割合はさほど変わらない。ところが大人がこの事情を知った場合、2ドルのオファーでもよく受け入れるようになる。[47]大人はオファーが不平等であることは気にせず、提案者の意図に注意を向けることができるのだ。

自分に害を及ぼす意図がないと判断すれば、提案者に対して悪意を持つことはより少なくなる。

低額オファーに謝罪のメッセージが添えられていた場合、悪意のある拒否は減るのだ。[48] また、提案者が自分の意図を覆い隠した場合も同じように悪意のある拒否は減る。提案者が意図を隠せるように最後通牒ゲームに手を加える方法の1つは、オファーを出す際、自分の個人的情報もあれこれ盛り込むことだ。そうすれば、相手のプレイヤーは提案者の意図を解読しにくくなる。こうして混乱の種をまくと相手は低額オファーをさほど拒否しなくなるようだ。[49]

同様に提案者側に何の意図もない低額オファーも悪意を引き起こしにくい。あなたが受け取った2ドルというしみったれたオファーはコンピューターがランダムにはじきだしたものだと言われたら、どう反応するだろうか？　この状況なら、不公平な意図などないことは明らかだ（あなたが悪質なＡＩシステムに関する映画やＴＥＤトークを観すぎていなければの話だが[50]）。人間ではなくコンピューターから低額オファーを受け取った場合、参加者の態度は大きく変わる。コンピューターには意図がないため、人々の反支配的な面を刺激しない。通常は約70％の人が低額オファーを拒否するが、コンピューターがランダムに低額オファーを出した場合、まったく逆の反応が見られ、約80％の人がオファーを受け入れる。[51] 意図がなければルール違反ではなく、悪意も生じないのだ。

文化は公平さの基準について強い信号を送る。文化が違えば、分け合うための基準も異なってくる。そのため、最後通牒ゲームで低額オファーを受けた人々の行動も文化によってさまざまだ。たとえばタンザニアのハヅァ族はあまり分け合いたがらない。彼らにとって分け合うことは、盗みを許容することを意味する。それでも厳しい社会的制裁によって分け合うことを強いられている。そのためハヅァ族は最後通牒ゲームでも不公平なオファーをした相手をよく罰し、高いレベルの悪意が見られる。一方、パラグアイのアチェ族は食料をタダで分け合う習慣があるため、他者を罰する必要がなく、最後通牒ゲームでも悪意が見られるケースは少ない。[52]

同じ文化の中ですら、公平さに対する期待を少し揺るがすだけで、その人々の行動に含まれる悪意の度合いは変わる。西洋人のプレイヤーたちに一般的なオファーがどれくらいか考えた上で最後通牒ゲームに参加してもらったところ、オファーに対する期待を下げると、参加者が低額オファーを受け入れる確率は上がった。[53]それまでの基準に代わり、不公平が当たり前になると、人々は不公平なこともよく受け入れるようになるのだ。[54]これは助言でも何でもないが、人を殺しても処罰されないためには、殺人をありふれたものにしてしまうのが一番だ。

利益を得るに値するかどうかも、公平さの判断に不可欠な要素だ。わたしたちは分け前が与えられると、分け前を多めにもらった人々がそれに値するか考える。そして、不相応だと判断したら、悪意のある行動をしがちだ。「お金を燃やす」実験は、実際にそれを証明している。[55]

お金を燃やす実験では、ほかのプレイヤーと一緒に匿名で賭けのゲームをする。ゲームのあいだ、あなたはほかの人々がどうプレイしているか、いくら持っているか見ることができる。そして、すぐに一部のプレイヤーは自分よりも大きな賭け金を選べることに気付く。コンピューターが彼らを不当に優遇しているようだ。ゲームが終わったとき、各プレイヤーの所持金はさまざまだった。そこで一部のプレイヤーがコンピューターからタダでお金をもらっていたことが判明する。彼らはお金をもらえるようなことなど何もしていないというのに。これは不公平だ！

　ここであなたに選択肢が与えられる。勝ち取ったお金を持ってそのまま帰ってもいいし、お金の一部をあきらめて、ほかのプレイヤーが勝ち取ったお金を減らすこともできる。この実験で使われた用語で言えば、自分のお金を支払って、彼らのお金を燃やすことができるのだ。あなたならどうするだろう？　もう一度言っておくと、このゲームは匿名で行なわれる。だから報復を恐れる必要はない。この研究の結果、ほかのプレイヤーが手にした不相応な利益を台無しにするために自分の勝ち取ったお金を費やす人は、実に3人に2人にも上ることがわかった。不相応な利益を得ると、他者の悪意のある行動を引き起こしかねないのだ。

　ほかの人の財産を減らすためならお金を支払うことも辞さない姿勢は人間特有だ。心理学者のキース・ジェンセンらは、チンパンジーを対象にお金を燃やす実験に相当する実験を行なったが、悪意を見いだすことはできなかった。[56]彼らはバナナを1本テーブルに載せ、1匹目のチンパンジーの檻《おり》の外の手の届かない場所に置いた。このチンパンジーが何もしないと15秒後にテーブルは2匹目のチンパンジーの檻に移動する。1匹目のチンパンジーには、ロープを引っ張ってテーブルを壊すという選択肢が与えられた。こうすれば2匹目のチンパンジーが何もしていないのにタダでバナナを手に入れられないように意地悪ができる。ところが1匹目のチンパンジーはわざわざ意地悪などしないことがわかった。テーブルが2匹目のチンパンジーがいる檻まで動く場合も、誰もいない檻まで動く場合も、1匹目のチンパンジーがロープを引いてテーブルを壊す頻度は変わらなかったのだ。他者が働かずに手に入れた利益を悪意から台無しにしようとするのは、人間だけなのだ。

正義中毒

人間が不公平さを罰するのは、正義を守るのは気分がいいからだ。この快感はたまらない。人間の脳は正義を行使するチャンスを見つけると、コカインを摂取するチャンスを与えられたときと同じように反応する。まるで正義中毒にでもなっているかのようだ。テレビの番組表をざっと見ただけでも、何らかの意味で正義の追求というテーマを扱った番組がどれだけ多いかわかるだろう。その証拠にわたしは今、映画『ランボー』シリーズの第1作を観ながらこの原稿を書いている。

スイスの神経学者ドミニク・ド・ケルバンらは、正義を行使できるという期待に脳がどう反応するか明らかにした[57]。ゲームをしている人々が、不公平な行動をする別のプレイヤーに罰を与えようか考えているときの脳のようすをMRIスキャナーで観察したところ、彼らの脳の活動はコカインを摂取できると期待している麻薬中毒患者の脳の活動と類似していた。正義の喜びを期待して、快感を得ていたのだ。

しかしながら、映画好きなら誰でも知っているように、正義は大きなコストを伴う。これはわたしたちが支払いたいと思うコストなのだろうか? ド・ケルバンの研究は、人々の脳が正義の価値を引き上げていることも確認した。コストのかかる罰を与えるか考えているとき、脳の2つの主要な領域がMRI画像上で光を発する。1つめは前頭前野腹内側部で、異なる目標をうまく調整し、怒りをコントロールする作業に関与している。2つめは前頭前野眼窩部の内側眼窩野で、異なる報酬の中から選択する作業に関与している。コストを支払ってまで罰を与えるべきか決定するのは難しい。そのため脳はよくヒントを与えて助けてくれる。このヒントは感情という形を取るのだが、ここで問題となる感情は、不公平なオファーをしてきた相手を傷付けたいという衝動とかかわっている。その感情とは怒りだ。[58]

怒りと脳

怒りは、不正の認識を悪意のある行動に変換する上で不可欠な要素だ。[59] ないがしろにされた配偶者であれ、ひどい目に遭わされたビジネスパーソンであれ、裏切られた有権者であれ、不正は怒りというマッチを擦り、悪意の導火線に火をつける。最後通牒ゲームで不公平なオファーを受け取り、怒りとかかわる脳の領域が反応すれば、そのオファーは拒否される可能性が高い。[60] 最後通牒ゲームで見られる悪意のある行動パターンと関連した発見の多くは、怒りの観点から見ると解釈しやすくなる。たとえば第1章で見たように、若者は年長者よりも悪意のある行動をとりがちだ。これは恐らく、若者のほうが年長者よりも怒りやすい傾向があるからだろう。[61]

不公平に対する感情的反応は怒りだけではない。別の基本的感情も引き起こされる。最後通牒ゲームで不公平なオファーを受け取った人は、顔の筋肉の反応に嫌悪感に特徴的なパターンが見られるのだ。[62] 嫌悪感と関連する脳領域が反応して光っている。[63] そして、怒りと嫌悪感の組み合わせは、道徳的な激しい憤りを生み出す。[64] 不公平は人に怒りや嫌悪感を抱かせるだけでなく、彼らを憤慨させるのだ。

不公平に対する憤りがあまりにも激しい場合、相手には何の影響もないと知りながら、コストをかけてまで罰を与えようとすることもある。最後通牒ゲームに手を加えた手法で、このことが証明された。同実験では、提案者のオファーを断った場合、提案者は自分の分け前を手にするが自分は分け前をもらえなくなる。この状況では悪意に効力はない。そのため、この場合誰も低額オファーを拒否しないと考えるのが理にかなっているように思える。罰を行使しても自分が傷付くだけなのだから。ところが、この状況でも40％の人々が悪意によって10ドル中2ドルのオファーを断ることが判明した。[65] 雲に呪いをかけるためなら、雨に濡れてもかまわないということだ。

悪意を抱く上で怒りが重要な役割を果たしていることは、怒りを減らすと悪意も減ることを証明した研究からも明らかだ。怒りを減らす方法はいくつもある。1つは化学的に減らす方法だ。精神安定剤のバリウムや向精神薬のザナックスといったベンゾジアゼピン系の薬は、怒り中枢である脳部位、扁桃体の活動を低下させる。こうした薬剤を投与して最後通牒ゲームをしてもらうと、低額オファーを受けたときの扁桃体の活動が低下し、低額オファーを拒否する回数が半減する。[66] 不公平への怒りを軽減する、もっと自然な方法は、少し時間をおくことだ。最後通牒ゲームで低額オファーを受け取ってから10分後にそのオファーを受け入れるか拒否するか決断してもらったところ、拒否率は70％から20％へと激減した。[67]

大方の予想どおり、怒りをコントロールできれば、悪意のある行動もコントロールできる。それを確かめる方法の1つは、心拍変動を測定することだ。人間の心臓はいつも同じペースで鼓動しているわけではない。心拍変動とは連続した心拍の間隔の変化を測定したもので、心拍変動が大きいほど、感情をうまくコントロールできる。そして、ご想像のとおり、心拍変動が大きい人のほうが最後通牒ゲームで悪意のある拒否をすることも少なくなる。[68]

また、人間は怒りをコントロールする能力を人工的に高めることもでき、この場合も悪意は減少する。神経科学者のガディ・ギラムらは、脳に電流を通す、経頭蓋直流電気刺激法という脳刺激技術を用いた。怒りをコントロールする脳の部位（前頭前野腹内側部）に刺激を加え、同部位の活動を増加させてから最後通牒ゲームをしてもらったのだ。[69]ギラムらは参加者が確実に怒るように「怒りをあおる」最後通牒ゲームをつくりだした。[70]低額オファーに挑発的なメモを添えたのだ。たとえば「2ドルやる。どうだ？　負け犬め！」「2ドル。これがオファーだ。受け入れろ」などと書かれている。ギラムらが参加者の前頭前野腹内側部の活動を高めると、参加者たちは不公平なオファーもさほど不公平だと感じなくなった。そして、拒否率は70％から59％に低下した。[71]手段は文化であれ、化学物質であれ、電流であれ、悪意はコントロールできるのだ。

共感は人間が本来持っている？

悪意は比較的努力を必要としない。とはいえ悪意を持つには、水面下で脳がたくさんの仕事をこなさなければならない。実際、悪意を持つには利己心と共感という人間の別の性質に打ち勝つ必要がある。

第1に、わずかとはいえ、利益を拒否できなければならない。最後通牒ゲームで低額オファーを受け取ったら、少ないとはいえゼロではない金額と不公平さに耐えるコストをはかりにかける必要がある。それには行動のコントロールを助け、費用対効果の分析を行なう脳の部位、前頭前野背外側部を用いる。[72] 前頭前野背外側部の活動は、狭量な利己心に動かされてわずか2ドルを手に入れようとするのを止めるために必要だ。前頭前野背外側部がなければ、不公平であることに気付かず、チンパンジーと同じように行動し、最小限のオファーを受け入れるだろう。

一般に前頭前野は理性をつかさどる脳部位と考えられていて、より古くからある感情的で動物的な脳部位と対立していると見られている。ところが、最後通牒ゲームで低額オファーを受け取ったとき、理性的な脳は活性化して、感情を抑えるのではなく、感情がわたしたちを導けるようにする。感情は価値のある情報を提供してくれているのだ。怒りが悪意のある行動をとらせるように人々を駆り立てるのは、それが一番得だからかもしれない。

人間の脳の理性をつかさどる部分は、怒りから提供される感情の情報を使って利己的な動機を退け、タダで手に入るお金を断らせるのだ。これは参加者の脳にある費用対効果を分析する部位（前頭前野背外側部）の働きを神経刺激によって妨げながら、最後通牒ゲームをする実験によって明らかになった。[73]

この研究による最後通牒ゲームでは20ドルを分け合った。オファーできる最低金額は4ドルだ。普通にプレイした場合、このオファーを受け入れた人はわずか9％だった。ところが参加者の費用対効果を分析する脳領域に神経刺激を加えて、その働きを弱めると、45％の人が4ドルのオファーを受け入れた。[74] 脳に刺激を与えたことで4ドルのオファーがそれほど不公平には感じられなくなったのか、実験者たちが調べたところ、そうではないことがわかった。参加者たちは、まだこのオファーは不公平だと感じていたが、彼らはそのことで相手に罰を与えるという選択をしなかっただけだ。目先の自己の物質的利益を見逃せなかったのである。

費用対効果を分析する脳の部位に神経刺激を与えながら、信頼にかかわるゲームを行なった場合にも同様の結果が見られた。参加者はより頻繁に他者のお金を持ち逃げしたのだ。彼らは短期的な衝動に抗う能力が低下していた。そのため彼らは同じゲームを複数回行なったとき、協力的であるという評判を築けなかった。よい評判が得られれば、ゲームを繰り返すうちにより多くのお金を稼げたはずなのだが。神経刺激を受けた人々に質問したところ、彼らも協力したほうが長い目で見ると得になることは認識していた。ところがそれをわかっていても、行動には反映されなかった。持ち逃げを繰り返すと協力が得られなくなり、長い目で見るとマイナスになるが、それでも持ち逃げによる目先の利益をあきらめられなかったのだ。こうした発見から、人間ほど前頭前野が発達していない種ではあまり評判の形成が見られない理由が説明できる。[75] また、人間にとって評判がいかに重要かもわかる。

ともすれば、費用対効果を分析する脳部位、前頭前野背外側部は、利己心を抑える一般的な装置だと結論したい誘惑に駆られる。前頭前野背外側部は利己的に目先の利益を手にしようとする衝動にあらがい、長期的利益のための行動を促すように思えるかもしれない。人間の内なるチンパンジーを止めてくれるものだと。ところが現実はもう少し複雑で、ずっと興味深い。

仮に前頭前野背外側部はただ利己心を抑圧するだけだとしたら、神経刺激によって働きを妨害すれば、人々はあらゆる状況でより利己的に行動するようになるはずだ。こうした人が最後通牒ゲームで提案者になったら、平均よりも低い、利己的なオファーを出すことが予想される。ところがそうはならなかった。前頭前野背外側部は、不公平な扱いを受け、怒りを持って行動する必要があるときにだけ利己心の抑圧に関与するらしいのだ。そして、正当な怒りは表に出そうとする。[76]

こうしたことから、怒りをコストのかかる罰に変換する上での最初のハードルは、どんな低額のオファーにも伴う誘惑に勝つことだ。これに関連した次なるハードルは、正義を行使するためにコストを支払おうと思えるほど、正義に関心を持つことである。自分に対する不公平な扱いを問題視するだけでは、悪意を抱くには不十分だ。[77] 利己心が強すぎて、オファーを断れないかもしれない。一方、ほかの人々に対する不公平な扱いも問題視するなら、低額オファーを拒否する確率はより高くなる。[78] 悪意を持てるくらい私心がないということだ。

怒りを悪意に変換する最後のハードルは他者の痛みを感じる能力に由来する。人間には共感力がある。自分が相手に痛みを与えることがわかると、罰を行使しにくくなる。ところが人間の脳にはこれを回避する手段が備わっていて、ＭＲＩスキャナーで見ることができる。あるゲームをしているとしよう。対戦相手の中にはあなたに対して公平なプレイヤーと公平でないプレイヤーがいる。[79]次にあなたは対戦相手に電気ショックが与えられているようすを見せられる。普通なら、誰かが痛がっているのを見たら脳内の痛みをつかさどる部分が反応して光る。これは共感している証拠だ。ところが、不公平な対戦相手が電気ショックを与えられているところを見たとき、あなたの脳の共感にかかわる部位は、公平な対戦相手がショックを与えられているのを見たときほど活発に働かない。[80]他者が不公平な行動をしているのを見ると、脳は共感のレベルを下げるのだ。脳は相手が罰を受けるべきであることを知っていて、罰を与える上で障害になるものを払いのけるわけだ。

脳にはさらにもう1つ、共感を回避するためのさらに危険な仕掛けがある。不公平な人々をより人間らしからぬように見せるのだ。他者を自分と同じ人間と見なすのをやめる非人間化[81]は、甚大な被害をもたらす可能性がある。これは「入植者が先住民をまるで虫けらのように迫害し、白人が黒人を財産のように所有する」のを助長した。[82]人間の脳は規範に逆らう者の顔を、普段人間の顔を扱うときとは違う方法で処理することが判明した。これが重要なのは、顔を顔として認識しなければ、目の前にいるのが同じ人間だと気付く重要なきっかけが得られないからだ。わたしたちは相手が規範に違反したことを知ると、文字どおり相手を十分に人間として見られなくなるのだ。

ペンシルベニア大学のカトリーナ・フィンチャーとフィリップ・テトロックは、２０１６年にこの「知覚的非人間化」という現象を発見した。[83]２人はさらにこの非人間化によって、人々は規範に従わない者を罰しやすくなることも見いだした。フィンチャーとテトロックは、参加者が規範に違反した者を罰するためにいとも簡単に共感を「止める」と指摘している。2人が述べているように、この発見は、共感は人間が生まれながらにして持っている性質であるという考えにまで疑問を投じる。

また、悪意を持った人々は、もともと平均より低いレベルの共感しか持ち合わせていないのかもしれない。悪意のある人は他者の感情や信条、意図を理解する能力が低いことがわかっている。[84] しかし、そのおかげで彼らはより客観的かつ抵抗なく、公平さのルールを強要できるだろう。人類にはそういう人間が必要なのかもしれない。

コストのかかる第三者罰

不公平な扱いを受けた人間の脳は、悪意への道を進むだけでなく、その道にあるすべての障害物を一掃する。では、なぜ脳はこのコストを伴う道にわたしたちを導くのだろうか？　その答えは問題をどう設定するかによって変わってくる。一部の科学者は、コストのかかる罰は全員が不公平な行動をとりにくくするため社会的利益になるが、罰を行使する人々がほかの人々よりも得をすることはないと考えている。つまり、誰もが罰を与える者の行動によってわずかな利益を得るが、罰を行使する者だけがコストを支払うことになる。ここでの問題は、みんな誰かほかの人に罰を行使してもらうほうが得だということだ。

よりわかりやすくするために、順番待ちの列の10番目に並んでいるところを想像してほしい。そこへほかの人が歩いてきて、列の2番目に割り込んだとしよう。誰かがこの人物を本来の位置に並ばせる必要がある。しかしそれをするのは危険が伴う。割り込んだ人はポケットにナイフを隠し持っているかもしれない。恐らくここは黙って立ったまま、誰かほかの人が介入してくれるのを待ったほうがいいだろう。そうすればリスクを冒さずに列の1人分前に進める。

　したがって、処罰はほかの人に任せたほうが理にかなっているように思える。しかしながら、最後通牒ゲームで見てきたように自分で罰を下そうとする人はたくさんいる。実際、わたしたちはこれを日常的に目にしている。作家ビル・ブライソンの話を取り上げてみよう。[85] １９８７年、ジョン・ファローはロンドンにある取引先の銀行に行った。ファローがついに順番待ちの列の先頭になったとき、ダグラス・バスという男が銀行に駆け込んできた。手には銃を持っている。そして、窓口で現金を出せと迫った。これに腹を立てたファローがバスに向かって、「こら、列を乱すな！」と怒鳴り、後ろに並んで順番を待つように言ったところ、不意を打たれたバスは手ぶらで銀行から立ち去り、まもなく警察に逮捕されたという（『ビル・ブライソンのイギリス見て歩き』古川修訳、中央公論社）。ファローが銀行強盗未遂の犯人を追い払ったおかげで、列に並んでいた全員が得をした。彼らはファローがこの行動の潜在的コストを引き受けてくれたおかげで、利益を得られたのだ。

　では、このようなコストのかかる罰はどのように進化してきたのだろうか？　コストのかかる罰の行使を促す遺伝子を持った人間は、絶滅しそうに思える。誰かが罰を行使することで、コストをかけずに利益を得る人々のほうが長期的に見れば生き延びやすいはずだ。いずれジョン・ファローのような人物は撃たれて、コストのかかる罰を行使する遺伝子は彼らと一緒に死に絶えるだろう。

第三者によるコストのかかる罰について考えると状況はさらに複雑になる。最後通牒ゲームでは自分を不公平に扱った相手に罰を与える。これは第二者罰と呼ばれている。では、自分以外の2人が独裁者ゲームをしているところを思い浮かべてほしい。もし不公平なオファーを出したプレイヤーを罰することができたら、あなたは自分には関係ないにもかかわらず、コストをかけてまで罰するだろうか？ これは「コストのかかる第三者罰」と呼ばれている。行列の割り込みにたとえれば、自分よりも後ろに割り込んだ銀行強盗未遂の犯人を怒鳴りつけるようなものだ。[86] もちろんそんなことをする人はいないだろう？

ところが、そうする人間は存在する。

アーンスト・フェールが行なった研究では、まずほかの人々が独裁者ゲームを行なうところを参加者に見てもらった。そして、最後に参加者はコストを支払えば、相手に対して不公平なオファーを出した独裁者に罰を与えることができた。すると驚いたことに傍観者のうち実に60％がコストを支払ってまで、相手に不公平な行動をした独裁者に罰を与えることを選択したのだ。[87]

このようなコストのかかる第三者罰は人類特有のものと思われる。チンパンジーは自分の食料を奪ったチンパンジーを襲うことはあるが、たとえそれが親戚だとしても別のチンパンジーの食料を奪ったチンパンジーを罰することはない。[88] 一方、人間は幼い子どもでも規則に違反した第三者をコストをかけてまで罰する。心理学者のキャサリン・マコーリフらは、6歳児でも、ほかの子どもとお菓子を公平に分けなかった子どもを罰するために、自分のお菓子の一部を犠牲にすることを発見した。[89] もう一度強調させてほしい。知人でもない誰かを不公平に扱う同じく知人でもない誰かに対して、悪意のある行動をとりたいという気持ちは、子どもがお菓子を犠牲にするほど強いのだ。悪意を抱く衝動の強さに関して、これほど説得力のある話はほかにないだろう。

　ところが、独裁者ゲームをしている他者を見た人々が高い確率でコストのかかる第三者罰を行使するのは、実験の設定のせいかもしれないと考える研究者たちもいた。[90] 第1に、傍観者に独裁者を罰するという選択肢だけを与えていること自体が、罰を与えるべきだという暗示になっているのかもしれない。それが人為的に参加者に処罰を促している可能性もある。第2に、罰を行使する側の人々は、自分たちが罰を行使すれば、ほかのプレイヤーもそれに気付くことを知っている。そのため彼らは自分たちの行動を見ている人がいるように感じる。つまり、公平な人物だという評判がかかっているのだ。

　心理学者のエリック・ペダーセンらは、これらの問題を解決しようとした。そして、第三者罰の行使を促す暗示をなくし、罰を匿名化して、もう一度同じ実験を行なったところ、いくつかの重要な違いが見つかった。[91]

　第1にペダーセンらは、独裁者ゲームで知人ではないプレイヤーが同じく知人ではない別のプレイヤーを不公平に扱っても、傍観者のほとんどは罰を行使しないことを発見した。第2に罰を行使したわずかな人々も不道徳への怒りに動かされたわけではなかった。彼らの行動の動機は嫉妬だったのだ。彼らが独裁者を罰したのは不公平な行動をとったからではなく、独裁者が得をしたことが不快だったからだ。最後にペダーセンらは、人々が予想する自分の行動と実際に彼らが取る行動は異なることを発見した。実験前、参加者たちは独裁者の不公平な行動を目にしたら怒りを抱き、コストがかかっても罰を与えるだろうと予想していた。ところが、すでに見てきたように彼らは不公平な行動を目にしても、怒ることもなければ、コストをかけて罰を与えることもなかった。これはこうすべきだと感じる行動と実際に行なう行動の差を表しているように思われる。この点については後ほど本書の中で改めて見ていくことにしよう。

以上から、知人ではない誰かを利用する同じく知人ではない誰かをコストをかけて罰するのは、自分が得をする場合だと考えられる。罰を行使することによるコストは行使者が負い、利益は社会全体で平等に分けられるわけではなく、罰の行使者は独自の利益を得る。

虫の中にはカラフルな模様を持ったものもいるが、悪意はこの模様のような役割をする。毒を持っていると警告を発するのだ。「ここにモンスターがいるぞ」という信号を出すのである。その結果、あなたが悪意のある行動をとった相手は、みんなではなくあなただけに対してより協力的になる。同じようにコストのかかる罰を行使するあなたを見た人々やその話を聞いた人々は、あなたがもたらす危険に気付き、特にあなたに対してより協力的になる。[92] 悪意はあなたに盾突くべきではないという信号であり、これはあなたに利益をもたらす。

コストのかかる罰を行なうと直接個人的利益が得られるという考えは、怒りに関する有力な理論に合致する。これは自分たちに対する他者からの評価が変わり、将来的に厚遇されるようになることが怒りの目的であることを示唆している。[93] 簡単にいうと、あなたが誰かに腹を立てれば、彼らはあなたにもっと気を使わなければならなくなるということだ。

自分と相手の健康や生活の豊かさを比較し、相手をどれだけ重視するかを表す、厚生トレードオフ率という言葉がある。[94] 他者は頭の中で厚生トレードオフ率をあなたに割り振り、何か新しい出来事が起こるたびに更新する。彼らはこの率を用いて、あなたとどう接するか決めているのだ。[95] たとえば最後通牒ゲームで低額オファーを出すなどの行為から、あなたを低く評価していることがわかる。この場合、あなたは相手が決めた率を変えさせる必要がある。相手が低額オファーを出したら、悪意を持って罰することで、あなたは将来的に相手があなたにより重きを置くように教育できる。簡単にいうと、今コストをかけて相手に立ち向かわなければ、のちのちまたひどい扱いを受けることになるのだ。悪意は虐げられた者にとって最後の武器にもなりうる。

あるいは、第三者に対して悪意のある行動をとると、あなたがモンスターではなく聖者であるというメッセージになるかもしれない。ほかの人々はあなたを以前よりも重視するようになり、あなたは利益を得られるようになる。直接物理的な利益を得ることもあるだろう。少し手を加えた独裁者ゲームから、この現象が確認された。独裁者ゲームで独裁者が相手に不公平なオファーをしたので、その独裁者にあなたが罰を与えたところを想像してほしい。これを見たほかの人々があなたに見返りを与えられるようにすると、何人かは実際に見返りを与える。[96]

現実において、あなたが誰かを罰しても人々が直接あなたに見返りを与えることはあまりない。あなたが得る見返りは、たとえば彼らがあなたを仕事相手に選ぶことだ。あなたへ向かうこの利益の流れは、他者があなたに利他的に見返りを与えるということではなく、彼らが公平なパートナーと協力し合うという自己の利益にのっとった行動をとるだけで実現する。[97] 人間には悪意のある行動をとる傾向があるが、人間の行動を予想する上では、自己利益も重要な要素なのだ。

ほかの人々からはっきりとした見返りをもらえるのは、誰かを不公平に扱う人にコストをかけて罰（コストのかかる第三者罰）を与えた場合だけだということがわかっている。実のところ自分を不公平に扱う相手にコストをかけて罰（コストのかかる第二者罰）を与えた場合、むしろ問題を招いてしまうようだ。こうした行動は協力を促さず、対立をエスカレートさせる。最近行なわれた罰と協力に関するある研究は、簡潔にこう結論している。「勝者は罰を与えない……敗者は罰を与え、滅びる[98]」

確かにわたしたちは通常自分に直接、害を与えた相手に仕返しする人を高く評価しない。こうした人々は公平というよりも復讐心に燃えていると見なされる。古くから言われているように、裁判官は自分が被った不正を罰することはできない。一方、不公平な扱いを受けても罰を控える人のほうが信頼でき、利他的だと評価されやすい。[99] 自分たちに不公平な行動をとった人々を罰しても、あまり利益は得られないようだ。

ところが誰かほかの人に害を与えた人にコストをかけて害を与えると、個人的な利益が得られる。自分個人ではなく仲間たちをだました相手にコストをかけて罰を与える場合を考えてみよう。罰を行使した人々は、行使しない人々よりも頼りになり、集団に貢献し、より尊敬に値するという評価を得る。[100] わたしたちはこういう人々が好きだ。彼らは利己心を持たず、道徳規範を守っているように見える。[101] ヒーローは自分の利益のためではなく、ほかの人々のために立ち上がるものだ。

コストのかかる第三者罰はコストのかかるメッセージだということは理解できる。クジャクの尾があれほど大きく育つのは、パートナー候補に自分はこの見事な尾羽を支えるエネルギーを持った強い鳥だと伝えるためだ。そして、体が丈夫で交尾の相手にぴったりだと知らせる。他者に害を与えた相手を罰する人は、クジャクと同様に自分には力があり、パートナーに最適だとコストのかかるメッセージを送っている。利害関係もないのに飛び込んでいって罰を与えるのは、とてもカッコいいことなのだ。

安上がりな悪意

通常は自分を不公平に扱う相手に対して悪意のある行動をしたら問題を悪化させてしまうのに、どうして最後通牒ゲームでは多くの人がこうした行為をするのだろう？　理由の1つは最後通牒ゲームでは罰せられた人が仕返しできないようになっているからだ。

実験室でのゲームに手を加えてプレイヤーが仕返しできるようにした場合、罰を受けた人のうち約4分の1が仕返しをする。[102] これはコストのかかる罰の行使を思いとどまらせる重大な要因となる。

仕返しが可能な現実の世界で、自分を不公平に扱った人々に直接、悪意のある行動をすることは、最後通牒ゲームの結果から想像するよりもずっとまれだ。小規模な部族社会に関する人類学的研究では、人々が協力関係を維持するためにこのような行動をとることは確認されていない。彼らは別の形態のコストの低い反支配行動をとる。彼らは安上がりな悪意を使うのだ。

不公平な人を罰する個人的なコストを減らす方法の1つは、1人あたりのコストを減らすことだ。それには集団内でコストを負担し合えばいい。小規模な社会では、目に余る行ないをした人々を個人ではなく集団が殺す。そうすれば個人に対する反撃を最小限にできるからだ。同様に西洋ではほかの人も同じ相手に罰を与えている場合のほうが、人々は気楽に罰を与える。人数が多いほうが安全だからだ。[103]

罰のコストを減らす別の方法は、直接的な対立よりも安上がりな方法を用いることだ。たとえばうわさ話《ゴシップ》や嘲笑、村八分などがこれにあたる。現実の世界、特に小規模な社会では、人々は直接的な対立よりもこれらの方法を使いがちだ。[104] イヌイット族のあいだでは、韻を踏んだ歌で交互に相手をあざ笑うラップバトルに似た方法で口論を解決する。[105] 社会科学者フランチェスコ・グァラがハッザ族になまけ者や意地悪な相手への対処法を尋ねたところ、最も一般的な回答は「相手を追い出す」のではなく「自分たちが相手から離れる」というものだった。[106] アメリカ合衆国のカルデア人（アラム語を話すカトリック教徒でイラクに起源を持ち、現在は近代都市デトロイトに住んでいる）は、たとえばリサイクルをしなかったなど、社会規範の軽度の違反を非難するときだけ比較的コストのかかる罰を用いる。そして、深刻な問題にはゴシップというより安上がりな罰で対処する。[107]

ゴシップにはおもな利点が2つある。[108] ジョージ・ハリスンが「デヴィルズ・レイディオ」の中で「悪魔のラジオ」と呼んだゴシップには、効果があるのだ。[109] ゴシップはほかの人々の評判を大いに傷付ける。そのため彼らはその後、より協力的に行動するようになる。[110] 確かに協力を促すには直接罰を与えるよりも良い方法のように思える。[111] それに安上がりだ。普通は誰が最初にゴシップを広めたか明らかにされないため、自分に害が及びにくい。とはいえゴシップで他者を罰する手段はコストゼロというより低コストといったほうがいいだろう。ゴシップを流した張本人だとバレたら、評判に傷が付くからだ。[112]

現実の世界では多大なコストをかけてまで罰を与えることはまれであることから、最後通牒ゲームでだけこのような罰が行なわれるのは、ほかに罰の選択肢がないからだと思われる。現実の世界では代わりに低コストの罰を選択することもできる。実際に最後通牒ゲームに手を加えて低コストの罰を行使できるようにすると、人々は代わりによくその罰を使うようになる。これはオファーの応答者が提案者に手書きのメッセージを送るという選択肢を追加した、2005年の研究から明らかになった。[113] 10ドル中2ドル以下のオファーを受けた人々のうち、90％近くがメッセージを送ることを選択したのだ。ご想像のとおり、ほとんどのメッセージには怒りが込められていた。こうしたメッセージを送れるようにしたところ、低額オファーを悪意により拒否する人は60％から32％まで低下した。オファーを受け入れることにしたプレイヤーの1人は「お金は公平に分け合うべきだった。欲張るな。人間はいつも自分のことしか考えていないんだ」と書いた。選択肢が与えられれば、(全員ではないにしても)多くの人は手でメッセージを書くという安上がりな罰で満足するのだ。

文字で書かれた罰または口頭による罰は安上がりだが、個人が使う場合は効果が低い。経済学の実験で行なうゲームでは、1人が口頭で罰した場合、相手は態度を変えないが、複数の人が加わり口頭で罰を与えれば、相手はより協力的になる。[114] 人間はほかの人々のあいだで自分の行動がまちがっていると意見が一致しない限り、ちょっと非難されたくらいではなかなか態度を改めない。ところが金銭的罰はこれとは対照的だ。たとえ1人でもお金を奪う人がいれば、奪われた人はより協力的になる。[115] したがって、悪意は多くの商品に似ていると言えるだろう。コストが高いほうが効果も高いからだ。

こうした理由から、金銭的ではない罰の場合、1人の個人だけよりも一般に認められている集団や組織が行使したほうが人々の行動を改善しやすい。[116] 組織からの罰には個人的抗争や確執を生む危険な兆候を排除し、社会的協力を維持するという利点もある。しかし、この効果を得るには、その組織の正当性が認められている必要がある。[117] ウガンダでの研究によると、公式に選ばれた監視者から罰を与えられた人々は、無作為に選ばれた監視者から罰を与えられた場合よりも協力的になる割合が2倍高かった。[118] 協力的な社会を維持したければ、確実に組織の正当性が認められるようにしなければならない。

善人ぶる者への蔑視

ホモ・レシプロカンスという特定のタイプの人は不公平な扱いを受けるとコストのかかる罰で仕返しをするため、最後通牒ゲームで低額オファーを悪意によって拒否するという考え方には、注意すべき点が2つある。まず、損失を被るだけではコストをかけて他者を罰する十分な動機にはならないということだ。この点については、第4章で掘り下げていく。人々は他者が自分たちよりも得をしたために生じた損失に反応する。[119] コストのかかる罰は単に損失に対する報復を意味しているわけではない。他者が自分を出し抜いたことで、反支配的反応を引き起こしたのだ。これは「善人ぶる者への蔑視」という現象にはっきりと表れている。

ホモ・レシプロカンスは誰かから親切にされれば、相手に親切にする。しかし、他者が自分に親切にすることで高い地位を得るとしたらどうだろう？　ホモ・レシプロカンスは他者の親切に反応するだろうか？　それとも他者が地位を獲得することに反応するだろうか？　この問いに答えるために次のゲームをしているところを想像してほしい。

あなたと3人のプレイヤーは20ドルずつ渡される。各人はいくら自分の取り分にして、いくらグループの基金にするかを決める。この基金から全員に配当が支払われる。基金に投資される金額が多ければ多いほど配当も大きくなる。ここで重要な点は、たとえ基金に投資をしていなくても全員に配当が支払われることだ。つまり、あなた自身は基金に投資しなくてもほかのみんなが投資すれば、あなたも配当が得られ、その上、最初に渡された20ドルも丸々もらえるのである。最終的にあなたはほかの誰よりも多くのお金を手にすることになるだろう。だが、可能な限り多くのお金を手にするには、あなたもほかのプレイヤーも全員ができるだけたくさん基金に貢献する必要がある。

最後にプレイヤーたちはプレイの仕方によって、それぞれのプレイヤーに罰を与えられる。あなたが1ドル支払うごとにあなたが選んだプレイヤーは3ドル没収される仕組みだ。あなたがプレイしていたら、基金に出資しなかった利己的なプレイヤーから、コストをかけてでもお金を取り上げるだろうか？　ここまで見てくれば、多くの人がこうしたコストのかかる罰を行なうことがわかるだろう。ではここで、奇異に思えるかもしれないが別の質問をしてみよう。ほかのプレイヤーの中にあなたよりも多くの金額を基金に出資した人がいて、あなたはより多くの配当を得られたとしたら、そのプレイヤーを罰したりするだろうか？　そんなことはしないはずだ。わたしが言うまで、そもそもそんな考えは思い浮かばなかったかもしれない。もう話は見えてきたことだろう。ドストエフスキーの言うとおり、わたしたちは確かに「恩知らずの二本足」（『地下室の手記』安岡治子訳、光文社）なのだ。

上記の実験は２００８年にベネディクト・ハーマンらによって、16カ国で行なわれた。[120] 予想どおり、プレイヤーたちは自分よりも少ない金額しか基金に出資していない利己的なプレイヤーを見つけるとしばしば罰を与えた。一方、興味深いのは、プレイヤーたちがグループの基金に自分たちよりも多く貢献しているほかのプレイヤーを見つけたときに取った行動だ。人々は彼らを罰するためにお金を払ったのである！　ほかのプレイヤーが気前よく出資してくれたおかげで利益を得たにもかかわらず、その寛大さに対して罰を与えたのだ。これは「善人ぶる者への蔑視」と呼ばれている。気前のいい人々に罰を与えるのは逆効果だったようだ。再び同じゲームをしたとき、気前のいい人々は前回ほど貢献しなかったのだ。協力も減った。そして、全員が損をした。あるいは少なくとも損をしたように見えた。

人助けや親切な行動を罰するのは、実験として行なうゲームだけの話ではない。人類学に目を向ければ、狩りに成功し、部族の全員で分け合えるような大きな獲物を捕らえた者が非難される事例が見られる。[121] わたしたちの社会に当てはめて、ベジタリアンのことを考えてみよう。ベジタリアンが世界を改善してくれているとは思えないとしても、少なくとも彼らが道徳や利他的な理由で肉類を食べないという選択をしたことは認められるだろう。それにもかかわらず、肉を食べる人々は、菜食主義は自分たちを公的に非難していると感じることもある。それが原因でベジタリアンを非難する人もいるのだ。[122] こうして他者を助けようとしている人々に罰を与える傾向は、世界をより良い場所にしたいと願うあらゆる人々にとって非常に厄介だ。

では、なぜ気前のいい人に罰を与える人がいるのだろう？　これは反支配的傾向が引き起こされるためと思われる。貢献が少ない人々は、より多く貢献している人々が有利な地位を得たと感じるだろう。寛大な行動をした協力的な人々は地位や評判を手にする。そして、こうした気前のいい人々は支配的になるかもしれないと恐れられてしまう。ヴォルテールが言ったように、最善は善の敵なのだ。[123]

生物学的市場理論の観点からも、これに関連した説明ができる。[124] 生物学的市場理論では、人間は協力相手に選ばれるために競争していると考えられている。選ばれるための方法の1つは、ほかの人々より親切で気前よくなることだ。一方、競争相手を見劣りさせるという戦略もある。善人ぶる者を妨害すれば、実は悪意を持っていても、自分を比較的善良（もしくは少なくとも実際よりは悪くなさそう）に見せられるかもしれない。

こうした行動をとると、ケチで自尊心がないと見なされるリスクを冒すことになる。しかしながら、自分をより魅力的なパートナーに見せるために気前のいい人々を罰するという発想を裏付ける証拠が見つかっている。[125] 人間は他者が別のゲームのパートナー候補を物色していると感じると、自分たちよりも多く貢献した人々に悪意から罰を与える傾向が強くなるのだ。

善人ぶる者への蔑視は気前のいい人々を引きずり下ろす手段となる。これは人々がより寛大になることを妨げるため、社会にとっては問題だ。[126] 人々が善良すぎない程度に善良になるよう促しているともいえるだろう。わたしたちはもういい大人なのに、まるで優等生をおちょくる中学生のようだ。

そこで、気前のいい人々に罰を与えたくなる原因は何なのか理解する必要がある。ハーマンらはこの問題についていくつかの回答を提示している。まず、彼らは法の支配が弱い国ほど気前のいい人々を罰する人が多いことを発見した。また、市民の協力にかかわる社会規範を守ろうとする意識（たとえば脱税や生活保護費の不正受給、電車の無賃乗車などがどれくらい許容されるか）が低い国の人ほど、気前のいい人々を罰する傾向があった。これは恐らく、罰を行使する公的機関がないため、市民自身が協力を強化すべく悪意のある行動をとらなければならないからだろう。

さらにハーマンらは、格差が大きい国ほど気前のいい人々をよく罰することを発見した。理由としては、格差が特に大きい国では他者より優位に立つと相当な利益が得られるからと思われる。これは繁殖の偏りと呼ばれている。格差が大きい状況では、上層部にいると多くの利益が得られる。したがって、反支配的な面がそうした人々を引きずり下ろそうとするのだ。こんにちの世界を見渡すと、これは良い兆候とはいえないだろう。

悪意のソーシャルネットワーク

人間の進化した反支配的傾向は、不公平な行動をとって自分たちを支配しようとする相手に対して悪意を持つように促す。本章のはじめに言及したような人々が、このコストのかかる罰を行使するのは理にかなっている。彼らは最後通牒ゲームでは低額オファーを拒否するが、独裁者ゲームでは公平なオファーをする公平な人々だ。彼らは規範を順守し、違反する者に罰を与える。規範に従う人から罰を与えられれば、それは自分が規範に従っていなかったせいだと理解できる。しかし、規範に従っていない人から罰を与えられたら、それは自分に規則を守らせようとしているのではなく、自分たちから搾取しようとしていると感じる。そして、相手は対抗心から行動していると感じるだろう。[127] こうした罰は受け入れられにくい。そのため罰の行使者は、自分たちは個人的利益ではなく道徳的理由から罰を与えているのだと、罰を受ける犠牲者に納得させようとする。他者に自分の動機を信じさせる最高の手段は、自分自身もその動機を信じることだ。最も嘘がうまいのは、真実を語っていると自ら信じている人々である。後ほど見ていくように、人はしばしば自分が相対的に優位になるために他者に対して悪意のある行動をとるが、本人たちは道徳的理由からその行動をしているのだと思い込んでいる。

現実の世界では報復される可能性があるため、コストのかかる罰の行使を思いとどまる。その結果、人々は安上がりな形態の悪意のある行動に走る。過去の歴史において、個人的な悪意のある行動は匿名性がないため控えられてきたが、現代社会はかなり事情が異なる。わたしたちは特にインターネット上の世界において、匿名のまま行動できるようになった。そのせいで、これまで悪意を思いとどまらせていた説明責任というダムに亀裂が入るだろう。匿名のソーシャルネットワークは悪意のソーシャルネットワークと化す運命にあるのだ。

この問題については本書の「おわりに」で改めて論じることにする。というのも、ここで最後通牒ゲームにおいて悪意のある行動をする2番目のタイプの人々について理解しておく必要があるからだ。長いあいだ研究者たちは最後通牒ゲームで低額オファーを拒否するのは、協力的な人々が不公平な人々に罰を与えるためだと信じてきた。しかしながら、これは人類に対する楽観的すぎる見方を反映したものだった。近年になって、最後通牒ゲームで悪意のある行動をするプレイヤーの中には、独裁者ゲームで抵抗できない相手に対してごくわずかな額のオファーをする人がいることがわかった。こうしたプレイヤーは支配に反抗しているだけでなく、自分たちが支配したいのだ。彼らは他者が自分たちよりも得することに対する嫌悪感から行動しているだけではない。彼らは他者よりも得するのが好きだからそうするのだ。彼らが最後通牒ゲームで低額オファーを拒否するのは、支配的悪意と呼べるだろう。

第3章 他者を支配するための悪意

ホモ・リヴァリス

「あらゆる欲求の中でもっとも圧倒的な本能」について、フランスの思想家・政治家アレクシ・ド・トクヴィルは「今より落ちぶれたくないという欲求」だと言っている（『アメリカのデモクラシー』松本礼二訳、岩波文庫）。人間はお金を無駄にすることはあっても、地位を棄てることはまれだ。仮に政府が最低賃金の引き上げを提案したとしよう。あなたは誰がこの提案に最も強く反対すると思うだろうか？　答えは最も高賃金の人々ではない。なんと現行の最低賃金よりも少しだけ多く稼いでいる人々が反対するのだ。こうした人々のうちかなりの人数が、事実上自分の賃金が上がることに反対しているようなものである。その理由は、はしごの一番下の段が上がることで、それまで下にいた人々が自分たちと肩を並べるようになることを望まないからだ。最下位を嫌う気持ちから、人々は社会というはしごの下から2段目の位置を維持しようとする。絶対的な利益よりも相対的な優位性を選ぶのだ。最低賃金の引き上げを拒否するのは、相手より上になる、あるいは上でいるために自分と相手に害を及ぼす、支配的悪意に基づく行動を象徴しているといえる。[1]

第2章で見たとおり、最後通牒ゲームで悪意のある拒否をした人々の一部はホモ・レシプロカンスと呼ばれる公平な人々だった。彼らは強い互恵主義者で、害を与えられれば害を与え返す。ところが彼らには他者と協力する傾向もあり、独裁者ゲームでは無力な相手に十分な額の分け前を与える。一方、最後通牒ゲームで悪意のある拒否をした残りの人々はホモ・リヴァリス（競争人）と呼ばれている。[2]彼らは利己的に行動する傾向があり、協力的ではない。そのため独裁者ゲームでは不公平なオファーをするが、最後通牒ゲームでは低額オファーを拒否して悪意のある行動をする。彼らがオファーを拒否するのは、公平な人が不公平な扱いを受けて反支配的な面が刺激されたからではない。相対的優位性を手にするためだ。そうすれば相手を支配できるからである。

ホモ・リヴァリスにとって、最後通牒ゲームは社会的交換のゲームではなく、地位争いのゲームである。最後通牒ゲームで10ドル中2ドルのオファーを断る場合、自分が失うのは2ドルだが、提案者は8ドル失う。自分は相対的に得をするというわけだ。ホモ・レシプロカンスは他者の上に立とうとはしない。一方、ホモ・リヴァリスは他者の上に立つのを好む。天国で他者に仕えるよりも地獄で支配者になるほうを選ぶのである。[3]

ホモ・リヴァリスについては、オランダの心理学者ポール・ファン・ランゲの研究からも知ることができる。[4]同研究では人間の「社会的価値指向」に注目している。社会的価値指向とは、自己と他者にとってその出来事がどのような結末を迎えるのを好むかという変わることのない選好のことだ。ファン・ランゲの研究により、人間は通常３つの社会的価値指向のうち１つを有していることがわかった。自分がどのタイプかは次のゲームについて考えればわかる。

あなたと相手のプレイヤーはポイントを与えられる。ポイントは多いほど良い。あなたは次の３つの選択肢のうち１つを選ぶことができる。

①あなたは４８０ポイント、相手も４８０ポイントもらう。
②あなたは５４０ポイント、相手は２８０ポイントもらう。
③あなたは４８０ポイント、相手は80ポイントもらう。

あなたならどれを選ぶだろうか？

①を選んだ人は「向社会的」な人だ。[5] ①は多数派で、66％がこのタイプに属する。ホモ・レシプロカンスもこのグループに含まれる。②を選んだ人は「個人主義者」だ。ホモ・エコノミクスと同じく、自分のお金の最大化を重視する。約20％がこのタイプに属する。③を選んだ人は「競争心が強い」人だ。ホモ・リヴァリスもこれに属する。この選択肢を選んだ人はわずか７％だった。

③には悪意がある。一番多くポイントを得られる②を選ばないのは自らコストを払っていることを意味する。その一方で、相手のプレイヤーに最少の額しか与えず、相手にもコストを負わせてい

る。つまり自分と相手の差が最も大きくなる選択肢を選んだのだ。財布の中身ではなく、支配力を最大化したことになる。③を選んだ人は約7％だが、この数字は第1章〔19ページ〕で見た悪意のある行動についてのマーカスの質問に「当てはまる」と答えた人の割合、5～10％と一致する。このことから、第1章の質問が評価していたのは、おもに支配的な悪意についてだと考えられる。実際、これらの質問を改めて見てみると、状況的に相手が不公平であるようには思えない。一方、すべての状況が、コストをかければ相手を支配できる機会を提供している。

反支配的悪意と支配的悪意の違いを確認する方法はほかにもある。経済ゲームにおける罰の金額を変えるのだ。罰を与えるタイプのゲームのほとんどは、罰を行使するために自分が1ドル払うと相手は3ドル失うように設定されている。相手のプレイヤーが低額オファーをした場合、反支配的な人は相手をグループの水準まで引きずり下ろすために罰を行使する。一方、ホモ・リヴァリスは、自分は1ドル払い、相手に3ドル失わせることで、相対的に得をするため罰を行使する。これは相手を支配しようとする行為だ。

ということは、ゲームに手を加え、自分が1ドル払うごとに相手も1ドル失うようにすれば、状況は変わってくるはずだ。反支配的悪意から行動する人は、得をしようとしている人々の取り分を減らしたいため、この条件でも罰を与えるだろう。一方、ホモ・リヴァリスは罰を与えても相対的優位性は得られないため、罰を与えなくなるはずだ。自分も相手のプレイヤーも1ドルずつ失い、支配力も手に入らない。したがって、自分の取り分を丸々持って帰ることだろう。

罰の金額を変えたところ、実際にそのとおりになった。[6] まず1回ゲームをして参加者がそれぞれ利己的か協力的か確認し、その上で相手のプレイヤーの行動に対して罰を与えるか決めてもらう。罰については、1回目は1ドル払えば相手は3ドル失い、2回目は1ドル払うと相手も1ドル失うという条件だった。

協力的な人々の約60%が両方の条件下で、利己的なプレイヤーに罰を与えることを選んだ。罰にかかるコストは度外視したのである。一方、利己的な人々の行動はまったく違った。1ドルのコストで相手に3ドル分の損害を与えられるときには利己的な人の40%がお金を払って罰を行使したが、1ドルのコストで1ドル分しか損害を与えられない場合、お金を払ってまで罰を行使したのは2%だけだったのだ。公平性が守られなくても、彼らは反支配的行動をとらなかった。彼らが悪意のある行動をしたのは、相手のプレイヤーに対して相対的に自分の地位を向上させられる場合だけだったのだ。罰を行使しても金銭的に相手より有利になれない場合、彼らは罰を与えることに関心を示さなかった。

平等を取り戻すための悪意のある行動と、他者を支配するための悪意のある行動の割合を調べる方法がある。平等を取り戻すために罰を行使するという選択肢と、個人的に優位に立つために罰を行使するという選択肢を与えるのだ。研究者たちは独裁者ゲームに手を加え、独裁者がオファーを出した後、相手がお金を払えば独裁者のお金の一部を無効にできるようにした。[7] ポイントは、一律1ドル払えば、独裁者のお金を好きなだけいくらでも無効にできるようにした点だ。プレイヤーの3

分の2が、自分たちの所持金が独裁者を上まわる程度に独裁者のお金を減らした。彼らは単に平等を取り戻すだけでなく、独裁者よりも得をしたかったのだ。悪意のある行動の3分の2は、分け前を同額にするためではなく、自分が得をし、相手を支配するべく行なわれていた。

ホモ・リヴァリスはほかの経済ゲームでも確認できる。第2章で取り上げた、お金を燃やす実験では、他者が何もしないで手にした不相応なお金を燃やすためならお金を払うという人々がたくさんいることがわかった。では、たとえばよく働いたからなど、他者が正当な理由でゲームの最後に自分よりも多くのお金を手にしていた場合はどうだろう？　それでも相手に罰を与えるだろうか？

研究者たちは破壊の喜びゲームと呼ばれるゲームを行なってこれを研究した。[8] 破壊の喜びゲームでは、雑誌広告の質を評価するよう依頼される。評価にはかなりの時間がかかり、希望すれば3件まで評価できる。そして、評価した件数に応じて現金が支払われる。研究者たちは参加者にほかの人も同じ作業をしていて、希望すれば相手の手にした報酬を無効にする（破壊する）ことができると説明する。相手の報酬を減らしても自分の報酬が減ることはなく（そのためこれは「広義の悪意」といえる）、相手のプレイヤーが誰のせいでお金が減ったのか知ることもないという。この場合、あなたならどう行動するだろう？　相手のお金を減らす権利があるからというだけで、誰かが一生懸命作業をして得たお金をわざわざ減らすだろうか？

まずは良いニュースから見ていこう。誰のせいでお金が減ったか相手のプレイヤーに知らせると言われている場合、ほとんど誰も相手のお金を減らさなかった。報復を恐れて悪意を抑えたのだ。

悪意のある破壊的な人々の大多数は、少なくとも悪意のある破壊的な臆病者だったということだ。詳しくは第7章で検証するが、残念なことに全員が臆病者なわけではない。

さらに残念なのは、匿名の場合に相手のプレイヤーのお金を減らすことを選択した人の数だ。気が重くなるような数であることは予想されたが、もはや衝撃的ですらあった。他者が正当に稼いだお金を減らす行為は決して珍しいものではなく、実に全体の40％にも達していたのだ。この数字はマーカスの質問（第1章）の回答から悪意があると見られた人の割合5〜10％よりも、またファン・ランゲのゲームで判明した競争好きなホモ・リヴァリスの割合7％よりもずっと多い。

では、なぜこれほど多いのだろう？　1つの可能性として、正当に手に入れた優位性であっても、人間の反支配的な傾向を呼びさますからだと考えられる。現代の狩猟採集民族においては、平均的なメンバーよりも多くの分け前を得ようとする者は引きずり下ろされることを思い出してほしい。こうした人々は高い技術を持ち、根気強かったおかげで、ほかの人々よりも狩りで成功したのかもしれない。しかし、そんなことは関係ない。食料のほとんどを自分のものにすることは許されないのだ。もし自分のものにしようとすれば、集団の反支配的行動を招くだろう。不公平に対する怒りがどのように悪意のある行動を引き起こすかは、第2章で論じたとおりだ。しかしながら、不公平ではない行動であっても、たとえば嫉妬（他者が得をすることに対する不快感）やシャーデンフロイデ（他者が損をすることによって得られる快感）など、怒り以外の感情も人間に悪意のある行動をとらせるのだ。[9]

もっとも、これは完ぺきな回答とはいえなそうだ。その理由を説明しよう。たとえばあなたは3件の雑誌広告のうち1件だけを評価したとしよう。つまり、あなたは最大報酬の3分の1だけもらうことになる。したがって、相手のプレイヤーがあなたよりも多くの広告を評価していれば、より多くの報酬を手にするのは当然だ。一方、あなたが3件の広告をすべて評価していれば、相手のプレイヤーがあなたよりも多くの報酬を得ることはない。仮に反支配的傾向が相手のプレイヤーのお金を減らす動機だとしたら、広告1件しか評価しなかった人のほうが3件全部評価した人よりも、相手の報酬を減らそうとするはずだ。

ところが、広告を1件しか評価しなかったプレイヤーが減らしたお金の額は、3件評価したプレイヤーが減らしたお金の額と同じだった。人々は単に反支配的動機から相手のお金を減らしているわけではなかったのだ。[10]彼らは支配的動機から行動していたようである。結局のところ、あなたが広告を3件評価した場合、相手のお金を減らす理由は、相手よりも上に立ち、相手を支配することだけだ。そのため、人の性格特性を要約したり、ホモ・リヴァリスまたはホモ・レシプロカンスに分類したりする際は注意が必要だ。適切（あるいは不適切）な状況下では、わたしたちの約半数が支配的な行動をとるからだ。

正当に手にした財産だと証明しても、その財産を守ることはできない。相手が匿名であなたに罰を与えることができる場合、たとえ自分が優位に立っているのは実力が認められたからだと相手を納得させても、悪意の犠牲にならないとは限らないのだ。実際、運ではなく実力によって優位に立つと、ほかの人々はさらに脅威を覚え、あなたに悪意を抱きやすくなる。結果はわたしたちの地位を表す。誰かが運のおかげであなたよりも多くの報酬を手にした場合は、その人があなたよりも優れているということにはならない。運はいずれ尽きるものだ。一方、相手が実力により優位に立った場合は、2人のあいだに揺るぎない差があることを意味する。人々は相手が実力によって自分よりも多くを得た場合、運だけで得をした場合に比べ、相手のお金をより多く減らそうとする。[11] 才能は運よりも大きな脅威なのだ。そして、匿名の状況下では、才能のせいで悪意の犠牲になることもある。

限られた場所での競争

人々が世界は地位争いの場だと強く感じているほど、支配による利益が大きくなる。これは繁殖の偏りがあるためだ。そして、支配力を手に入れようとする傾向がさらに強くなる。支配的悪意は相対的地位を高めるのに役立つため、競争相手が多いほど、支配的悪意も増加するはずだ。同様に実験でも、直接競争する相手が多いほど、最後通牒ゲームで悪意のある行動をしがちであるという結果が出ている。[12]

限られた場所で競争相手と対峙しているときに悪意が増加するのは理解できる。競争相手が世界全体なら、問題になるのは自分の懐にいくらあるかということだけだ。ところが、たとえば限られた場所で2人の相手と競争している場合、懐にある金額そのものよりも、それが相手よりも多いか少ないかのほうが問題になる。人間には地位的バイアスと呼ばれる偏向があり、金額自体は大きいがほかの人より少ないお金を受け取るのと、金額自体は小さいがほかの人よりも多いお金を受け取るのとどちらか一方を選べる場合、小さい金額を受け取るほうを選ぶ傾向があるのだ。絶対的な利益よりも他者に対する相対的な優位を取るといってもいいだろう。[13] 限られた場所の集団と競争している場合、絶対的利益は減っても、競争相手よりも相対的に多くの利益が得られれば、大いに役立つ場合もある。[14]

研究室外で行なわれた研究でも、人間は限られた場所での競争のほうが悪意を抱きやすいことが確認されている。ナミビア南部に住むナマ族は共有地で家畜を放牧して生計を立てている。そこで彼らに破壊の喜びゲームの小規模なバージョン〔通常、破壊の喜びゲームは同じペアで複数回行なわれるが、この実験では報復の可能性を排除するために各ペアにつき1回だけ行なわれた〕をプレイしてもらったところ、豊かな土地で放牧できる人々に比べ、やせた土地で放牧しなければならない人々は、ほかのナマ族のプレイヤーのお金を減らそうとする傾向が強いことがわかった。悪意のある行動をとる人は、豊かな土地の人1人に対し、やせた土地の人2人の割合だった。[15] 牧草が少ない場合、同じ土地の住民を絶対に負けられない競争相手と見なす傾向が強くなる。資源が少ないときほど、競争相手に損害を及ぼすことで得られる利益が大きくなるからだ。[16]

セロトニンが減ると悪意が高まる

では、脳はどうやって競争が激化していることを察知し、より悪意のある行動をして相対的優位性を獲得すべきだと判断しているのだろう？　その仕組みを調べた研究がある。少なくとも人類の祖先が進化してきた環境において、競争が激化していることを脳が察知するきっかけの1つは、体内に吸収される栄養の減少だ。栄養が減れば、食料が乏しくなっていることがわかる。

食物の重要な成分の1つは必須アミノ酸のトリプトファンだ。体内でつくることができないため、食物から摂取しなければならない。このトリプトファンが欠乏すると、最も重要な神経伝達物質の1つであるセロトニンがつくれなくなる。そして、セロトニンの値が下がると、食料不足の警告が出て、資源争いが激化していることを伝える。したがって、競争が激化すると悪意は高まり、セロトニンの数値は低下することになる。では、セロトニンの低下が悪意を高めるのだろうか？

神経科学者モリー・クロケットらは、一連の優れた研究によりこれを証明した。

２００８年に発表されたクロケットらによる研究では、人々を研究室に招いて最後通牒ゲームをしてもらい、その1週間後に再度プレイしてもらった。２回とも最初に飲み物が出され、そのうち1回はごく普通の飲み物だったが、もう1回はトリプトファンの数値を下げる成分が含まれていた。こうしてクロケットらは参加者がトリプトファンを低下させる飲み物を飲んだときのほうが悪意のある行動をとりがちであることを発見した。[17]　このことから、セロトニンが減ると悪意が高まり、セロトニンが増えると悪意が減ることが予想された。

双方向的な影響が見られるか確認するため、２０１０年、クロケットのチームはセロトニンの値が上がると人々の悪意が低下するかテストした。この研究でも再び２つの飲み物を使ったプロセスを採用したが、今回は飲み物の一方に抗うつ剤が含まれていた。抗うつ剤はセロトニンの値を高める。予想どおり、セロトニンの値が上がると最後通牒ゲームで不公平なオファーに対する拒否率が下がった。[18] 悪意のある行動が減ったのだ。こうして、確かにセロトニンが減ると悪意が増え、セロトニンが増えると悪意が減ることがわかった。

次なる疑問はセロトニンが作用する仕組みだった。セロトニンが減少しても人々の気分は変わらなかったし、衝動的に行動する傾向にも変化はなく、低額オファーについて、より不公平だと感じることもなかった。それなのになぜセロトニンが減ると悪意のある行動が増えるのだろうか？

クロケットのチームはセロトニンの値が下がると、人々は他者を傷付けようとする傾向が強くなることを発見した。[19] 同様にセロトニンの値が上がると自分あるいは他者を傷付けようとする傾向が弱くなった。[20] その後、クロケットらはさらに詳しい研究を行ない、セロトニンの値が下がると他者に罰を与える際に背側線条体と呼ばれる脳領域の活動レベルが高まることを発見した。[21] 背側線条体は報酬が得られそうになると反応する。セロトニンを減らすと悪意が高まるのは、他者に害を与える喜びが増すからだ。[22]

第1章で紹介したオークションの実験結果を見ると、人間には悪意を持っている人といない人がいると考えたくなる。しかしながら、この考え方は改めたほうがいいだろう。クロケットらの研究から、環境が悪意の強さに影響する可能性があると考えられるからだ。悪意は役に立つ戦略であり、悪意が利益につながる状況に遭遇すると実行に移されるのかもしれない。過酷な世界ほど、悪意から得られる利益が大きくなる。同様に子ども時代を「無慈悲な争いが繰り返されているような」過酷な世界で過ごした男性は、より悪意のある行動をとる傾向がある。[23]

悪意の強さに影響する神経化学的要因はセロトニンだけではない。男性の場合、テストステロンも悪意に影響する。テストステロンの値が高い男性は、最後通牒ゲームで悪意のある行動をしやすい傾向があるのだ。[24] これはテストステロン値の高さと怒りの度合いに関連性があるからかもしれない。[25] その一方で、支配に対するテストステロンの働きも関連している可能性がある。テストステロン値が上がると、社会的地位をより気にするようになる。たとえば男性にテストステロンを投与すると、ブランドとしてのステータスの低いリーバイスの商品よりもステータスの高いカルバン・クラインの商品に目が行くようになるのだ。[26] そのため社会的地位の問題により敏感になり、最後通牒ゲームにおける低額オファーを自分の社会的地位への脅威と見なしやすくなるのかもしれない。だからコストをかけてでも相手に身の程を思い知らせようとするのだろう。彼らにとって最後通牒ゲームはもはや社会的交換のゲームではなく、社会的競争のゲームなのだ。

勝負に役立つ

支配的悪意は他者より秀でるのに役立つ。これはギリシャの経済学者ルカス・バラフータスらが発見した。[27] この実験では2桁の数字5つ（たとえば10、76、45、23、88など）の足し算を3分間で何問解けるか調べた。同じグループにはほかに5人の参加者がいる。第1段階ではできるだけたくさんの問題を解くように言われるだけだが、第2段階では正解が多かった上位2人に賞が与えられると説明される。

この研究の結果から、競争のない第1段階では悪意のある人もない人もほぼ同じ結果だったが、第2段階になり、競争が加わると、悪意のある人々のほうがはるかに多くの正解を出すことがわかった。競争により、悪意のある人々のほうが悪意のない人々よりもずっと成績が上がった。悪意のある人は正解率が30％上がったのに対し、悪意のない人は15％しか上がらず、2倍も差があったのだ。また、悪意は勝者も生んだ。悪意のある人々の70％が（上位2位に入り）賞をもらったのに対し、悪意のない人々のうち賞をもらった人は半数に満たなかった。

その一方で、バラフータスらは逆説的な現象も発見した。グループのメンバーと競争するかしないか選べる場合、悪意のある人々のほうが「競争しない」という選択をする傾向が強かったのだ。悪意のある人々のほうが悪意のない人々よりも競争に強いが、競争したいという欲求は弱いらしい。その理由はこの研究における悪意の定義に隠されているようだ。同研究では悪意のある人々を「他者より不利になることを嫌い、（誰かが自分よりも多くの損害を被るなら自分もお金を失ってもかまわないほどに）有利になることを好む人」と定義している。一部の人だけが持っている、他者よりも有利になろうとする欲求と意欲は、いざ競争に放り込まれたとき、他者に勝つのに役立つ。しかしながら、悪意のある人々は、相手より不利になるのを恐れるあまり、競争に参加することをためらったのだ。

というわけで、反支配的悪意にも支配的悪意にも直接的利益があることがわかった。そこで悪意の「仕組み」についてはこのあたりにして、今度は悪意の存在する「理由」を検証しよう。悪意の究極的原因とは何か？　それを次の章で見ていきたいと思う。

第4章　悪意と罰が進化したわけ

悪意をもたらす遺伝子

最後通牒ゲームでオファーを受け入れるか拒否するかは人それぞれだ。では、こうした反応の違いに遺伝的差異が与える影響はどのくらいあるのだろう？　悪意に関する遺伝学はまだ初期の段階だが、悪意を持つ傾向にかかわる要素がゲノムに刻み込まれていることはまちがいない。双子を対象に最後通牒ゲームを行なった結果、オファーに対する反応の違いのうち42％は遺伝によるものであることがわかった。[1]　悪意に対する遺伝的影響はかなり大きいようだ。

では、遺伝子は悪意にどうかかわっているのだろう？　1つの可能性として、遺伝子が前頭前野背外側部を通じて悪意に影響を及ぼしていることが考えられる。[2]　前頭前野背外側部は費用対効果の分析をつかさどる脳部位で、最後通牒ゲームでオファーを拒否する決断にかかわっていることはすでに見てきたとおりだ。また、前頭前野背外側部は遺伝的影響を強く受けている。[3]　ほかに候補となるのは脳内のドーパミン値に影響を与える遺伝子で、低額オファーに対する感情的反応を左右する。[4] この研究領域の発達により、悪意の「仕組み」に関する知識も深まった。しかし、今度は悪意の「理由」に目を向けよう。悪意をもたらす遺伝子はなぜ進化したのだろうか？

ここで4つの社会的行動（協力、利己、利他、悪意）について振り返っておこう。自然淘汰において、協力と利己が有利な理由は明らかだ。これらは個体の適応度を直接高めるからだ。では、利他と悪意はどうだろう？　どちらも適応度にはマイナスになりそうだ。もしマイナスになるなら、利他をもたらす遺伝子も悪意をもたらす遺伝子も次の世代に受け継がれにくいはずである。それなのにどうして利他主義と悪意はいまだにこれほどよく残っているのだろう？

この問題のうち、まず利他的行動については、20世紀を代表する進化生物学者の1人、ウィリアム・ハミルトンが解決した。ちなみに、かのリチャード・ドーキンスはハミルトンを「ダーウィン以降で最大の進化理論家の1人」と呼んでいる。[5]

ハミルトンは、人間の行動が個人の適応度に及ぼす影響にばかり注目するのはまちがった考え方だと指摘した。のちにリチャード・ドーキンスが述べたように、わたしたちは遺伝子の乗り物であり、遺伝子を保存するべくプログラムされた生存機械に過ぎないのだ。ハミルトンは、人間の行動が遺伝子に与える影響を評価するべきであって、その遺伝子がたまたま搭載されている乗り物への影響を評価すべきではないと論じた。わたしたちの血縁者たちは、わたしたちの持っているのと同じ遺伝子を持っている可能性が高い。遺伝子が誰の体内にあるかにかかわらず、わたしたちの行動がその遺伝子に与える影響全体を評価しなければならない。包括的なアプローチをとる必要があるのだ。

自然は抜け目のない投資家のように遺伝子のコピーをさまざまな乗り物に分散する。あなたは両親の遺伝子のコピーを約半分ずつ持ち、あなたの子どもやきょうだいはあなたの遺伝子のコピーを半分、甥や姪は4分の1、いとこは8分の1持っている。したがって、自分と同じ遺伝子を持つ集団に対して利他的な行動をとることは、たとえ個体としての自分に害を与えたとしても、遺伝子の観点から見ると利益になる可能性がある。特定の遺伝子が住むすべての場所を考慮するこのアプローチは包括的なので、包括適応度と呼ばれている。

この包括適応度の計算に基づき、かつて生物学者のJ・B・S・ホールデンは、兄弟2人またはいとこ8人のためなら命を捨てると冗談を言った。もっとも、この計算を実生活に当てはめると、さほど面白くはない。ちょっと考えてみてほしい。一卵性双生児が命をかけて誰かを救う場合、ほかの人々よりも双子のきょうだいまたはその子どもを優先するだろうか？　直感的には、まず自分の子どもを救うのではないかと思われる。そもそも子どもを最優先にしない親などいるだろうか？　ところが包括適応度から考えるとそうはならない。一卵性双生児は100%同じDNAを持っているが、子どもは50%だけだ。では、実際に勝利するのは子どもへの愛か、それとも抗いがたいゲノムの数学だろうか？　2017年に発表された研究によると、一卵性双生児は子どもよりも双子のきょうだいを優先すると推定された。[6] これは、双子は自分と相手のアイデンティティが融合しているように感じているためと考えられる。このアイデンティティ融合については、より深刻な内容を扱った第7章で改めて取り上げることにする。

利他的行動の存在理由は包括適応度で説明できる。また、悪意についても同じことがいえる。利他的行動をとるのは行為者が負う個人的コストよりも、行為者の血縁者にもたらす利益のほうが大きい場合だ。同様に、他者に害を与えるための行為者の個人的コストよりも、近親者にもたらす利益のほうが大きい場合に悪意のある行動がとられることもある。これをウィルソン的悪意〔社会生物学者エドワード・O・ウィルソンの説に由来〕と呼ぶ。

また自分にも害が及ぶものの、自分よりも大きな害を遺伝的競争相手に与える行為も、悪意のある行動と見なすことができる。たとえば悪意ある行動によって自分も片腕を失うとしても、性的パートナーを巡って互角に争っている、血縁者ではない他者が頭を失うとしたら、自分は利益を得ることになる。これはハミルトン的悪意と呼ばれている。[7] この場合、悪意のある行動によって、行為者との血縁度が平均よりも低い人のほうが、行為者自身よりも多くのコストを負う。利他主義は遺伝的血縁者に利益を与えるのに対し、この種の悪意は遺伝的競争相手にコストを負わせることから、悪意は利他主義の「いかがわしい親戚」または「醜い姉妹」と呼ばれている。[8]

ハミルトン的悪意が進化するには、3つの条件が整う必要がある。第1に悪意は遺伝的競争相手に向けられていなければならない。生物学用語で言えば、行為者と「負の血縁度」の者に害を与える必要がある。負の血縁度とは、行為者と共有している遺伝子の数が地域個体群から無作為に選んだ個体よりも少ないことを意味する。負の血縁度の他者に悪意を向けることは、遺伝子プール内で遺伝子が競合する頻度を下げられるため、通常は利益となる。

遺伝的競争相手に悪意を持つのは、相手が競争相手だということを認識できるからだ。これは血縁識別と呼ばれている。血縁識別はハミルトン的悪意が進化するための第2の条件だが、これを行なうのはなかなか難しい。この問題については、後ほど例をあげて手短に説明しよう。

ハミルトンは悪意による利益はわずかなものに過ぎないと考えていた。長いあいだ生物学が悪意に着目してこなかったのは、そのせいでもある。結果的にハミルトンは悪意が進化するための第3の条件として、悪意のある行動をとる個体の適応度にごくわずかな代償しか及ぼさないことをあげている。そうでなければ、その生物は進化的コストを払いすぎて破産する、つまり絶滅してしまうだろう。

この最後の条件は、自然界における悪意について調べる端緒となる。一部の動物は遺伝的適応度に害を及ぼすことができない。その一例が生殖能力のない虫だ。生殖能力がなければ、そもそも繁殖はできないため、繁殖の機会を奪っても害を与えたことにはならない。自然界におけるハミルトン的悪意の最もわかりやすい例は、ヒアリ（*Solenopsis invicta*）のうち生殖能力のない働きアリだ。[9]これらのアリのＧｐ‐９と呼ばれる遺伝子には複数の遺伝子型が存在する。働きアリは女王アリも自分と同じ型のＧｐ‐９遺伝子を持っているか匂いで確認でき、持っていない女王アリを攻撃するのだ。女王アリは15分もたたないうちに殺されてしまう。ただし、働きアリも注意が必要だ。もし女王アリの匂いが体に付いてしまったら、ほかの働きアリたちに攻撃されるからだ。この遺伝子は「緑ひげ効果」の一例だ。「緑ひげ効果」とはリチャード・ドーキンスによって広く知られるようになった仮説で、この仮説においては、利他的遺伝子を持つ者は緑色のひげが生えていて、お互いに認識できるとされた。

ヒアリが置かれた状況は、悪意の進化に関するハミルトンの条件を3つとも満たしている。こうした働きアリは無作為に選んだほかのアリと比べ、彼らが殺す女王アリと共通の遺伝子が少ない(負の血縁度)。どのアリが自分と同じ遺伝子型のＧｐ-９遺伝子を持っているかは、匂いによって簡単にはっきりと識別できる(血縁識別)。女王を殺す働きアリたちは生殖能力がないため、適応度に直接影響を及ぼすこともない。

生殖能力のないハチも悪意を持つ。[10] 多胚性の寄生バチの雌はガの卵の上に産卵する。その結果、ガの幼虫は成長の途中で体の中から食べられてしまう。多胚性という言葉が示すとおり、1つの卵から複数の胚が発達する。こうして生まれたハチは遺伝学的にすべて同じだ。ただし、ハチの幼虫のほとんどは普通のハチに育つが、一部は「ソルジャー」と呼ばれる形態になる。そう言われても、ハチがさらに攻撃的になるなんて、にわかには信じられないかもしれないが。もっとも、ソルジャーになるには代償を払わなければならない。生殖能力を失うのだ。ソルジャーは遺伝的競争相手を襲う。彼らは自分たちと遺伝的つながりの少ない、ほかの卵から生まれた幼虫を探してやっつける。そうすることで、ソルジャーと同じタイプの卵から生まれた、つまりソルジャーと同じ遺伝子を持つハチたちが利益を得る。競争相手である遺伝的に異なる幼虫が減るからだ。細菌ですら悪意のある行動をとる。[11] 一部の細菌はほかの細菌に抗菌性の毒素を浴びせかけて害を及ぼすのだ。ただし、これは大きな代償を伴う。自分たちも死んでしまうからだ。しかし、毒素をつくる遺伝子と毒素に免疫のある遺伝子とは連結している。そのため、自殺した細菌の近縁種で免疫のある遺伝子を持つ細菌は助かり、遺伝的に異なる細菌だけが殺されるのだ。研究者たちは、この悪意を人間のために利用する方法を考え始めた。細菌の悪意が強まれば、病気の毒性や感染力を弱められるかもしれない。[12] 細菌の悪意を育てられたら、細菌同士を戦わせられる。そして、この戦いに勝つのは人間だ。

ハミルトン的悪意（競争相手が害を被る）またはウィルソン的悪意（血縁者に利益が及ぶ）のような悪意は、「遺伝的悪意」と呼ぶことができる。[13] こうした悪意は行為者にも害を与えるが、包括的に見ると彼らの遺伝子には利益をもたらす。ここではいくつかの例をあげたが、自然界においてこの現象は非常にまれである。[14]

この現象がまれであるため、ハミルトンは自然界における悪意を研究するには広義の定義を用いるべきだと述べている。「広義の悪意」の場合、他者に害を与えるために行為者がコストを負担する必要はなく、他者に害を与えても行為者が利益を得なければ当てはまる。[15] その一例がカモメだ。カモメは自分が直接利益を得られるわけでもないのに、競争相手の卵を割ったり、ヒナを殺したりする。[16]

広義の悪意には、行為者がある時点で自分と他者の両方に害を与え、それが長期的には行為者の個人的利益につながる場合も含まれる。これは「見返り利益のための悪意」「時間をおいてやりとりされる利益のための悪意」「機能的悪意」と呼ばれている。[17] 厳密にいえば、こうした行動は利己的だ。しかし、悪意のある直接的な行動についてはまだ説明が必要である。こうした悪意の例なら動物の世界でも比較的簡単に見つかる。

その初期の例として、霊長類学者アリン・ブレアトンが博士課程で行なった研究は、ベニガオザルにこの種の悪意が見られると示唆している。ブレアトンは地位の低い雄ザルが地位の高い雄ザルの交尾を邪魔するのを発見した。地位の低い雄ザルは、相手の雌と交尾しようとするわけではなく、直接利益を得ることはない。それどころか、交尾中の雄ザルのうち3％は邪魔者を攻撃するため、地位の低い雄ザルにとっても代償を伴う。しかし邪魔が入ると相手の雌を妊娠させられる確率が減るため、交尾中の雄にとってマイナスだ。一方、邪魔をするサル自身は、邪魔の入りにくい交尾戦略を選ぶことで遺伝子を受け継がせられる確率が上がり、長期的利益を得る。そのためブレアトンは、この行動は「見返り利益のための悪意」であるとしている。[18]

人間の悪意の発達に関する議論では、包括適応度に注目しない傾向がある。つまり、悪意が家族を助け、競争相手に害を及ぼす仕組みに目を向けていないのだ。その代わり、すでに述べたように長期的に見て悪意が個人的にどう役立つかに注目している。一時的にコストがかかるが、長い目で見ると個人的利益が得られるタイプの悪意は、「心理的悪意」と呼べるだろう。[19]

心理的悪意の進化モデルを提案したルーファス・ジョンストンとレドゥアン・ブシャリーは、次のように説明している。[20] たとえばライバルのうち1人を攻撃して倒せば適応度において有利になるが、攻撃には代償を伴う可能性もあるとしよう。この場合、実際に攻撃したらどの程度の代償を払うことになるか予想するため、人々が他者とどう交流しているか調べるのは理にかなっている。そうすれば好戦的な人に喧嘩を売らずに済むはずだ。ジョンストンとブシャリーの計算から、これが「不定期の悪意」の進化につながった可能性のあることがわかった。人間はときどき手ごわい相手を攻撃する。そうすれば、怒らせてはいけない人物だという評判を手に入れられるからだ。これは負の間接互恵性と呼ばれている。あなたが誰かを傷付けているところを見た他者はあなたを傷付けなくなるだろう。これはすでに見た、悪意がもたらす評判による利益と結びついている。

公平さと罰の起源

パトリック・フォーバーとローリー・スミードは、別のアプローチをした。2人はコンピューターを使ってシミュレーションを行ない、最後通牒ゲームで特定の種類の戦略を使った場合、どういう結果になるか調べたのだ。[21] 彼らの研究は、仮想プレイヤーが4つのうち1つの戦略を取るように設計されていた。1つのグループはどんなオファーでも受け入れ、自分たちが提案者になったときには不公平なオファーをする（自分の取り分を50％より多くする）。これを「ホモ・エコノミクス・グループ」と呼ぼう。別のグループは不公平なオファーを拒否し、他者に不公平なオファーを提案するようにプログラムされていた。これを「支配的悪意グループ」と呼ぶ。3番目のグループはどんなオファーも受け入れ、提案者になったときには公平なオファー(50対50)をする。このグループはコストのかかる罰は与えず、罰の行使は他者に任せているため、「タダ乗りグループ」と呼ぼう。そして最後のグループは、不公平なオファーを拒否し、自分は公平なオファーをする。彼らは「反支配的悪意グループ」と呼ぶ。

全員がホモ・エコノミクスの戦略を使ってゲームを始めた場合、途中でほかの3つの戦略のどれかに変更した人は儲からなかった。別の戦略に変えるよりもホモ・エコノミクスの戦略を続けたほうが、結果的に多くお金をもらえるのだ。ホモ・エコノミクスの戦略を使う人は全員進化的に安定する。スミードとフォーバーがシミュレーションをしたところ、全体の約70%の回で全員がホモ・エコノミクスの戦略を使うという結果になった。ところがゲームの条件に手を加えると状況は変わった。

2人は負の同類性と呼ばれる要素を加えた。これは各グループのプレイヤーは同じ確率でほかのプレイヤー全員と対戦するわけではなく、自分と同じ戦略を採用していないプレイヤーと対戦する確率が高くなるという意味だ。スミードとフォーバーは、この負の同類性の条件下では、支配的悪意グループとタダ乗りグループからなる安定した集団をつくれることを発見した。

興味深いのは、この結果になった場合の公平なオファーの数だ。負の同類性を取り入れない場合、悪意のある人は絶滅し、残った人々は29%の回で公平なオファーをする。一方、負の同類性を取り入れた場合、支配的悪意を持つ人々が存在できるようになり、公平なオファーの数も増えた。そして、負の同類性の度合いによっては、最高で全オファーの60％が公平になるのだ。負の同類性は悪意が存在できるようにし、公平な行動を増やしたことになる。

スミードとフォーバーのモデルは、あくまでモデルに過ぎないことを強調しておくが、悪意は進化できるというだけでなく、悪意が進化すると社会における公平な行動が増えることを示唆している。公平な行動が増える理由は、あなたが公平に行動すれば、誰かがあなたに対して悪意のある行動をしても相対的に得にはならないからだ。あなたが誰かに10ドル中5ドルオファーし、相手が悪意からそれを拒否した場合、彼らが相対的にあなたよりも得することはない。双方とも5ドル失うだけだ。したがって、公平さは悪意に対する効果的な防御手段といえる。

スミードとフォーバーの研究は罰に対する人々の考え方も示唆していた。[22] 罰は行動規範を破った人々に害を与え、今後の行動を改めさせるものと考えることができる。反支配的悪意グループはこれを行なっていると考えていいだろう。一方、支配的悪意グループの場合、不公平な行動を改めることが罰を与える動機になるわけではない。彼らはただ相対的な損害を与えるためにコストを負担しているのだ。支配的悪意グループがタダ乗りグループと安定的な状況をつくっている場合、この状況は罰の脅威によって維持されているのではないとスミードとフォーバーは指摘している。状況を維持しているのは負の同類性であり、支配的悪意グループが自分と同じ戦略をとらない人々に害を与えることで相対的に優位に立とうとしている可能性が高い。

公平性の発達に悪意が何らかの役割を果たしたか考える上で、スミードとフォーバーの説はドイツの哲学者フリードリヒ・ニーチェの思想を想起させる。著書『道徳の系譜学』において、ニーチェは何かが出現した理由は、そのものの現在の用途とはあまり関係がない場合もあると述べている。そして、現在の罰の在り方は最初に罰が生まれた理由とは関係がないと示唆した。同じようにスミードとフォーバーも現在わたしたちが罰と結びつける行動は、もともと人間が他者に害を与えて相対的優位性を得る手段として始まった可能性があると述べている。この行動が公平性と正義を維持する仕組みに変わったのは、それよりずっと後だったのかもしれない。この考えについては後ほど本章で改めて触れることにする。

スミードとフォーバーのモデルの限界は、人間はどんな時でも常に悪意のある行動をとるか、決してとらないかのどちらかだと単純化した点にある。当然ながら、モデルをつくるには単純化が必要だ。しかし、かつてアルゼンチンの作家ホルヘ・ルイス・ボルヘスが述べたように、最も正確な地図は実寸大の地図である。[23] あなたもこれまでの人生を振り返れば、ときに悪意のある行動をとることもあれば、とらないこともあったのではないだろうか？

中国の電子科技大学のシャオジェ・チェンが2014年に発表したコンピューター・シミュレーションによる研究では、悪意のある行動のこうしたばらつきも考慮した。[24] チェンらはコストのかかる罰を行なう人々が及ぼす影響に注目したモデルを構築。プレイヤー全員が最初にグループの投資基金に貢献するか否かを決め、その後、貢献したか否かにかかわらず配当を受け取るゲームでこのモデルを使った。プレイヤーたちは、お金を払えば、投資しなかったプレイヤーに罰を与えることができる。グループ基金に投資したプレイヤーは協力者、投資しなかったプレイヤーは離反者と呼ばれ、お金を支払って離反者のお金を取り上げた協力者は処罰者と呼ばれた。

チェンらは、協力者が離反者を1人も処分しない場合、協力者はかろうじて生き延びられることを発見した。ただし、そのためには少数の集団にまとまらなければならなかった。一方、協力者が離反者を全員処分した場合、協力者は死に絶えた。処分のコストが高すぎたからだ。しかしながら驚いたことに、協力者が2回に1回だけ罰を与えると、離反者は全員排除された。これは変な話だ。2回に1回罰を与えるのは、負ける戦略を2つ組み合わせているようなものである。1度も罰を与えなければ負ける可能性が高く、毎回罰を与えていても確実に負ける。ところがこの2つの負ける戦略を交互に行なうと、勝利につながるのだ。これは負ける戦略を2つ組み合わせると勝つ戦略になることもあるというパロンドのパラドックス〔スペインの物理学者ファン・マヌエル・ロドリゲス・パロンドが考察〕の一例である。

ここで次なる疑問は、現実の世界においてコストのかかる罰を行使する場合としない場合があるのはなぜかということだ。チェンらは、その答えは人間の感情にあると指摘している。怒りの感情は予想不能だ。カッとなることもあれば、ならないこともある。こうした予測不能性は短所ではなく長所かもしれない。

オオカミがヒツジのふりをする

では、不公平に対するコストのかかる罰の本当の目的は何なのだろう？　不公平な行動を抑制し、今後の行動を改めさせるためなのか？　それとも相手に報復し、その地位や競争力を奪うため、つまり罰には「競争的機能」があるということだろうか？[25]　２０１９年に発表された大変興味深い論文の中で、ニコラ・ライハニとレドゥアン・ブシャリーは、協力を促すことを目的とした罰の割合はわたしたちが考えているほど多くはなく、報復目的の罰のほうがずっと多いと示唆している。

ライハニとブシャリーは、罰は協力を促す手段であるという説にかかわる一連の問題をこう指摘している。第1に人間はすでに協力的な人にも罰を与える。これは第2章で触れた「善人ぶる者への蔑視」のことである。こうした罰は協力を増やすどころか減らしてしまう。もっとも、これは決定的な論拠とは言えない。たとえば除細動器は心臓を正常な状態に戻すためにつくられたものだが、使おうと思えば人の頭を殴る目的でも使える。

一方、もし罰の目的が協力を促すことだとしたら、不公平な人をただ罰すれば済むはずだという問題もある。不公平な行動によって他者が自分たちよりもどれだけ個人的に得をしたかは、意思決定に影響しないはずだ。ところが、そうではないことをライハニとマコーリフは発見した。[26]　彼女たちの実験では、2人のプレイヤーが参加し、一方が他方のお金を盗めるゲームが採用された。被害者は毎回同じ金額を失うが、泥棒がもともと持つ金額を変えていたので、盗んだあとの泥棒の所持金はまちまちとなった。お金を盗んだにもかかわらず被害者よりも所持金が少なくなることもあれば、被害者と同じ金額になることも被害者よりも多いこともあった。そして、被害者は泥棒の所持金が自分より多くなる場合に罰を与えていた。この研究から、泥棒に罰を与えるという被害者の決断は、泥棒が自分よりも得をするか否かに大いに影響されることがわかった。他者がルールを破ることで自分が損をするとき、人々は罰を与える。相手が道徳規範に違反したというだけで罰を与えるわけではないのだ。彼らの罰は協力を促すためではなく、不公平なやり方で自分たちよりも優位に立った人に害を与えるためだったのだ。

また、罰が協力を増進するという証拠にも疑わしい点がある。罰が協力の度合いを高めるのにかかわっているとする研究結果は複数ある。[27] しかし、罰そのものが協力の増加を引き起こしたとは証明されていない。ほかの人々が協力しようとしていることや、そのグループでは協力するのが当たり前とされていることに気付いたため、行動を改めた可能性もある。[28] さらに重要なことに、こうした研究は現実の世界をうまく反映できていない場合も少なくない。報復や善人ぶる者への蔑視の可能性を考慮していないからだ。それに実生活では他者と「1回だけ」交流するという状況は珍しく、たいていいまた別の機会に相手と顔を合わせることになるが、そうした事情も加味されていない。[29]

より現実的な経済ゲームとシミュレーションを行なうと、罰が協力を増進するという証拠は説得力が弱くなる。善人ぶる者への蔑視を考慮してコンピューター・シミュレーションを行なうと、他者に罰を与えることで協力が増える割合はごくわずかになる。[30] 他者に罰を与えられるという条件で同じゲームを繰り返し行なうと協力は増えるが、プレイヤーが手に入れるお金は増えない。実のところ最もたくさんのお金を手にしたのは、コストのかかる罰を使うことが一番少ない人々だった。他者を罰しない人が勝ったのだ。この結論に達した研究者たちは、コストのかかる罰が進化した理由は協力を促すためではないと示唆し、「個人を服従させ、支配的ヒエラルキーを確立する」手段として進化したのではないかと論じている。[31]

経済ゲームにおける罰のタイミングからも、罰はしばしば改心ではなく支配のために使われると考えられる。たとえば誰かと繰り返しゲームを行なっているとしよう。相手に公平にプレイしてほしければ、最後の回に最大の罰を与える意味はない。この最後の罰の後、相手に会うことはないのだから。ところが最後の回に罰を与えることが最も多かった。これは相手の行動を改めさせるというよりも、相手を傷付ける最後の機会を最大限に利用したように見える。まるで結婚の最後の段階である離婚の際に見られる無情な争いのようだ。この行動は、相手の行動を改めることよりも相手の受ける損害を重視した競争目的の罰と一致する。

その上、不正をとどまらせることができない状況でも罰は行使される。たとえばクロケットらは罰の持つ報復機能と抑止効果を解明しようとした。[32]そして、自分に害を及ぼした相手に対して、たとえ罰を受けたことを相手に知らせなくても、お金を払ってまで罰を与える人が15％いることを発見した。この場合、人々は相手に教訓を与えるためではなく、傷付けるために罰を与えているのだ。一方、罰を受けたことを相手に知らせる場合、お金を払って罰を与える人は20％になる。このわずかな増加は、相手の不公平な行動を阻止しようとする人を反映しているのかもしれない。そうだとすれば、ほとんどの罰は報復が目的であるが、一部は抑止のためであるといえる。一方、この5％の増加について、罰の行使者は相手に対して、金銭的損害に加え、心理的ダメージを与えようとしていると解釈することもできる（そうすれば自分たちが怒っていることを相手に伝えられるからだ）。したがって、相手の行動を抑止するためのささやかな試みのように見えるこの行動は、実のところ報復がエスカレートしたものかもしれない。

人々は明らかに報復のために行動している場合でも、それに気付いていない。これもクロケットらの研究による発見だ。クロケットらは人々の行動から、処罰行動のうち抑止を目的としたものの割合を測定することに成功した。抑止行動とは相手に教訓を与えるための行動で、規則を破ったことを知らせて今後の行動を改めさせようとするものである。クロケットらは、人々の処罰行動のうち、報復を目的としている（相手を苦しめるためだけに害を与えようとしている）行動の割合も測定した[33]。人々に抑止のために行動しているか尋ねた場合、その回答は彼らの行動が示す目的に合致していた。ところが、彼らの行動のうちどの程度が報復を目的としているか尋ねたところ、その回答は実際の行動とまったく関連していなかった。彼らは報復していることに気付いていなかったのである。この結果は理解できる。すでに見てきたように、人間は他者が個人的に報復するのを好まないからだ。そのため人々は報復を礼儀という幕で覆い、自分自身にすら見えないように、隠さなければならないというプレッシャーを感じる。そして、高貴な目的のために罰を与えているのだと思い込むのだ。しかし実際は害と地位を気にしている。

クロケットらの研究は、スミードとフォーバーの考えとも一致する。罰は非協力的な人の行動を改めさせるために進化したのではないというのだ。協力と公平性が高まるのは、相対的地位の向上のためにコストをかけて他者を傷付け、損害を与えることの副次的影響に過ぎない。この見方によれば、人間はまず相対的地位を高めるために悪意のある行動をとる能力を進化させ、その後、この傾向を罰という別の用途に使うようになったと考えられる。

人間は罰の目的が競争であることをしばしば直感で察知する。すでに紹介した、最後通牒ゲームでオファーを受け入れるか拒否するか決める際、相手にメッセージを送れるようにした研究について思い出してほしい。あるプレイヤーはメッセージの冒頭にこう書いている。

> 悪いけど、僕も人間なんだ。僕がカードをすべて握っているのだから、君は僕を怒らせるのではなく、なだめるべきだ。50対50で分け合うこともできるのに。とても簡単なことだろう。君は僕よりも明らかに優れていると思い込んでいるようだから、取り分はなしだ。せいぜい楽しむんだな。僕はそうするよ。

人が罰を与える理由は重要だ。相手の行動を改めるのではなく、苦しみを与え、地位を得たいという欲求に突き動かされている場合、危険な社会システムを生み出し、望ましくない結末を迎えることだろう。[34]

競争の激しい世界では、目先の競争で有利になるための潜在的適応戦略として悪意が登場する。悪意があることを見抜かれないようにするという強い社会的プレッシャーから、人々は悪意というオオカミを覆い隠して、ヒツジのふりをする。相対的に優位に立つための悪意のある試みが、本当により良い善を実現するための行動だと他者に信じさせたければ、一番いい方法は自分もその嘘を信じることだ。他者を支配しようとするこの試みから、偶然に利益が得られた。社会において、公平な行動が増えたのだ。悪徳が美徳につながったのである。

悪意から偶然に利益が得られた例はこれだけではない。悪意は人々と折り合いをつける手段の1つだが、より抽象的な敵を相手にすることもできる。そして、これも驚くべき利益をもたらしうるのだ。

第5章 理性に逆らっても自由でありたい

ブレイブハート効果

人間が生き残り、繁栄するために何をすべきか決めるのは理性だ。しかし、だからといって理性を愛し、理性に従う義務があるわけではない。人間は理性的な生き物だが、その理性に腹を立て、理性以外の何かを強く求めることもある。元ハーバード大学の心理学者で、現在はスピリチュアリティの指導者であるラム・ダスも言っているように、人間は正しくあるよりも自由でありたいと願うものだ。

ところで、悪意は人間にだけ向けられるものなのだろうか？　あるいは大胆にも啓蒙思想を冒とくし、理性そのものに悪意を持つこともあるのだろうか？『白鯨』のエイハブ船長ならそうしかねない。エイハブはこう豪語している。「神をないがしろにするなどと、おれに言ってくれるな。太陽がおれを侮辱すれば、おれは太陽をぶちのめすことができるはずだ」（『世界文学全集15　白鯨』宮西豊逸訳、研秀出版)。論理や自然法則、必然性に悪意を向け、非難する者は悲劇を招く。しかしこれから見ていくように、こうした明らかに不合理な行動にも利点はある。人間はひどく悲劇的な生き物なのだ。

同じくハーバード大学の心理学者スティーブン・ピンカーは、世界が直面している恐るべき問題の解決策は理性の中にあると言っている。[1] これは理性をもって世界を理解し、愚行を克服しなければならないという啓蒙思想の原則に一致する。ピンカーは信仰、権威、第六感などを「妄想の源」として切り捨てた上で、決断の際に理性を用いることとは「交渉や駆け引きとは無縁のものだ」と言っている。

あいにく「あなたはこれをしなければいけない」と言うと裏目に出ることがある。イェール大学の心理学者スタンレー・ミルグラムによる研究では、ボランティアの参加者は別の部屋にいるほかのボランティアの学習を助けるためという表向きの説明を受け、相手のボランティアに段階的に強くなる電気ショックを与えるよう指示された。[2] そして、参加者の65%は最大である450ボルトに達してもまだショックを与え続けたという。[3] ところが2009年にこの研究を部分的に踏襲した実験を行なったところ、予想外の結果となった。指示に従うか迷っているボランティアに科学者が「選択肢はありません。必ず続けてください」と言ったところ、全員が指示に従わないという選択をしたのだ。[4] これは自己決定理論で説明できる。自己決定理論によれば、人間には自主性を求める基本的な心理学的ニーズがあり、自分の運命を自分でコントロールしていると実感し、「選択しているという感覚」を持つ必要があるとされているのだ。[5]

「自主性（Ａｕｔｏｎｏｍｙ）」という言葉は、もともと独自の法律を持つギリシャの都市国家を表すために使われていたギリシャ語の「ａｕｔóｓ（自己）」と「ｎｏｍｏｓ（「法律」または「規則」）」に由来する。[6] これを人間に当てはめ、自立した個人という概念が生まれた。この自立した個人とはまさに啓蒙思想の産物である。[7] 自立した個人は外的影響をまったく受けないわけではないが、よく考えた上でそうした影響を受け入れるか、異議を唱えるか決められる。[8] そして、自分たちでつくった法律以外のいかなる法律にも縛られず、[9] 分別と理性的思考に従い、それぞれの価値観に応じた行動をとるのだ。

個人がどの程度自立しているかは定かではない。自主性という概念は一見揺るぎなく明白なものに思えるが、実のところ未解決の深刻な問題をはらんでいる。[10] 自分の価値観のうち、一体どの程度が純粋に自分のものなのだろうか？　自分たちの利益のためにみずからを抑制するのは必ずしも問題とは言えないのではないだろうか？　「自己」が選択をするという考え方は意味をなしているだろうか？　人間を自立した存在と考え、自立した存在として扱うことは、人間を理解する上で最悪の方法といえる。それ以外のすべての方法を除けばの話だが。[11]

人間がどの程度自主性を必要とするかはリアクタンス（抵抗・反発）という概念を使って測定できる。[12] リアクタンスは自由が奪われたときにどのくらい強く反応するかを表した値だ。たとえば「我々に自由を与えよ。しからずんば死を」の名言で知られるパトリック・ヘンリーのリアクタンスは相当高かったに違いない。[13] リアクタンスは人それぞれ異なり、一生を通じて変化する。子どもを育てたことのある人なら誰でも知っているように、「魔の2歳児」にも思春期にもリアクタンスは高まる。また、高齢の親を持つ人なら誰でも知っているように、年を取るとリアクタンスがまた高くなることもある。[14]

では、そもそも人間はどうして自主性が脅かされていると感じるのだろう？　この問いに答えるために、もし自由意志の感覚がなかったらどうなるか考えてみよう。ドストエフスキーの言葉を借りれば、もし自由意志が存在しなかったら、どんなことでも許されるのだろうか？　この概念を検証したのが、２００８年に発表されたキャスリーン・ヴォースとジョナサン・スクーラーによる研究だ。[15]

同研究では、参加者にノーベル賞受賞者フランシス・クリックの著書『ＤＮＡに魂はあるか――驚異の仮説』から引用した文章を読んでもらった。一方のグループは、現代の賢明な人々は自由意志など幻想だと思っているというクリックの主張を読み、もう一方のグループは、同書の中から自由意志とは無関係の部分を読んだ。その上で両グループにカンニングが可能な数学のテストをしてもらったところ、自由意志を否定するクリックの主張を読んだグループのほうがカンニングする率が高かった。ヴォースとスクーラーは、自由意志を信じられなくなると社会的に望ましくない行動を助長しかねないと結論している。人間が責任を負っているのは自分の自由な意志に基づく行動についてのみであり、自由意志がなければ責任はなく、とがめられる心配もないというわけだ。

翌年別の研究グループがこの説に一致するさらなる証拠を発見した。アメリカの心理学者ロイ・バウマイスターらは、1つのグループには自由意志を支持する文章を、別のグループには自由意志を批判する文章を読んでもらった。[16] すると自由意志を批判する文章を読んだグループは他者を助けようとする傾向が弱まり、攻撃的な行動が増えた。昨今の、自分で人生をコントロールするのが難しいと感じる人々が増えてきている状況を鑑みると、これは憂慮すべき事態だ。[17] なお、この現象が世界の社会構造にどれだけ影響を与えているかは、まだ明らかになっていない。

実際に人間に自由意志があるかどうかはさておき、ほとんどの人は自由意志があると感じている。そして、用心深く自由意志を守っている。自由の感覚が脅かされていると感じたときに引き起こされる反応をわたしはブレイブハート効果と呼んでいる。[18] これは失われた、または脅かされた自由を取り戻すために湧き起こるモティベーションのことだ。映画『ブレイブハート』を観た人なら、メル・ギブソン演じる主人公のウィリアム・ウォレスが「命は奪えても、自由は誰にも奪えない！」と高らかに宣言する場面を思い出したことだろう。続いてウォレスはイングランドに奪われた自由を奪い返すべく、戦いに身を投じる。

ブレイブハート効果の引き金を引くのは怒りと敵意の高まりだ。[19] まず自分たちの自由を脅かす個人や集団に対する否定的な考えが頭に入り込み、強制されている物事を憎み、禁止されていることをしたくなる。そして、失われた自由の感覚を取り戻すために行動を起こすのだ。

わたしたちは禁止されていることをあえて行ない、自由の感覚を取り戻そうとすることもある。

たとえば裁判官が陪審員に「たった今聞いたことは考慮しないように」と指示すると、陪審員はその法的証拠とならない情報を考慮しないどころか、より重視するようになるのだ。[20] また、ブレイブハート効果は他者の予想とは逆の行動を引き起こすかもしれない。[21] すでに信じていることでも、それを必ず信じなければならないと言われると、逆にあまり信じられなくなることもある。[22]

ブレイブハート効果と悪意には明らかなつながりがある。自由への脅威に直面すると、ブレイブハート効果は悪意のある行動を引き起こす。自由を奪った相手や物事に対して、コストをかけて罰を与え、自由の感覚を取り戻そうとするのだ。自由を脅かすのは人間の場合もあれば、国家の場合も、行動を制限する自然の法則や理性の場合もある。そこで、抽象的なものに向けられる悪意に注目してみよう。啓蒙主義は、理性と自由は手と手を取り合っているという考えを植え付けようとしたが、特定の条件下では、理性と自由は互いに首を絞め合うこともある。

ドストエフスキーと実存主義的悪意

全体主義国家では、理性は解放のためのツールとなりうる。ジョージ・オーウェルの著書『1984年』では、ある国家機関が主人公のウィンストン・スミスを拷問にかけ、2+2=5であると言わせ、それを信じ、認めさせようとする。これについてある書評家は「オーウェルの主人公が『2+2=4』であると主張し、秘密の呪文のように何度も繰り返し口にするとき……(2+2=4は)絶対的権力を持つ党の支配からの自由の象徴となる」と述べている。[23]

一方、「2×2＝4」という生の事実を抑圧的なものとして描いた作家もいる。フョードル・ドストエフスキーはこれを『地下室の手記』の中でドラマとして表現した。同小説は場面設定を表す「俺は病んでいる……。ねじけた根性の男だ」という台詞から始まる[24]（『地下室の手記』安岡治子訳、光文社）。この物語の中で「地下室の男」である主人公は、こう説明している。

二、二が四なんぞ、俺に言わせれば、厚かましいにもほどがある。偉そうに恰好をつけて、腰に手を当てて人の行く手に立ちはだかり、頭から人を蔑《さげす》んでいるじゃないか。二、二が四が実に申し分のない結構なものであることは認めるよ。でもなにからなにまで誉めるというなら、二、二が五だってときにはそれは可愛らしいものだと言えるんじゃないか？（中略）ところが人間ときたらおよそ軽率で、あまり立派な生き物とは言いがたい。もしかするとチェスの競技者《プレーヤー》のように目的達成のプロセスのみを愛しているのであって、目的そのものを愛しているのではないのかもしれない（『地下室の手記』）。

この地下室の男にとって2×2＝4という単純な計算は、「自然の法則と関連した、人間の自由の束縛の象徴」だ[25]。地下室の男は、人間は理性の要求に従って行動すべきだという考えを抑圧的であると感じている。そこへブレイブハート効果が発生して、男は自由の感覚を取り戻すため、悪意のある行動をとる。男の悪意は理性そのものに向けられる。病んだ肝臓を医者に診てもらおうともせず、歯痛に快感を覚え、自分の劣化を大いに楽しむのだ。地下室の男は、自然の法則に逆らえないことはわかっているが、だからといって自然の法則を好む必要はないことも知っている。「もちろん、俺だって、そういう壁を何が何でも頭突きして打ち破ってやろうというわけじゃない――実際問題として、それを突き破るだけの力がないとするなら……。それでも俺はただそれが石の壁だからとか、俺は力不足だからという理由だけで、あっさりこの壁に降参するのは嫌なんだ」（『地下室の手記』）

ドストエフスキーは地下室の男を通じて、人間は合理的な利己心ではなく、自由を感じる必要性に動かされているという、人間性についての解釈を提示し、こう述べている。「何故人間には、よりによって合理的な有利な欲求がぜひとも必要であるなどと、思いこんだのか？　人間に必要なものは、ただ一つ、自発的な欲求のみである。その自発性がいかに高くつこうと、その結果、どこに行き着くことになろうと、かまやしない。なにしろその欲求だって、そもそもいかなる代物か知れたものではないのだから……」（『地下室の手記』）

1864年に出版された同書は、当時のロシアの社会的混乱から着想を得たものだ。[26] 1861年初頭、ロシアの人口の3分の1は地主の土地に縛り付けられた自由のない農民が占めていたが、同年末にはこうした人々は1人もいなくなっていた。1861年2月に皇帝アレクサンドル2世が農奴解放令を出したからだ。2200万人もの老若男女が自由を手にしたのである。[27] これを受けて、ロシアの知識人のあいだで、新しいタイプの人間について探究する気運が高まった。[28]

当時のロシアには世代間の断絶が存在した。この断絶を描いた有名な例の1つはイワン・ツルゲーネフの小説『父と子』だ。『父と子』のうち旧世代に属する「父」たちは1840年代の人々で、ロマン主義の理想主義者であり、人間が持つ生来の善良さに基づき、自由と団結、平等を実現しようとする。一方、その子どもである1860年代の人々は、1840年代のロマン主義を否定し、その代わりにヨーロッパの啓蒙運動を崇めている。新世代に言わせれば、理性と科学を通じた革新的変化が必要であり、一刻の猶予も許されなかった。

1860年代の新世代の人々は人間を機械のようなものと考え、自然主義の原則を支持している。1859年に出版されたダーウィンの『種の起源』は、人間も世界に存在する物体の1つにすぎず、同じ自然法則の支配下にあるという考え方を促した。自然主義は、人間についても動物や岩の研究と同じように客観的かつ科学的に研究すべきだと説いた。ツルゲーネフは、1860年代の人間であるバザーロフがカエルの解剖を行なう場面で、この思想を表現している。「蛙の腹をさいて、なかがどうなってるか見るんだよ。おじさんも、お前たちも蛙みたいなものさ、ただ足で歩くだけがちがいさ、だから蛙を見れば、ぼくらのなかがどうなっているかも、わかるんだよ」（『世界文学全37 父と子』工藤精一郎訳、集英社）

この若者たちは功利主義者で、人生の目的は幸福を最大化することであり、したがって幸福を最大化させるものは何でも正しく、あらゆる合理的行動は幸福の最大化を目的とすべきだと考えていた。そして、自然主義と功利主義を組み合わせ、人間は快楽を求め、痛みを回避する機械と見なされるようになった。

　ロシアの作家ニコライ・チェルヌイシェフスキーは1863年に出版されたベストセラー『何をなすべきか』の中で、このイデオロギーから生まれた人間を描いた。「新しい人々の物語」という副題が付けられた同書で、チェルヌイシェフスキーは理性と科学の命令に従う人々を賛美した。チェルヌイシェフスキーに言わせれば、罪の原因は無知にあった。人間が自分の利益を理解しさえすれば、利益を実現するために行動するはずであり、そうすれば完全に道徳的で理性的な社会の一員になれるというのだ。そして、「明るく美しい」未来が待っているはずだった。

　一方、ドストエフスキーは、チェルヌイシェフスキーの考えは妄想に過ぎないと考えていた。もし『地下室の手記』が今出版されたら、題名は『チェルヌイシェフスキーの妄想』に変えられていたかもしれない。ドストエフスキーいわく、人間とは最大の利益が提示されたら、それを求めて自動的に行動する生き物などではなく、光に気付いてもあえて暗く危険な夜に逃げ込むような生き物であった。そう考えないと、人間性のかたくなな闇の面を否定することになる。現代の哲学者ナシーム・ニコラス・タレブの著書にも、この考えに通じる「もしあなたが洗濯機でも鳩時計でもないなら、つまり生きているなら、心の奥深くでは、ある程度のランダム性や無秩序を求めているはずだ」という記載がある[29]（『反脆弱性［上］――不確実な世界を生き延びる唯一の考え方』望月衛監訳、千葉敏生訳、ダイヤモンド社）。

　ドストエフスキーとチェルヌイシェフスキーの違いは、まるでアメリカの作家トーマス・ソーウェルが著書『視点の対立（*A Conflict of Visions*）』に記した見解の伏線のようだ。[30] ソーウェルは人間が他者に対してとるスタンスには基本的に2種類あると主張している。1つめのスタンスは「制約を受けない視点」で、人は何にでもなれる完ぺきな生き物と見なされ、悪の問題は教育と理性、および人々の環境を変えることによって解決できると考える。2つめのスタンスは「制約された視点」で、人間の欠点の原因は人間性そのものにあると見なし、悪は避けられないものであり、制約を課さなければならないと考える。人間の闇の面をコントロールするには、権威と伝統が必要だが、人間は命がけでそれらをはねつける。

ドストエフスキーは、自然主義と功利主義は人間に解放感ではなく、拘束感を与える可能性があると考えた。そして、地下室の男にこう語らせている。

たとえばお前は猿から進化したのだとひとたび立証されたら、顔をしかめたって仕方がない、あるがままを受け入れよ、というわけだ。実際のところ、己の脂肪の一滴は他者の十万滴よりも貴重なものであるに違いないのだから、いわゆる美徳も義務も、その他のさまざまな戯言《たわごと》も偏見も、とどのつまり、この事実に基づいて為されるのだと立証されたなら、それはその通りだ、仕方がないと受け入れてしまう。何しろ二、二が四は数学なのだから、というわけだ。試しに反論してみたらいい（『地下室の手記』）。

理性は悪いものではないが、人間の性質のごく一部に過ぎない。地下室の男はこうも言っている。「理性はたしかに素晴らしいものさ。それは議論の余地がない。だが、理性はしょせん、理性に過ぎないわけで、人間の理性的側面にだけ応えるものだ。そこへ行くと（中略）欲求は人間の全生活の現れなのだ」（『地下室の手記』）。

一方で、ドストエフスキーは人間には快楽と理性よりも大事なものがあると信じていた。地下室の男はこう説明している。「実際に、ほとんどあらゆる人にとって、その人の最良の利益よりもさらに貴重な何かが存在するのではないだろうか？（中略）そのためには必要とあらば、人があらゆる法則に逆らってもかまわない、つまり理性も名誉も平穏無事な生活も幸福も、一言で言えば、こうしたあらゆる素晴らしいもの、有益なものに逆らってまでも（中略）この根本的な最も有利な利益さえ手に入れられたら、それでかまわない」（『地下室の手記』）。

ドストエフスキーは、人間には自由であると感じたいという切実なニーズがあると言う。そのため、自分は規則に従って動く機械であるという考えを拒否しようとする。天上のピアニストが奏でてくれるとしてもピアノになることを拒むのだ。地下室の男は、たとえあらゆる快感や安らぎ、祝福を与えられたとしても、次のようであると主張する。

まさにそんな状況のなかでさえも、人間はまったく恩知らずにも、ただ人を誹謗してやろうという悪意から、実にけしからんことをしでかすものなのだ。甘い菓子パンさえも手放す危険を冒してまで、わざわざ最も悪質なナンセンスを、最も非経済的なでたらめをやりたがる。（中略）ただ次のことを確認したいためである（これこそがぜひとも必要不可欠なことであるかのように）。それはつまり、人間は依然として人間なのであり、決してピアノのキーなどではないということだ。もし人間がピアノのキーだとすれば、自然法則の手によって演奏させられるわけだが、あまり勝手に弾きまくられると、ピアノのキーとしてはついには行事日程表に反したことは何一つ望まなくなるおそれもあるからだ（『地下室の手記』）。

たとえ人間の行動は完全に決定されていると科学的に証明されたとしても、地下室の男の意見によれば、一部の人間は、

ただひたすら忘恩の念ゆえに、まさに自分の主張を押し通すために、わざとなにかしらその証明に反することをしでかすに違いない。何の手段もない場合は破壊と混乱、ありとあらゆる苦しみを考え出してでも、自分の主張を押し通すだろう！　世の中に呪いを放ちもしよう。呪うことができるのは、人間だけなのだから、（これこそ、他の動物と人間を区別する人間の最も重要な特権である）。なにしろおそらくは呪うことによってのみ、人間は自分の目的を達成できる。つまり自分は人間であり、ピアノのキーではないということを実際に確信できるのだから！

あんた方はこう言うだろう。いや、混乱も心の暗闇も呪いもすべて、対数表に従って見積も

りができるのであり、事前の見積もりという可能性さえあれば、理性が本領を発揮してすべてを止めることが出来るはずだ、と。しかしそうなったら人間は、理性を持たずに己の立場を貫き通すためなら、今度はわざと狂人にもなってみせるだろう！　俺は、それを信じているし、それについては責任を持って言える。なぜなら人間の為してきたことは、つまるところ、自分は人間であり音栓《ストップ》ではない！　と絶えず自身に証明することのみだったように思われるからだ。たとえ自らの身体を痛めてでも（『地下室の手記』）。

この見解によると、人間は理性的であることを拒否する理性的な存在というよりも、機械であることを拒否する機械である。地下室の男は、理性と必然性に悪意を抱き、固定されている歯車を振り払い、自由を感じたがっている。自由を実感するという利益を得るために、合理的に考えれば最大の利益に結びつく行動とは反対の行動をとり、理性に逆らうことを、わたしは「実存主義的悪意」と呼んでいる。

不可能を可能にする

実存主義的悪意が存在するには、自由の感覚が本質的に満足感を与えるものである必要がある。自由の感覚を得ることは単なる手段ではなく、目的でなければならない。自由の価値は道具的価値なのか（つまりほかの物事を成し遂げるのに役立つため自由に価値を見いだしているのか）、本質的価値なのか（自由そのものの価値を認めているのか）は大いに議論が分かれるところだ。[31] しかし、自由にはこれら両方の価値があると考えるとつじつまが合う。たとえばセックスをすれば子どもをつくることができるが、わたしたちはセックスそのものにも価値を見いだしている。

現代の世界において、自由を脅かすのは、他者を物理的に支配しようとする人間ではなく、何か別のものであることは明らかだ。また、新しく発見された自然法則であれ、その発見に伴い誕生した新たな専門家階級が定めた規定や警告であれ、啓蒙主義の産物が人々の自由を制限しているとも考えられる。これは悪意のある反抗を引き起こしかねない。反支配的悪意のために、人は必然と思われているものに反抗しようとすることもある。

自分たちを支配する人間に反抗したくなるのは、ある程度理解できる。しかし、理性にまで盾突くのは無謀であるだけでなく、危険を伴う。悪意を人間関係という文脈から切り離し、抽象的な力関係の領域に持ち込んだら、深刻な結果を招きかねない。そして、人間はガのようになってしまうだろう。月の光を目印にして飛ぶ習性が災いして、電流の通った照明器具に引き寄せられてしまうようなものだ。実存主義的悪意は、人間には理性だけではなく、理性に反抗しようとする性質もあることを表している。[32]

コストをかけてまで理性の命令に逆らい、自由の感覚を維持しようとする実存主義的悪意には悪い面しかないように見える。たとえばカジノは最終的に必ず胴元が勝つようにできているが、自然法則も同じだ。実存主義的悪意は悲惨な結果を招くほかない。それとも実存主義的悪意が勝つこともあるのだろうか？　この「悲惨な結果を招く」という仮定には2つの反論がある。
第1に理性を否定するのが、理性的であることもある。理性を賛美したピンカーの名著『21世紀の啓蒙――理性、科学、ヒューマニズム、進歩』は、人類の直面する問題に対する唯一の解決策は理性であるとしている。[33] 長い目で見た場合、ピンカーの主張の正当性は疑うべくもない。しかし、理性には闇の面もある。理性は人間社会に残された、唯一受け入れられうる形態の支配なのだ。哲学者ユルゲン・ハーバーマスが「強制なき強制（*Zwanglose Zwang*）」と名付けた概念を通じて、より理性的な議論が勝利する。とはいえ強制なき強制も、強制であることに代わりはない。人々は理性による支配を不快に思っている。この感情は、２０１６年に実施されたＥＵ（欧州連合）離脱の是非を問う国民投票に際して元英国司法大臣マイケル・ゴーヴが口にした「この国の人々はもう専門家にはうんざりしている」という言葉にも表れている。

　誰かが理性によってあなたを支配しようとするなら、理性は反支配の手段としても機能しうる。誰かがあなたを理性で説得しようとするなら、あなたも理性を使って相手を説得し、相手から逃れることもできるはずだ。しかしこれは誰もが同じように理性を活用できることを前提としている。理性はリソースを必要とする。かつてヴァージニア・ウルフが述べたように「年五百ポンドというお金は、瞑想《めいそう》する力」を表す。また、理性を働かせるには空間が必要だ。ウルフはさらに「ドアの鍵というのは、みずから思考する力を意味する」とも言っている（『私だけの部屋』西村正身・安藤一郎訳、新潮社）。それに理性を働かせるには時間もかかる。ただし時間に関するウルフの名言はない。いずれにしても、理性は支配のための手段として特権階級に利用される可能性がある。支配に抗う権利はないという高度な詭弁あるいは論法に対抗する上で、悪意は適切な反支配的反応といえるかもしれない。

それに理性は高慢である。啓蒙主義者は、何千年も試行を重ね、伝統として蓄積された知識よりも自分たちの論理的思考のほうが優れていると信じていた。彼らは正しいこともあったが、まちがっていることも少なくなかった。それにもかかわらず、わたしたちは理性で判断を下す進歩的な人々をたたえ、時代に逆行する伝統主義者を悪者扱いするように教えられてきた。これはソーウェルの2つの視線にも通じる。制約を受けない視点を持った人々は理性を使えばユートピアに到達できると信じることができる。一方、制約された視点を持つ人は疑い深く、試行を重ねた伝統をより重視すべきだと考える。

前出の人類学者ジョセフ・ヘンリックは、ある研究で、理性について懸念すべき理由を進化の観点から提示した。名著『文化がヒトを進化させた――人類の繁栄と〈文化‐遺伝子革命〉』の中で、ヘンリックは個人の知力が、蓄積された伝統に劣る事例を実証した。[34] 狩猟採集民族が何百年間も暮らしている地域を訪れたヨーロッパ人の冒険家たちについて、知力だけを頼りにしていた彼らは理性が役に立たず、伝統的知恵もなかったため、しばしば餓死したと述べている。

理性は不十分なだけでなく、危険をもたらす可能性もあるとヘンリックはいう。そして、伝統が安全を守り、理性が命を奪う例を数多く記録した。たとえばフィジーの妊婦にとって、サメを食べることは文化的にタブーとされている。サメを食べない理由を女性たちに尋ねたところ、生まれてくる赤ちゃんが鮫肌になるからだと思うという回答が返ってきた。もし女性たちが理性的に考え、これはおかしな話だと思ったら、サメを食べてしまうかもしれない。しかし、これはまちがいだ。この場合、伝統は理性よりも賢い。妊娠中にサメを食べるとサメの体内に蓄積された毒素のせいで、お腹の赤ちゃんに悪影響が及ぶ可能性があるからだ。[35]

歴史的に見ると、個人が理性を働かせて論理的に考えるのは、伝統的知恵の土台を揺るがし、命が脅かされかねない危険なことだった。だとすれば、時として理性に悪意を抱くのも悪い考えではなかったのかもしれない。現在、論理的に考える能力は向上した。思考を助ける新しいベイズ統計学的アプローチ[36]や査読のようなシステムも確立された。そのおかげで、実存主義的悪意は理性という潜在的な死の罠から抜け出す手段というよりも、理性による支配と戦う手段となった。

実存主義的悪意の2つめの潜在的利点は、人々をよりクリエイティブにする点だ。絶望的に勝ち目のない状況で悪意が芽生えると、直面している問題に対して根気強く新たな解決策を生み出せることもある。バーバラ・ウートンは「進化は可能なことに縛られた奴隷からではなく、不可能なことを支持する者たちからクリエイティブな力を引き出す」と説く。[37]同様に目標設定との関係から実存主義的悪意について考えることもできる。

以前金融業界で働いていたとき、目標は「SMART（Specific：具体的、Mesurable：測定可能、Achievable：達成可能、Realistic：現実的、Timely：時宜にかなっている)」であるべきだという考えに出会った。このアドバイスは現在でもよく使われている。しかし、目標は現実的であるべきだろうか? 時には他者から非現実的だと言われるような目標を設定すべきではないだろうか? ブレイブハート効果を利用してリアクタンスを起こし、モティベーションを得て、一見非現実的な目標を達成できることもある。本質的に人間は誰かに「そんなことは不可能だ」と思われると、悪意のある反応をしがちだ。そして、かなりの確率で失敗するリスクを冒し、理性と伝統的知恵がまちがっていることを証明して、それらに代償を負わせようとすることもある。誰も失敗したくて行動しているわけではなく、こうした努力がのちのち利益をもたらすことを望んでいるわけだが、短期的に見るとこれは悪意のある行動だ。

ビジネスの世界にはこれと似た「ストレッチ目標」という概念がある。ストレッチ目標とは事実上達成不可能だと考えられている、あるいは不可能に見える目標のことだ。[38] ストレッチ目標の元祖はジョン・F・ケネディ大統領が掲げた、1960年代の終わりまでに人類を月に送るという目標だろう。これも当時は技術的に実現不可能だと考えられていた。[39] そのため非常に困難で非常に斬新な目標は、しばしば「ムーンショット目標」と呼ばれる。[40]

不可能を可能にするために広く受け入れられている常識に悪意をもって抵抗する傾向は、わたしたち人間の中に深く染み込んでいるようだ。ニーチェは、一部の幸福は「力(権力)が増大しつつあるという感情」から得られると述べ、抵抗を克服することから得られる喜びを強調した。ニーチェに言わせれば、オルダス・ハックスリーのディストピア小説『すばらしい新世界』で登場人物たちが薬物を使って経験する楽しい気分など最悪だろう。

ジョージ・オーウェルもこの闘争の必要性について論じている。1940年に発表された「書評――アドルフ・ヒトラー著『わが闘争』」(『オーウェル評論集』小野寺健訳、岩波文庫に所収)の中でオーウェルは、ほとんどの西洋思想が人間は「安楽と安全と苦痛をのがれる以上のことは望まない」と決めてかかっていると考察した。これは極めて功利主義的な人生観である。オーウェルは「快楽主義的人生観の誤り」を認識していた。[41] そして、人生には快楽以上のものがあると指摘している。

イエス・キリストとヒトラーの意見が一致することは決して多くはないと思われるが、両者が共有していた信念が1つある。人はパンのみに生きるにあらず、という信念だ。オーウェルの考察によれば、ヒトラーは人が「欲しがるのはかならずしも安楽、安全、労働時間の短さ、衛生、産児制限、また一般的に言って常識といったものばかりではない」ということもわかっていた。そして、オーウェルは「すくなくともときによると、闘争とか自己犠牲をも望むものだし、太鼓とか旗とか観兵式などが好きなのは言うまでもない」というヒトラーの洞察を評価している。そうしたことから、「心理学的には、ファシズムとナチズムはいかなる快楽主義的人生観よりもはるかに強固なのである」と記し、さらにこう続けている。

社会主義ばかりか資本主義のばあいにも、これはしぶしぶながらにせよ、国民に向かって

「諸君に幸せを約束する」と言っているのに対して、ヒトラーは「諸君には闘いと危険と死を約束する」と言う。そしてその結果は、全国民が彼の足下に身を投げ出すのである。あるいは国民もそのうちにうんざりして、前大戦の末期のように心変わりするかもしれない。殺戮《さつりく》と飢餓が何年もつづいたあとでは「最大多数の最大幸福」というのはすばらしいスローガンになる。だが現在のところは「終わりなき恐怖よりも、恐怖とともに終わろう」というほうが効くのである（中略）われわれはその心理的効果を過小評価してはならない（『オーウェル評論集』）。

幸いヒトラーを想起させることはないが、闘争を求める人間の欲求を恐らく最も雄弁に語っているのは、イギリスのSF作家ダグラス・アダムスによる一節だろう。BBCのラジオドラマ版『銀河ヒッチハイク・ガイド』の中でアダムスは、主人公のアーサー・デントを、医学が発達して基本的にどんな病気でも治る星に降り立たせる。ところが、これには予想外の影響があった。

ほとんどすべてのタイプの治療にいえることだが、総合治療も数々の不快な副作用を伴った。退屈、無関心、それから……おおよそありとあらゆる欠乏症を引き起こすのだ。こうした症状から、人々はたとえばちょっとばかり才能のあるミュージシャンをツアーで大成功させるには徐々に聴覚障害にするのが何より手っ取り早いことや、まったく正常で健康な人を政治指導者や軍事指導者にするには、取り返しの付かないほどの脳障害を負わせるのが一番だということに気付いた。そして突然すべてが変わった（中略）すでに撲滅されていた病気やけがを医師たちが復活させ、みんながかかりたくなるように手軽にかかれるようにして、医者の仕事を再開したのだ。そんなわけで、自分に合ったすぐに使えるタイプの障害を手に入れれば、たとえば三次元テレビのチャンネルを変えるような簡単なことだって、立派なチャレンジになる。それにどのチャンネルもただうわべだけ失読症の作家が書いたセリフを口蓋裂の役者が読み、視覚障害者の撮影技師が撮影したように見えるのではなく、実際にそうやって撮影されたものだと、どういうわけかすべてがより一層価値あるものに思えるのだった。[42]

アダムスは見事にストレッチ目標について語っている。自ら危機的状況をつくりだし、闘争を通じて有意義であるという感覚を得ようとしているのだ。[43] 実存主義的悪意がストレッチ目標の達成を後押ししてくれることもある。闘争を求める心の奥の欲求を刺激し、革新的でそれまで想像もできなかった新しい解決策を生み出すのだ。確かに、ストレッチ目標を達成するには創造力が要求される。[44] ゴールドマン・サックス社の元最高教育責任者兼業務執行取締役スティーブ・カーは、ストレッチ目標は「社員がそれまで可能であると思いもしなかったような方法で活躍する」ようにできると強調している。[45] 実存主義的悪意はブレークスルーをも可能にするのだ。

ご想像のとおり、ストレッチ目標は大失敗に終わることもある。とりわけ失敗が許されない会社では、ストレッチ目標を与えられた社員はやる気を失うだろう。[46] こうした目標は学習性無力感につながることもある。学習性無力感とは、自分でコントロールすることも回避することもできない問題に直面したとき、挫折したり、絶望したりすることだ。ストレッチ目標を設定した会社側も困難な状況に陥る可能性がある。ヨーロッパの自動車会社オペルは、2001年当時経営難に陥っていた。同年5億ドルを超える営業損失を記録したのだ。リソースも限られていたオペルは、2年間で収益性を回復させるというストレッチ目標を試すことにした。しかし目標には遠く及ばず、この失敗は同社が抱えていた士気の問題をさらに悪化させただけだった。[47]

ストレッチ目標が失敗した別の例として、メダニー・ガイムらは自動車会社フォルクスワーゲン社の掲げた、スピードが出て、燃費が良く、環境にも優しい自動車を生産するという目標をあげている。[48] 性能とエンジン効率を高めつつ排ガスを抑えるなど、とても不可能に思われた。ディーゼルエンジンの効率を高めれば排ガスが増え、性能を高めれば燃費が悪くなる。BMWやメルセデス・ベンツといったドイツのほかの自動車会社はすでに「スピードが出て、燃費が良く、環境にも優しい」自動車をつくるという目標は事実上不可能であると確信していた。結局のところフォルクスワーゲンがこの目標を達成できたのは、排ガステストのときだけ排ガスを抑える装置を搭載したからに過ぎなかった。2019年前半、このスキャンダルにより同社は300億ドルの損失を被った。[49]

ストレッチ目標は大失敗に終わる可能性もあるが、逆に大成功をもたらすこともある。1972年、サウスウエスト航空は4機使用する前提で立てた運航計画を3機でこなさなければならなくなった。これを受けて同社は、飛行機が空港のゲートを10分ぴったりで引き返せるようにするというストレッチ目標を掲げた。しかし、同社の一部の社員をはじめ、競合他社やアメリカ連邦航空局、ボーイング社など、ほとんど誰もがそんなことは不可能だと思っていた。当時、ゲートから引き返すには通常1時間かかっていたのだ。それでも、自動車レースのピット作業まで参考にしながら斬新な改革を行なった結果、サウスウエスト航空は見事に目標を達成した。[50]

　腎臓治療のサービスを行なうダヴィータ社もストレッチ目標を設定し、達成した例の1つだ。デューク大学ビジネススクールのシム・シトキンらによれば、ダヴィータ社は、患者の90%が加入している公的医療保険では治療費が全額保証されないという問題に直面した。そこで同社は、４年間で６０００万～８０００万ドルというとてつもない額の費用を節減すると同時に患者の治癒率と従業員満足度を改善するというストレッチ目標を設定。これを実現するため、新しいユニット「パイオニアチーム」を創設した。チームリーダーのレベッカ・グリッグスは当時を振り返り、「どうすればあれほど短期間にあれほどの額の費用節減ができるのか、見当も付きませんでした。実際のところ、それが可能なのかすら、わかっていなかったのです」と語っている。それでもわずか数年間で彼女のチームは６０００万ドル削減し、入院患者数を減らし、従業員の満足度を向上させた。[51]

　そこで次に検証したいのは、企業がストレッチ目標を達成できるか否かに影響する要素は何かという問いである。シトキンらは、企業がすでに安定し、連続して成功を収めているときにストレッチ目標を設定すべきだと論じている。企業が弱体化しているときにストレッチ目標を掲げると、社員は恐怖を覚え、絶望的になる。しかし、残念なことに経営者が最もストレッチ目標を掲げがちなのは、こうした状態のときだ。シトキンらは損失回避と意思決定に関する心理学的研究を活用して、この点を明らかにした。心理学者のダニエル・カーネマンとエイモス・トベルスキーによる有名な研究から証明されたように、失敗すると人々は苦境から抜け出すため、さらにリスクを冒す傾向がある。[52] その結果、経営難の企業ほどリスクの高い行動に出がちなのだ。

カーネマンとトベルスキーによる研究は、成功している企業はリスクを回避する傾向があることも証明した。リスクを冒しても成功し、ストレッチ目標を達成できるリソースもモティベーションも備えているにもかかわらず、リスクを回避してしまうのである。こうした企業は現状に甘んじがちだ。それを回避する方法の1つは、先程紹介したダグラス・アダムスのアイディアのように、人為的に企業に危機感を持たせることである。シトキンによれば、製薬会社メルク・アンド・カンパニーの最高経営責任者ケネス・フレイジャーはこのアプローチを次のように活用した。[53] フレイジャーは同社の役員たちにブレインストーミングを行なわせ、競合他社の社員になったつもりで、メルク・アンド・カンパニーに勝つための戦略を立てさせた。するとリスクに対する意識が生まれ、新たなストレッチ目標を立てるモティベーションにつながったのだ。

また、ストレッチ目標は人類が直面している環境問題を解決する試みにも活用できる。その場合、ストレッチ目標を掲げるプロセスは、まず利害関係者に「刺激的な別の未来」をイメージしてもらうことから始める。その上で自分たちのビジョンを実現するためのストレッチ目標を設定してもらうのだ。たとえばスコットランドのトゥリーズ・フォー・ライフ・プロジェクトはスコットランド北部中央に広がるハイランドの森林復元を目標としているが、さらにビーバーやイノシシ、オオヤマネコ、ヘラジカ、ヒグマ、オオカミが再びハイランドに棲めるようにすることまで視野に入れている。これは典型的なストレッチ目標であり、誰もが不可能だと考えるが、それでも人々のインスピレーションをかき立て、より短期的なマイルストーンを達成するためのビジョンをもたらす[54]。ビジネスに携わる人、環境保護に携わる人、そのほかいかなるクリエイティブな活動に携わる人にとっても、一見不可能な目標を掲げることはブレイブハート効果を引き起こし、実存主義的悪意を活用する効果的な方法となりうる。

人間の反支配的な側面を人為的に呼びさまし、理性であれ伝統であれ、支配的な抽象概念と戦うことで、悪意を利用して世界を進歩させ、「不可能」を可能にすることもできる。わたしたちの生物学的衝動は、新しく有益な文化的変化を生み出すために利用できるのだ。悪意がわたしたちの文化をどう変えるかは重要な問題であり、それが最も問題になるのは政治の世界である。

第6章 悪意は政治を動かす

勝たせたくないから投票する

選挙は悪意が姿を現すのにうってつけの舞台だ。政治は何が公平かを議論し合う場である。不公平感や誰かに出し抜かれたという感覚は怒りを招くが、怒りは政治に欠かせない感情だ。[1] そして、反支配的悪意の引き金を引く。本章でこれから見ていくように、政治の世界では反支配的悪意が「カオスの要求」という形をとることもあるが、カオスの要求は破壊的な影響を及ぼしかねない。また、政治は他者との競争の場でもある。この場合、支配的悪意が作用する。通常は報復の恐れがあれば悪意のある行動を控えるが、選挙では投票記載台に隠れて誰にも見られず投票できる。そして、匿名性という闇の中で、悪意は鎖をすり抜ける。これまで学んできた悪意に関する知識を活用すれば、現在および未来に起こりうる大きな政治的動きをより詳しく理解できるようになるだろう。

ヒラリー・クリントンは集票能力にたけていた。実際、ドナルド・トランプよりも約300万票も多く得票したほどだ。ところがあいにくトランプ陣営やメディア、民主党上層部、ロシア政府、それにクリントン本人まで、彼女に投票しないよう促す才能を持っていたことが明らかになった。2016年の大統領選挙でクリントンが敗北した原因は1つではなく、わたしも決して悪意だけのせいだなどと言うつもりはない。しかしながら、「何が起きたのか?」と問われたら、悪意のある政治の影響があった可能性を無視することはできない。

アメリカ政治を外から見ると、2016年の大統領選はまるで罰を与えるための選挙のようだった。投票所を訪れた有権者は「誰を支持しよう?」というより「誰を傷付けよう?」と考えていたと思われても仕方がない。こうした罰はしばしばヒラリー・クリントンに向けられた。この罰は比較的安上がりだ。本来ならクリントンに投票したはずの人が結局投票に行かなかった場合、コストはかからない。また、いくらかコストがかかることもあった。たとえばわざわざ時間と労力をかけて、比較的マシな対立候補、恐らく緑の党のジル・スタインあたりに投票しに行ったケースだ。しかし、この罰にはもっと大きなコストをかけることもできた。本来ならクリントンに投票したはずの人が、もし当選したら自分やアメリカおよび世界に害を与えかねないことを承知の上でドナルド・トランプに投票するのだ。これら3つの罰のすべてが実際に行使されたようだ。その結果、2016年の選挙結果はクリントンに対する悪意のこもったものとなった。

自分の利益に反する投票をするなんて、信じられないかもしれない。だが、すでに見てきたとおり、少数派だがかなりの数の人々が悪意のある行動をとる。クリントンに嫌がらせするためにわざわざトランプに投票した、または少なくとも悪意が彼らの決断に影響を及ぼしたという確証を得るには、２つのことを証明しなければならない。１つは人々にクリントンを罰する意図があったこと、もう１つは自分たちの利益を損なう可能性があることも理解した上でトランプに自らコストをかけて投票したことだ。どちらにもそれぞれ裏付けとなる証拠がある。

まずは大統領選で投票した候補に対する意見を尋ねた、ＣＮＮによる出口調査の結果から見てみよう。[2] 回答者の４分の１は、投票した候補者を強く支持するのでも、条件付きで支持するのでもなく、対立候補が嫌いだから投票したと答えている。そのうち50％はトランプに、39％はクリントンに投票した。つまりトランプが嫌いだからクリントンに投票した人よりも、クリントンが嫌いだからトランプに投票した人のほうが多かったことになる。

ピュー・リサーチセンターによる世論調査も同様の結果となった。[3] トランプに投票した人のうち53％が、トランプを支持しているというよりクリントンを勝たせたくないから投票したと答えたのだ。これは歴代の大統領選挙とは大違いだ。２００８年（オバマ対マケイン）も２０００年（ブッシュ対ゴア）も、各投票者の約60％が、おおむねそれぞれの候補者を応援するために投票したと答えている。２０１６年の選挙が罰を与えるための選挙だったことは明らかだが、この罰はコストのかかる罰だったのだろうか？

本書の基準を当てはめると、一部の人々はコストがかかることも承知した上でトランプに投票しているため、これはコストのかかる罰だったといえそうだ。[4] たとえば、トランプが勝ったら嫌な気持ちになると答えた人々の中に、トランプに投票する人がいるとは考えにくいだろう。ところが、こうした人々のうち13％がトランプに投票したことがわかっている。同様にトランプが勝ったら心配だと答えた人々がトランプに投票するとは考えにくい。にもかかわらず、こうした人々のうち実に3分の1がトランプに投票したのだ！　最後に投票者の3人に1人が、トランプが勝ったら恐怖を覚えると答えたが、そのうち2％がトランプに投票していた。[5]

これらのデータから、トランプが当選したら嫌な気持ちになる、心配だ、さらには率直に恐怖を覚えると認めながらもトランプに投票した人々がいることがわかる。クリントンに対して同様の懸念を抱きつつクリントンに投票した人もいたが、その数はトランプに投票した人より（3分の1〜2分の1）少なかった。[6]したがって、クリントンが嫌いで彼女に罰を与えたかったため、トランプが勝ったら代償を負わされるかもしれないと承知の上でトランプに投票した人がいたのはまちがいない。彼らはクリントンへの悪意のためにトランプに投票したのだ。

カオスを求める人々

トランプが勝ったら問題が起こることを予想した上でトランプに投票した理由は、クリントンへの悪意だけではない。これは投票者のコメントから推察できる。たとえばある投票者はこう回答した。

わたしの中の闇の部分が、トランプが大統領になったらどうなるか見たいと思っているのです。きっと何らかの変化が起きるでしょう。たとえそれがナチスのようになることだとしても。人間は波乱に満ちた物語が大好きで、実際にドラマが起こるのを見たいのです。リアリティ番組のようにね。みんなが仲良く幸せにしているところなど見たくありません。誰かが喧嘩しているところを見たいのです。[7]

同様にバーニー・サンダース支持者の1人はこう語った。「正直なところトランプに投票したいと思っています。といってもトランプの発言に賛同しているわけではなく、すべてを焼き尽くして、また新しいスタートを切りたいからです」[8]

こうした心情には同意しにくいかもしれない（とりわけ、歴史を少しでもかじった人なら、どうすれば「ナチスのようになること」を支持できるのか理解しがたいだろう）。しかし、こうした心情を持つ人がいること自体は理解できる。２００８年に公開されたバットマン・シリーズの映画『ダークナイト』では、ブルース・ウェイン（バットマン）の執事アルフレッドがこの心情について口にしている。彼の「ただ世界が燃えるのを見たいという連中もいるのです」という台詞はよく知られるようになった。

世界を焼き尽くしたいという欲求は悪意のように見える。実際、短期的に見ると自分にも他者にも害を及ぼしかねない。ところが長期的に見ると一部の人々の個人的利益につながることもある。これはカオスの要求に関する最近の研究によって証明された。デンマークの心理学者ミカエル・バング・ピーターセンによるこの研究は、人々がオンラインで政治的うわさ話を広める要因を検証し、[9]人はただ自分の支持政党の評価を高めるため、あるいは「ほかの政党」に害を及ぼすためにうわさ話を広めるわけでないと結論した。彼らは社会状況や社会における自分たちの位置付けにうんざりして、うわさ話を広げているのだとピーターセンは示唆している。

この理論を検証するために、ピーターセンらはカオスの要求に関するアンケートを実施した。このアンケートには「外国で自然災害が起きると快感を覚える」、「自然災害で人類の大半が死に絶え、残された少数の人々が新しい世界をつくりなおすところを空想する」、「社会は焼失すべきだと思う」といった項目が含まれていた。その上でピーターセンらは、アメリカ人、デンマーク人、西洋諸国以外からの移民の回答を検証した。

まず注目したいのは、こうした極端な意見を支持した人の数だ。社会は焼失すべきという意見に賛成した人は10％、社会制度の問題は解決できないため、解体してやり直すべきだという意見に賛成した人は20％に上った。カオスの要求をより強く示す人ほど、敵意のある政治的うわさ話をインターネット上で広め、暴力的な活動家のような考え方を持っている傾向があった。

無論、アンケートで極端な意見に賛成するのと実際にそうした行動をとるのは話が別だ。この研究はそうした行動をした人々を対象にアンケートを実施し、彼らの動機がカオスの要求にあったことをさかのぼって突き止めたわけではない。[10]とはいえ、カオスを必要とする人々が万が一にもニック・ボストロムのいう黒いボールを手に入れたら、全人類を危険にさらす可能性がある。

では、どうしてこのようなことが起こるのだろう？　ピーターセンによると、カオスの要求には白紙の状態に戻したい、あるいは新しくやり直したいという願いが反映されている。そう感じがちなのは、現在の状況が崩壊すると得をする人々や高い地位が欲しいのに手が届かない人々だ。ピーターセンらは、カオスの誘導は社会から取り残された、地位を求める人々が使う最終手段だと述べ、これを裏付ける証拠を提示した。カオスを強く求める傾向は、若くて学歴の低い男性によく見られる。また、孤独感が強く、社会階層の底辺に位置付けられていることにも関連していた。

ピーターセンの研究は、社会秩序が乱れた状況でも生きられるスキルを持った人が社会から取り残されると、最もカオスの要求が生じやすいことを示唆している。たとえば共感が得られなかったり、（男性の場合）身体能力が低かったりする場合もこれに含まれる。さらにピーターセンは、不平等の広がりと民主主義と生活の質に対する不満がカオスの要求を引き起こすプロセスを助長すると主張している。そして、地位への欲求を刺激されると同時に欲求不満になる。この欲求を鎮めるには、誰にでも尊厳があり、みんな社会の一員であり、次の章で見ていくように、努力すれば社会的で神聖な価値が得られると保証する必要がある。

ピーターセンの研究ほどしっかりとした裏付けがあるわけではないが、トラブルを招く恐れがありながらトランプに投票した理由については、エリートの裏切り理論に基づく別の説もある。この説を提示したのはハーバード・ビジネス・スクールのラファエル・ディ・テラとフリオ・ローテンバーグだ。[11] 彼らの説は、運が悪くて大変な目に遭うか、誰かに利用されて困難な目に遭うか、どちらか自分で選べる場合、人間は運が悪いせいでそうなることを選ぶという観察結果に基づいている。[12] この説に従えば、政府の腐敗を懸念している人は、能力の高い候補者よりも能力の低い候補者に投票する可能性が高いということになる。能力の低い候補者は大失敗して不本意ながらあなたに害を与えてしまうかもしれないが、能力の高い候補者は意図的にあなたをダメにするかもしれない。

テラとローテンバーグは2016年のアメリカ大統領選挙の1週間前にこの考えを検証した。政治的能力の重要性を強調した場合、有権者の投票傾向が変わるか試したのだ。影響が確認されたのは、大衆迎合主義（ポピュリズム）を受け入れていると思われる投票者の集団（都市部に住む学歴の低い白人男性の投票者）だった。この集団の63％が、クリントンはトランプよりも有能だと考えていた。普通なら、政治家は有能であるべきだと聞いた人々はクリントンに投票するように思える。ところが、この集団内ではトランプに投票する傾向が7％強まった。ただし、著者たちが提示した統計は偶然の発見だった可能性があるため、[13] これはクリントンに裏切られるのを恐れたからだと結論する前に、この説を裏付けるにはより説得力のある証拠が必要な点に注意すべきだろう。

悪意を刺激する

ヒラリー・クリントンに罰を与えるためにトランプに投票する人がいたとしたら、それはなぜだろう？　クリントンが望んでいなかったことが1つあるとすれば、それは普通なら自分に投票するはずのリベラル派から不公平であると見なされることだろう。というのもリベラル派は道徳的決断を下すとき、保守派よりも公平性を重視するからだ。これはジョナサン・ハイトの研究から明らかになった。

ハイトの道徳基盤論によれば、人々の道徳的関心は、ケア／危害、公正／欺瞞《ぎまん》、忠誠／背信、権威／転覆、神聖／堕落、自由／抑圧の6つの側面を中心に展開しているという。ハイトの研究により、6つのうちどの側面をどれだけ重視するかは、支持政党によって異なることがわかった。なかでも本章の内容との関連性が高いのは、リベラル派のほうが保守派よりも公正／欺瞞により重きを置く点だ。[14] これはクリントン陣営が女性の権利や選挙資金制度改革、所得格差をはじめとした公平性にかかわる多くの問題を訴えたことにも表れている。

リベラル派にとって公平性がいかに重要かを考えると、クリントンは公平に党の指名を獲得したと民主党員から認めてもらう必要があった。不正などあろうものなら逆鱗に触れるだろう。ところが、あいにくクリントンは公平であるという評価を得られなかった。民主党予備選挙でのバーニー・サンダースとの闘いから、一部の人々にクリントンは不当に指名を獲得したという印象を与えてしまったのだ。サンダース支持者の多くは、本来公平であるべき民主党上層部が不公平であり、クリントンに肩入れしていると感じた。そして、彼らがそう感じたのには十分な根拠があった。

第1にアメリカの大統領選挙では支持政党を指定（または「政党非加入」を選択）して有権者登録を行ない、指定した政党の党員として登録されるが、大統領選挙に出馬するとき以外は無所属であるサンダースを支持する若者の多くはどの党にも登録していなかった。そのため党員以外の投票を認めていない一部の州では彼らは予備選でサンダースに投票することができなかった。第2に州予備選の投票結果に左右されずに自分の支持する候補者に投票できる特別代議員の存在があった。特別代議員は候補者の指名に絶大な発言力を持つ党幹部で、一般党員の投票結果をくつがえす場合もある。サンダース陣営の1人は民主党大会のようすについてこう述べている。

2016年の大統領選挙の鍵を握る州の1つ、ミシガン州の予備選の開票を見ていたときのことは決して忘れられないでしょう。一般の民主党員からの投票数を反映した一般代議員による投票では、サンダースがクリントンよりも4票リードしていました。ところが特別代議員が1人ひとり口頭で投票する点呼投票を終えたときには「クリントン76票、サンダース67票」になっていたのです。[15]

同様にニューハンプシャー州でも、一般投票ではサンダースが60%を占めていたにもかかわらず、特別代議員による投票のおかげで、党大会ではサンダースとクリントンが票を半数ずつ分け合う結果となった。[16] サンダース自身もこの「不正に操作されたシステム」に指名獲得への道を阻まれたと言っている。真偽の程はともかく、この発言の影響力はトランプ陣営に直接利用されることとなった。これについては後ほど詳しく見ていくことにしよう。

クリントンの公平性は、ウィキリークスがロシアの諜報機関から提供されたメールを公開し、民主党全国委員会幹部がサンダースの選挙活動を妨害しようとしていたことが明るみに出ると、ますます疑問視されるようになった。[17]検討されていた妨害手段の中には、サンダースの宗教観をターゲットにしたものまであったのだ。[18]その後、民主党全国委員会は謝罪したが、サンダースはすでに離党していた。

サンダース自身もクリントンの行動は不公平であるという考えを植え付けるのに一役買っていた。サンダースは民主党全国委員会のメールもクリントンが私用メールサーバーを使用していた件もとりたてて問題視しなかったが、クリントンはウォール街のエリートに取り入ろうとする上層部の手先であるという印象を与えた。これが世代間の問題に影響を及ぼすこととなる。多くの年上の女性にとって、クリントンはフェミニストの草分け的存在だったが、年下の女性からは支配階級の代表と見なされた。[19]彼女たちにとってクリントンは権力者の象徴であり、白人で、パンツスーツに身を包んだインサイダーであり、支配階級の利益を守ろうとしていると見られていたのだ。サンダースはこうした見解を利用したわけだが、それが大統領選挙そのものに壊滅的な影響を及ぼしたといえるだろう。

２０１６年の民主党予備選でクリントンが実際に不当に優遇されたかは別として、[20]民主党所属の投票者のうち27％が優遇されたと感じていた。クリントンが公平に闘って勝利したと考えている人は半数に過ぎなかった。[21]リベラル派の投票者から公平性を疑われることは、クリントンにとって大きな痛手となりえた。

クリントンが民主党の指名を獲得すると、サンダースはクリントンが不公平であるという考えを取り消さなければならなくなった。悪意による投票の可能性をよく認識していたのだ。本選前、サンダースは「今は抗議票を投じる時ではない」と警告した。[22] そして、自らが助長したものも含め、クリントンの不公平な印象をくつがえそうと努力した。CNNの番組でウルフ・ブリッツァーに「彼女は公明正大に勝利を収めたということですね？」と聞かれたサンダースは「ええ」と答えている。[23] ところが、続けて「では、もう決着が付いたということですか？」と聞かれると「そうですね……いいえ、決着が付いたというのは、民主党大会で指名を受けるのは彼女だという意味です。決着が付いたのは、彼女のほうがわたしよりも多くの代議員を獲得したということで、この件について反論するつもりはありません」と歯切れの悪い回答をした。サンダース支持者がこの発言をどう受けとめたかはわからない。

民主党がサンダース支持者を再び取り込む方法としては、党への忠誠心に訴えるのが普通だろう。もちろん彼の支持者の多くは民主党員ではない。しかし民主党に所属するサンダース支持者が相手の場合でも、リベラル派の道徳的基盤は忠誠心よりも公平性に深く根ざしていることから、忠誠心への訴えが不公平という主張を打ち破るのは常に至難の業だった。

2017年に発表された研究では、リベラル派の人々に相反する2つのメッセージ群を見てもらい、どちらがよりヒラリー・クリントンへの支持を弱めるか質問した。[24] 一方のメッセージ群はどれも公平性の価値に関するもので、たとえば「クリントンは公平性と平等を犠牲にして自分の目標を達成しようとしている」というメッセージには、「ウォール街」と書かれた標識と並んだクリントンの写真が添えられていた。もう一方のメッセージ群はどれも忠誠心およびその対義語である裏切りに関するもので、たとえば「彼女はベンガジで起きたアメリカ在外公館襲撃事件でアメリカ大使と保安職員を裏切った」というメッセージに、Eメールのマークが描かれた開いた封筒の絵とクリントンの写真が添えられていた。そして、リベラル派は裏切りを訴えるメッセージを目にしたときよりも不公平を訴えるメッセージを目にしたときのほうがクリントンへの投票をためらうことがわかった。

クリントンが民主党の指名を獲得したとき、彼女を嫌っていた民主党員からの票集めという仕事もあった。一部の人々は投票者の自主性を尊重しつつ、投票を呼びかけた。たとえば元労働長官のロバート・ライシュは「まだヒラリー・クリントンへの投票をためらっている人々にお願いがあります。どうか考え直してください」と記している。[25]

また、もっと強力なアプローチをする人々もいた。投票者に向かって、クリントンに投票すべきであるだけでなく、クリントンに投票しなければいけないと訴える人が次々に現れたのだ。クリントンに投票しなければいけない、ほかに選択肢はないのだと。なかにははっきりそう口にする人もいた。たとえば歌手のケイティ・ペリーは「ヒラリー・クリントンに投票しなくてはいけません」と言っている。[26] 一方、遠回しに訴える人もいた。たとえばビル・クリントン政権で国務長官を務めたマデレーン・オルブライトは「地獄には特別な場所があります。女性を助けない女性が送られる場所です」と述べている。[27] サンダース支持者はオルブライトが自分たちに誰に投票すべきか命令しているように受け取った。こうした感情はブレイブハート効果を引き起こさずにはおかない。サンダース支持者も含め、一部の投票者はクリントンに投票しなければいけないという見解に従ったが、[28]この見解がほかの人々に悪意のある行動をとらせたことは大いに考えられる。

実際のところ同年の大統領選本選の時期が来ても、まだサンダース支持者の多くは、指名争いをめぐる怒りが収まっていなかった。この怒りは当然といえば当然であり、悪意を刺激し、さまざまな種類のコストのかかる罰につながる可能性があった。クリントンに投票するくらいなら家にいるほうを選ぶ人もいた。そのうち一部の人々にとって、これは恐らく罰の行使だったのだろう。投票所へ足を運んだサンダース支持者のほとんどは、重苦しい気持ちながらもクリントンに投票した。ところが少数派ながらかなりの人がトランプに投票した。正確にいうと2016年の大統領予備選挙でサンダースに投票した人のうち12％が、本選ではトランプに投票したのだ。[29]ミシガン州、ウィスコンシン州、ペンシルベニア州の投票者の12％がトランプではなくクリントンに投票していたら、あるいは投票所に行きさえしなければ、これら3つの州でクリントンが勝利し、大統領の座を手にしていたはずだ。[30]

予備選で敗れた候補の支持者の12％が本選では別の党に投票することは特に珍しいことではない。[31]予備選で投票した共和党員のうち同じくらいの割合の人がクリントンに投票している。それなのに、トランプに投票したサンダース支持者の動機は、別の党に投票した一般の人々に比べてより悪意に根ざしていたと考えられるだろうか。なかにはトランプの主張に同調した人もいたことはわかっている。[32] ところが、両候補の重視する課題を見てみると共通する点は驚くほど少なかった。予備選で怒りを抱いた人々の中には、クリントンへの悪意からトランプに投票した人もいた可能性が高い。

大統領選挙の2日前に『マリ・クレール』誌は「ただヒラリーに嫌がらせするためだけに、トランプに投票するのは本当に本当にまちがった考えである理由を、友人やおばさん、義理の兄弟に穏やかに伝える方法」という記事を掲載した。選挙中、あるオンラインの記事に寄せられたコメントには、悪意のある感情が反映されている。たとえば二重否定を使って「ヒラリー・クリントンが候補になったら、ただ彼女に投票しないだけでなく、今回の選挙で唯一本当にリベラルな候補者への支持を拒み、よく考えもせずにクリントンに投票した人々を苦しめるために、悪意からトランプに投票します」というコメントもあった。[33]

民主党の予備選挙以降、不公平感は長く尾を引いていたが、それだけだったら本選に大きな影響を与えることはなかっただろう。しかしながら、トランプ陣営とマスメディアがこぞってこの不公平感を増幅させた。

「悪党ヒラリー」

ドナルド・トランプが特に力を入れて訴えたメッセージの1つは、ヒラリー・クリントンは不当に指名を獲得したため、投票者は彼女を罰するべきだというものだった。トランプが付けた「悪党ヒラリー」というあだ名には、これが見事に要約されている。トランプに言わせれば、クリントンは「歴代の大統領候補の中で最も腐敗した人物」だったのだ。[34] これは内部事情に通じたエリートが「自分たちの権力と金を守れるように」ルールを決めて生み出した不公平な政治制度に、人々が立ち向かうべきだという考えを広めようとするトランプの戦略の一部である。[35] 野球帽をかぶった億万長者はクリントンをこうしたエリートの1人に位置付けた。そして、クリントンは一般の人々の利益ではなくウォール街の利益を不当に守ろうとしていると論じ、クリントンはウォール街に「飼いならされて」いるが、億万長者である自分はウォール街の言いなりにはならないと訴えた。この論法はトランプ自身の問題行動に対する批判を和らげた。トランプが罰を受けずに済んだのは、一部の投票者がトランプの問題行動は彼がエリートに立ち向かおうとしている証拠だと考えたおかげだろう。[36]

さらにトランプは不公平であるというサンダースの訴えを取り上げ、同調した。「特別代議員という不正に操作された制度のせいで冷遇されているバーニー・サンダースに投票したすべての人々へ。わたしたちは心から喜んでみなさんをお迎えします」とトランプは宣言したのだ。[37] クリントンはウォール街の手先だというトランプの主張は、クリントンはウォール街や大手製薬会社、保険業界、化石燃料業界に立ち向かえないというサンダースの主張に呼応していた。トランプはサンダースが点けた火に油を注ぎ込んだのだ。

また、トランプはそのほかにもクリントンが行なった不公平と見られる行動を引き合いに出し、クリントン財団への企業などからの寄付の見返りに彼女自身や国務省が便宜を図ったと訴えた。これはロシアの力を借りたウィキリークスが暴露した情報に基づいていた。[38] トランプはクリントンが私用メールサーバーを使っていた問題について、ほかの人なら逮捕されていたはずであり、正義は守られなかったと訴えた。私用メールサーバー問題について、アメリカ連邦捜査局（ＦＢＩ）が司法省にクリントンを刑事訴追するよう勧告しない方針を示した際、トランプはツイッターで「とてもとても不公平だ！」と嘆いている。[39] こうしてトランプは、クリントンは公平な人物ではないという主張を繰り返した。

ヒラリー・クリントンへの悪意を誘発する主張の中でも最もばかげていたのは、彼女にはアメリカ合衆国大統領の器がないというものだ。トランプ陣営は、クリントンは夫に便乗して政治的権力を手に入れたという考えを広めた。また、クリントンが大統領候補になれたのは、政治的に正しい人々が、そろそろ女性大統領を誕生させるべきだと考えたからに過ぎないとも主張している。２０１６年４月、「悪党ヒラリー」というあだ名を初めて使ったインタビューで、トランプは「彼女の唯一の切り札は女性であることだ」とも述べている。つまりクリントンに大統領を務める資質はなく、彼女の主張を支えているのは男女差別撤回の原理だけだと言っているようなものである。[40]

トランプのこの主張は滑稽だ。オバマ大統領も「アメリカ合衆国大統領を務めるのにヒラリー・クリントンよりもふさわしい人物は、男女問わず――わたしやビルも含めて――これまで存在しなかったと胸を張って言えます」と述べている。[41] すでに見てきたとおり、人間は他者が不相応な利益を得ていると感じたときにも悪意のある行動をとる。クリントンは不相応にも大統領候補になったというストーリーは、大いに悪意をあおる可能性があった。

挑発的なメッセージと菜食主義

クリントンがリベラル派について何より懸念していたのが、不公平だと見なされることだとしたら、トランプに投票する可能性のある人々について何より恐れていたのは、彼らを見下していると思われることだろう。誰かが自分よりも恵まれていると思ったら、それがお金であれ、道徳レベルであれ、社会的地位であれ、反支配的悪意を引き起こす可能性がある。

トランプ陣営には、クリントンは一般の人々を見下していると主張する材料がいくらでもあった。実際、2016年に「悪党ヒラリー」というあだ名で攻撃するようになる以前から、クリントンの「これ見よがしに美徳と道徳的優越感を見せつける点」がしばしば標的にされていた。[42]

そうした例の1つが、酷評されたクリントンのクッキー発言だ。1992年、クリントンは「家にいてクッキーを焼いてお茶を飲んでいることもできましたが、わたしは自分の職業を全うすることを選びました」と述べたと報道されている。その伝えられ方が、世の女性たちにクリントンは自分たちを見下しているという印象を与えてしまった。たとえばある投票者はこう言っている。「もう少しで彼女を好きになれそうでしたが、今は無理です……あの発言を聞きましたから……彼女がわたしの生き方を評価していないことは明らかです[43]」。クリントンの発言は繰り返し話題になり、2016年の選挙戦でも取り上げられた。歌手のビヨンセはこの発言の一部を引用してクリントンへの投票を呼びかけたが、[44] むしろクリントンは家庭で働く女性を見下していると主張するために利用されることのほうが多かった。実際のところ、クリントンはこの発言に続けて、自分の職業を全うすることにより、女性に自分の望むことを選択できる権利を与えたかったと述べていたが、その部分は報道されなかった。メディアは人々の怒りをあおりたかったのだ。そして、メディアの思惑どおりになった。

同じく1992年、夫の不倫について質問されたクリントンは、自分は「タミー・ワイネットのように夫を支えるだけの妻ではありません」と答えた。クリントンはタミー・ワイネット本人ではなく、彼女の歌を引き合いに出したつもりだった。ところがワイネットはこれを個人的批判ととらえ、「あなたは高学歴かもしれないけれど、わたしだってあなたと同じくらい頭がいいって断言できるわ」とメディアに語った。[45] これを聞いたクリントンは驚いて目を白黒させ、しまったと言うように自分の額をピシャリとたたいたが、後の祭りだった。

クリントンは道徳を振りかざす、世事に疎い人物だと中傷するためにトランプの陣営が利用した材料の中には、より最近のものもあった。ゴールドマン・サックス社とのやりとりが漏洩し、銀行家たちに「みなさんは最も賢明な人たちです」などと言っているのが暴かれたのだ。[46] もっとも、なんといっても一番ひどかったのは、あの致命的な「嘆かわしい人々」発言だった。2016年9月に開かれた選挙資金集めのイベントの際、クリントンはこう発言した。「トランプ支持者の半数は、言ってみれば嘆かわしい人々の集団に分類できるでしょう。彼らは人種差別主義者や性差別主義者、同性愛嫌悪主義者、外国人排斥主義者、イスラム嫌悪主義者などなのです」

ここで2つの事柄について率直に認めることにしよう。1つは、この嘆かわしい人々の集団の大きさについて異議を唱えることはできても、この集団が存在しないとはいえないことだ。2017年の著書『WHAT HAPPENED――何が起きたのか?』の中で、クリントンは統計を盾に自らの発言を擁護している。その中には、白人の共和党支持者は白人の民主党支持者よりも人種差別主義者が多いという2016年の調査結果も含まれていた。[47] 第7章で論じるように、その後の研究からも、こうした「〇〇主義」と一部のトランプ支持者のつながりが裏付けられている。もう一つは、誰もが理解しているように、選挙運動期間中はいくら事実でも口にすべきではない話題が存在することだ。クリントンの嘆かわしい人々発言の影響を数値化することは難しいが、ハイトは「人類の歴史の道筋を変えたかもしれない」と言っている。[48] 少なくとも悪意のある反発を招いたことは明らかだろう。

メディアとトランプ陣営がクリントンを攻撃するために使ったもう一つの手段は、善人ぶる者への蔑視だ。アメリカ合衆国のファーストレディだったころから、メディアはクリントンを「聖ヒラリー」と揶揄していた。[49] 2016年、クリントンが展開したアイデンティティ政治〔社会的不公正の犠牲になっている集団の利益を重視した政治〕と権利に基づく政治活動は、人々に彼女は自分たちよりも優れていると思わせる可能性があり、悪意のある反応を引き起こす恐れがあった。

この事例は、どうすれば善人ぶる者への蔑視を避けつつ、正しい行ないを奨励し、実践できるかという問題を提起している。だが、そもそもそんなことは不可能なのかもしれない。メッセージを伝えるためには殉教者のように命を捧げるくらいの覚悟が必要だろう。人々は殉教者を攻撃すれば満足して、その殉教者のメッセージを消し去ろうと躍起にならなくなるのだ。[50]

人間は挑発的なメッセージには寛容だが、それを説く人々には不寛容であるという興味深い説は、菜食主義に関するある研究から生まれた。この研究では、まず1つのグループにベジタリアンが自分たちをどう見ているか考えてもらった。そうすることで、参加者は自分が非難されるかもしれないという潜在的脅威にさらされる。その後でベジタリアンはどのくらい親切だと思うか、汚いと思うか、愚かだと思うか評価した。別のグループはベジタリアンへの評価を行なってから、ベジタリアンは自分たちをどう見ていると思うか考えるように依頼された。そして、最後にどちらのグループも肉を食べることについての考えを尋ねられた。

予想どおり、評価をする前にベジタリアンに非難される脅威にさらされたグループは、もう一つのグループと比べ、ベジタリアンを嫌う傾向が強かった。ところが驚いたことに、肉を食べることについては、逆の順序で質問に回答した人々よりも、支持する人が少なかった。このことから、善行者を否定的に評価させられた人々は、彼らのメッセージを受け入れる可能性が高くなることがうかがえる。メッセージの伝達者を攻撃するにしろ、十字架に架けるにしろ、ただ落選させるにしろ、そうすることで、彼らのメッセージはより受け入れられやすくなるのかもしれない。とはいえ、すべての伝達者がこれを聞いて慰められるとは限らないが。

2016年の大統領選挙が終わるまで、ドナルド・トランプからバーニー・サンダース、ウィキリークス、ウラジーミル・プーチンといったさまざまな役者《アクター》たちが、クリントンを公平性の規範に違反した人物として描き出すのに尽力した。さらにトランプ陣営は、クリントンが一般の投票者より自分のほうが道徳レベルも社会的地位も上だと思っているという印象も与えた。これに加えて、投票者はクリントンに投票するほかに選択肢はないと言われ、クリントンに悪意のある反対票を投じるお膳立てができた。

専門家にはうんざり

ヒラリー・クリントンに向けられた攻撃は、アメリカ特有のものではなかった。エリートよりも一般市民の利益を支持するメッセージを掲げている大衆迎合主義者は世界中にいる。[51] 大衆迎合主義の候補者を支持するほとんどの投票者の動機は自己の利益だ。彼らは大衆迎合主義者が自分たちの生活を楽にしてくれると信じている。ところがこれまで見てきたとおり、何よりもエリートへの嫌がらせに関心がある、潜在的影響力を持つ人々がわずかながら存在する。こうした人々は、自身の金銭的利益よりもエリートへ損害を与えることに価値を見いだすか、すぐに手に入る経済的利益よりも「コントロールを取り戻す」という考えを重視するかのいずれかだ。クロケットは「世界中で大衆迎合主義が高まっている現在、我々が目にしているのは、全世界を舞台に社会的レベルで展開する大規模な一種の最後通牒ゲームだ」と言っている。[52] クロケットが指摘しているように、英国の

EU離脱もその一例だ。

　2016年に行なわれたイギリスのEU離脱是非を問う国民投票では、52％の国民が離脱に投票した。この結果について、ヨーロッパの政治家の多くは、イギリス、EU双方にとって不利であると見ている。[53]これは少なくとも一部の投票者は悪意から離脱に投票した可能性を示唆している。国民投票へ向けたキャンペーン期間中、政治家たちはいずれ悪意が頭をもたげることに気付いていたようだ。保守党のデイヴィッド・キャメロン首相もスコットランド国民党のニコラ・スタージョン党首も国民が抗議の目的で離脱に投票する懸念を口にしている。スタージョンははっきり「悪意から自分の損になることをしてはいけません。不満や怒りに駆られて未来を決定しないでください」と訴えた。一方、キャメロンの懸念は彼自身の「嘆かわしい」発言に端を発していた可能性がある。キャメロンはかつて離脱支持者の一部について「変わり者」「非常識」「隠れ人種差別主義者」などと言っていたからだ。[54]こうした発言をしたのは10年前だったが、まだ忘れ去られてはいなかった。

　一部の投票者の怒りは、国外の政治家にも向けられた。イギリスのメディアは昔からヨーロッパの政治家に対する反感をあおるのに熱心だった。たとえば1990年には、悪名高い「ふざけるな、ドロール」という見出しがイギリスのタブロイド紙を飾った。この見出しとその下に続く恥さらしな罵倒の言葉は、当時の欧州委員会委員長ジャック・ドロールによる、イギリスの主権を脅かしかねない提案への不満を表したものだ。

　イギリスとヨーロッパのエリートと見られる政治家たちを傷付けるために投票するという発想が

広まっていたことはまちがいない。イギリスのＥＵ残留を支持するキャンペーンは、この発想を払拭するため、投票者個人の経済的利益を強調した。残留キャンペーンは離脱したら多大な経済的コストを負担することになると執拗に訴えた。デイヴィッド・キャメロンはＥＵから離脱したら、「イギリス経済の真下に爆弾を仕掛ける」ことになると主張している。[55]大蔵大臣のジョージ・オズボーンは、ＥＵ離脱は失業と増税を招くと再三忠告した。イングランド銀行のマーク・カーニー総裁もイギリスがＥＵを去ったら「自律的景気後退」を招きかねないと警鐘を鳴らしている。そして、「より強く、より安全で、より豊かに」が残留キャンペーンの公式スローガンとなった。これらすべてが、投票者に対して、離脱に投票してエリート層に損害を与えるのは、コストのかかる罰になると念を押しているようなものだった。しかしすでに見てきたように、こうした悪意のある行動をいとわない人もいる。

離脱キャンペーンは、残留キャンペーンに対する悪意のある感情を生み出すためにありとあらゆる手段を使った。まず、ＥＵはイギリスに対して不公平であるという説を強調した。ＥＵはイギリスに独自の法律をつくることを認めておらず、その代わりにＥＵ本部の「選挙で選ばれたわけでもない官僚たち」がイギリスの運命を決定している。ＥＵはイギリスが自国の国境を管理することを認めていないため、移民が大量に押し寄せ、イギリス国民は彼らに略奪されたり、仕事を奪われたり、健康保険制度を崩壊させられたりするかもしれない、というのだ。[56]すでに見てきたように、人は公平性が守られていないと感じると、反支配的悪意から、たとえ自分がコストを負担することになっても相手に代償を払わせようとする。当然ながら、離脱キャンペーンも自己の利益という動機を強調した。離脱キャンペーンのスローガンは「コントロールを取り戻そう」で、イギリス独立党（UKIP）は「わたしたちは自分の国を取り戻したいのです」と強調した。これはたとえ離脱が経済的コストを伴うとしても、自由という配当で相殺できると言っているのだ。実際、自由と自主性が脅かされていると感じさせることで、離脱キャンペーンはブレイブハート効果を引き起こすことに成功した。

離脱キャンペーンは反支配的悪意を引き出すためにEUは不公平だという印象を植え付けただけでなく、EUは何者にも支配されない名誉あるイギリスという神聖な価値を脅かすものという印象も与えた。イギリスはチャーチルの国であった。浜辺でも、上陸地点でも、野原でも、街頭でも、丘でも戦った国であった。そして、決して降伏しない国であった。第7章で改めて見ていくように、「神聖な価値」が呼び起こされたということは、EU離脱はもはや損得の問題ではなくなったことを意味した。離脱は義務となり、その結果などどうでもよくなったのだ。そして、誰もが知っているように、イングランドはイギリス全体がこの義務を果たすものと期待した。

また、離脱キャンペーンは、残留支持者が一般的な投票者を見下しているという印象を与え、これが投票者の反支配的悪意を引き起こすのに一役買った。キャンペーン中、離脱派のナイジェル・ファラージは、イギリス議会のエリートは国民を見下していると繰り返し述べたが、残留支持者の多くはこの見解を払拭できなかった。労働党のEU残留キャンペーン議長は「われわれは理性的人間であり、離脱派は過激派である」と発言し、離脱は「合理的とは言えないある種の精神構造を示している」と付け加えた。[57] 残留派は離脱に投票することはばかげていると思わせようとしたのだ。[58]

しかし、これは嘆かわしい人々発言を繰り返しているようなものだった。

実際、ファラージはキャンペーンを振り返り、残留派は「離脱に投票した人々は自分たちが何に投票しているのか理解していない、頭が鈍く、愚かで、無知で、人種差別主義者だという印象を与えました。残留に投票した人々は離脱に投票した人々よりも道徳的に優れていると思わせたのです（中略）残留派は、自分たちのほうが離脱派よりも優れているのだから、と心から思っていたのでしょう」と語った。[59] 離脱に投票すれば残留派の高慢の鼻を1つか2つへし折れるだろう。それに残留が最善の策だと言った専門家にも仕打ちを与えられる。前述のマイケル・ゴーヴによる「この国の人々はもう専門家にはうんざりしている」という名言は、国民投票キャンペーン中に発せられたものだ。[60] これは現代の反支配的悪意を表す最高の表現だったといえるだろう。

投票者がプライバシーの守られた投票記載台の前に立ったときには、離脱主義者が用意した、悪意を行使できる舞台がすっかりできあがっていた。そこで一部の投票者はジレンマに直面しているように感じた。EUに残ればいくらか経済的利益が得られるが、イギリスの神聖な価値を損ない、うぬぼれたエリートがお祝いするのを見ながら、自分は自主性を失うことになるのだ。こういう考え方をしていたら、悪意からこのシナリオを拒否する人が出てきてもおかしくはない。

しかし、もしかすると経済状況が悪化することを予想しつつ離脱に投票した人はおらず、そのため本当の意味で悪意のある行動をした人はいなかったのかもしれない。この反論には2つの回答がある。1つはデータ、もう1つは心理学に基づくものだ。データに関していえば、国民投票直前に行なわれた世論調査の結果から、イギリスはEUから離脱したら経済が悪化すると確信しつつも離脱に投票するつもりだと回答した人が少数ながらいたことがわかっている。[61] 離脱に投票する予定の人々のうち、こう考えていた人は4％だった。仮に彼らが残留に投票していたら、イギリスは今でもEUにとどまっていただろう。心理学者たちは、この4％以外にも当初EU離脱がイギリス経済にとって高く付くと感じていた人はいたかもしれないと言っている。しかし人間は自分の行動に合わせて信念を変えることがある。一部の投票者は離脱に投票すると決めた段階で、自分たちの新しい立場を正当化するために、経済的影響についての考え方を変えたのだろう。

この4％は少数ながら、国民投票の結果に重要な影響を及ぼした。また、ほかにも悪意について重要なことを教えてくれている。この投票者たちは、離脱により被る経済的損失よりも「コントロールを取り戻す」必要性を重視したのだ。ヨーロッパの政治家たちがEU離脱は双方にとって不利であると言ったのは、経済的な結果についてであり、投票者にとって自由を感じることにどれだけの価値があるか、彼らがそのためにどれだけの経済的代償を払う覚悟があるかを過小評価していた。また、正義が認められた喜びやシャーデンフロイデといった反支配的感情がもたらす快感も十分に考慮されていなかった。では、この4％の投票者は離脱から得られる恩恵で経済的コストを相殺できるのだろうか？　差し引きして全体としては恩恵になるとしたら、彼らの投票は悪意ではなく利己主義によるものということになるのだろうか？　そもそもこの質問に答えることなどできるのだろうか？

経済的損失を伴うことを知りながら離脱に投票することは、少なくともリスクのある行動であり、こうした行動には広義の悪意があるといえるかもしれない。また、ＥＵからの束縛を逃れたおかげで人々は期待どおり自由の恩恵を受け、その恩恵で実際にあらゆる経済的代償が帳消しにされるのなら、彼らの投票は悪意ではなく利己主義によるものだということもできるだろう。一方、経済的損失の埋め合わせがシャーデンフロイデという形の感情だけだとしたら、この行動はコストがかかるため、悪意のあるものといえる。これまでの議論に基づき、少なくとも離脱に投票した人々の一部は悪意があったとわたしは考えている。しかしながら、突き詰めていくと、「はじめに」で述べた問いに立ち返ることとなる。「ある行動について、コストがかかる（行為者に害を及ぼす）ため悪意に基づく行動だと決定するのは誰なのか？」。離脱派の選択は、離脱に反対で、彼らを批判したい残留派の人々から、悪意のある行動と決め付けられる恐れがある。「悪意」という言葉は、何かの状態を形容するだけでなく、むしろ何かをするために利用される危険がある。すべては政治的であり、悪意があるという言葉の意味も政治の影響を免れない。

エリートが過剰になるとき

悪意から投票をする人は歴史的に見てほかの時代よりも現在のほうが多いのか、という問題は一考の価値があるだろう。1つのアプローチとして、ロシア系アメリカ人の科学者ピーター・ターチンが考案した構造的人口動態理論を活用できる。[62] 構造的人口動態理論では、社会は約200年の周期で興隆し、衰退するとされている。ターチンはフランスから中国、アメリカまで、幅広い社会についてこのパターンを実証し、アメリカは1970年代後半に衰退期に入ったと言っている。そして、これを「不和の時代」と呼び、この衰退は3つの要素の結果であると論じている。

1つめの要素は一般大衆の影響だ。移民や女性の社会進出、製造業の海外移転といった要因により、アメリカ合衆国の労働供給は需要を超えた。その結果、賃金と生活水準が低下した。現在アメリカの男性が得ている実質賃金は40年前よりも減っている。これが強い不満を引き起こした。社会の崩壊にはこうした状況が付きものだが、それだけでは不十分であり、ほかの要素も必要となる。そこでターチンはエリートの過剰生産が不可欠だと論じている。

エリートの過剰生産が起こるのは、社会的に賃金が低下した結果、雇用主と権力のある地位の人々がどんどん得をするようになったときだ。こうなると社会のエリートを目指す人々の数が増加の一途をたどる。しかし、大統領、国会議員、最高裁判所判事といったエリートのポストには限りがある。その結果、エリートはライバルとの競争や派閥争いに振り回されるようになる。

次に起こるのは、既存のエリートに対抗する新しいエリートの出現だ。彼らは一般の人々が支配階級のエリートに反対するように仕向けることで権力の座に近づこうとする。これは自分たちのために権力を手に入れようとしていることの表れだ。トランプが勝てたのは、アメリカの寂れた工業地帯の白人男性が抱える不満のおかげだけではない。彼らが立ち上がったとしても、エリートたちが団結して立ち向かってきたら勝ち目はなかっただろう。2016年、トランプが民主党のエリートたちを蹴散らせたのは、一般の人々が彼らに反対するよう仕向けたからだ。選挙で番狂わせを可能にしたのは「嘆かわしい人々」ではなく、「エリートになりたいと野心を抱く、不満を抱えた人々」だった。こうした状況は政治的暴力や内戦、革命を招くこともあるとターチンはいう。根底にある問題を解決するには、過剰な労働供給を是正するのが一番である。人間には仕事が必要だ。競争はブレークスルーを実現し、効率化につながるかもしれないが、悪意を引き起こし、反乱を招く可能性があることも忘れてはならない。

次の話題へ移る前に、これまでに学んだ事柄をもう少し掘り下げ、前述の研究結果が持つ潜在的な政治的意味を推論してみよう。すでにお話ししたように、セロトニンが増加するとコストをかけて不公平な行動を罰する意欲が減る。わたしたちの社会ではセロトニン値を増減させる薬剤が広く使われていることから、こうした薬剤の政治的影響力について一度考えてみる価値はあるだろう。

まずはセロトニン値が上がることが明らかな、選択的セロトニン再取り込み阻害薬（ＳＳＲＩ）に分類される薬から見てみよう。たとえばプロザック（フルオキセチン）、ゾロフト（セルトラリン）、セレクサ（シタロプラム）などだ。定義上、これらの抗うつ剤はセロトニン値を増加させるとされていて、重度のうつ病患者には効果が高い。一方、軽度から中等度のうつ病患者に対する抗うつ剤とプラシーボの効果の差は、平均してごくわずかまたは存在しない。[63] つまり、こうした薬を使っている人の中には、治療効果はないのに副作用だけある人もいるかもしれない。[64] 副作用にはたとえば性的不全、無感情、自殺傾向などが含まれる。では、別の副作用として、個人的にコストをかけて不公平さに抗議する意欲が減ることも考えられるだろうか？

もしそうだとしたら、この副作用は社会的に大きな影響を及ぼすくらい広がっているはずだ。2011年から2014年まで、アメリカに住む12歳以上の人の約13％が過去1カ月以内に抗うつ剤を飲んだと報じられている。[65] また、2018年、人口5600万人のイングランドで書かれた抗うつ剤の処方箋の数は約7100万件だった。[66] 抗うつ剤はセロトニン値を上げるため、人々は悪意を抱きにくくなり、不公平な行動も受け入れられるようになるのだろうか？　こうした薬がもたらすさまざまな代償は一体どれだけあるのだろう？

セロトニン値に影響を与える薬で女性が多く使用しているのは、避妊関係の薬だ。アメリカでは2015〜2017年のあいだに女性の8％が経口避妊薬を、別の7％が避妊用インプラントや子宮内避妊器具などの長時間作用する可逆的避妊法を使っていた。[67] これらの避妊法がセロトニン値に与える影響は複雑だ。たとえば経口避妊薬にはエストロゲンとプロゲスチンの両方が含まれているが、それぞれセロトニン値に与える影響は逆で、エストロゲンはセロトニンを増加させ、プロゲスチンは減少させる。[68] 一方、ミニピルと呼ばれる錠剤と子宮内に留置する避妊具（ミレーナなど）はいずれもセロトニン値を下げるプロゲスチンしか放出しない。理論上、これは不公平さに対する女性の怒りが増幅されて、不公平に対処する行動を起こすのに役立つかもしれない。避妊がもたらす潜在的解放感は、わたしたちが知っている以上に大きい可能性がある。

本章の最後ではより推論的な考察をしたが、悪意が政治の世界に大きな影響を及ぼしていることは明らかだ。では今度は、わたしたちの生活の中で悪意が影響を及ぼす別の領域、神聖なものに目を向けよう。

第7章 神聖な価値と悪意

神と罰

かつて聖パウロはローマ人たちにこう忠告した。「決して自分で報復してはいけません……なぜなら神が『報復するのはわたしの仕事です。わたしが報いを与えます』とおっしゃっているからです」[1]。それから2000年後にもこれに似た台詞が登場した。映画『パルプ・フィクション』の中で、サミュエル・L・ジャクソン演じる登場人物ジュールスが予言者エゼキエルの言葉をもじって、「我が汝に報復するとき、汝は我が主であることを知る」と言うのだ[2]。このメッセージに対する2人の忠誠心には差があるものの、聖パウロの言葉もジュールスの言葉も報復とは上から下に向かってなすものであることを伝えている。では、そもそもなぜこのような発想が生まれたのだろう？　報復を恐れ、コストのかかる第二者罰をためらい、他者に悪意を向けられない人が、神にこの仕事を委託したのだろうか？　神は安上がりな悪意の一形態なのだろうか？

現在、人類の過半数が神を信じている。キリスト教徒とイスラム教徒だけで、世界の人口の55％を占めているのだ。[3] 神の概念は世界各地で異なるが、神とは人間の行ないを把握し、善悪の違いを知っていて、罪を犯した人々を罰する存在だと広く信じられている。[4]

人類の歴史のある時点で、神のような存在がとりわけ重宝するようになった。農耕社会が形成され、人々がそれまでよりもずっと大きな集団の中で生活するようになると、他者を罰するのにかかるコストも増大する。農耕社会で暮らす人々は狩猟採集民族よりもずっと多くの富と力を蓄えられるため、誰かから罰を与えられれば、大きな力で相手に報復できるようになるからだ。集団の人数が増えると、それまで少人数の集団内で協力を促すのに役立っていた仕組みが機能しなくなり始め、大人数の集団内でも協力を促せる新しい手段が必要になる。遺伝的進化ではすぐに対応できなかったため、人々は文化に目を向けた。人類は罰を行使する権威を生み出す必要があったのだ。世俗的な組織にこの権威を持たせることも可能だったが、権威を持った空想上の存在を生み出すという選択肢もあった。それが神である。[5]

心理学者のクリスティン・ラウリンは、不公平な行動をした他者を罰するのは高いコストがかかるため、人類は自分たちの代わりに罰を与えてくれる神を生み出したのだと述べている。ラウリンいわく、神は「大規模な社会または資源の乏しい社会に見られることが多く、どちらの社会も協力を管理し、強化する必要性が特に高い」[6]。では、神に嫌われている権力者にも神を信じさせるにはどうしたらよいだろう？

ラウリンらが指摘しているように、大規模な宗教団体はいずれも信者を信じさせる手段を持っている。たとえば偶然の出来事の裏に霊的存在があると感じる傾向など、人間の心理的バイアスを利用することもできるだろう。また、信者に高額な費用のかかる儀式を行なわせることで、心から信じていることをほかの人々にアピールすることもできる。

神はコストをかけずに罰を与えられる存在として、大規模な社会で協力を促すのに役立っていたという説を裏付けるさまざまな証拠が存在する。[7] たとえば神が存在し、天罰を与えると信じている社会ほど、社会規範がよく守られている。そして、人々は仲間よりも神を恐れる。また、神や天国と地獄といった概念を信じている人ほど、社会規範を破ることは少なく、天罰を信じている人ほど、テストでカンニングしたり、自らコストのかかる罰を行使したりすることが少ない。しかしながら、こうした効果を得るには、行動を起こす前に信仰を思い出す必要がある。そのため、宗教を持った社会には信仰を思い出させる要素がいたるところに存在する。

宗教はあまりコストをかけずに反支配的悪意を行動に移す手段であるだけでなく、支配的悪意にも役立つ道具だといえるだろう。ニーチェは、キリスト教は支配のメカニズムだと言っている。キリスト教の道徳観は社会的地位の低い人々を賛美した。従順な人々は祝福を受け、この世で一番の者は来たるべき世界では最後になるというのだ。ニーチェはこれを「奴隷道徳」と呼んだ。第2章で紹介した「敗者たちによる専制」というランガムの言葉を思い出した人もいるだろう。しかしニーチェは奴隷道徳を単に「偉大な人」を引きずり下ろす手段ではなく、社会のヒエラルキーをひっくり返し、形勢を逆転させる手段と見なしていた。奴隷道徳が求めたのは平等ではなく、新しい君主だった。そして、弱者や従順な者が強者となり、偉人となる。

自爆テロ犯はなぜ生まれるか?

報復が神だけに与えられた権限であるという考えは、すべての信者に受け入れられるものではない。最もわかりやすい例は、他者に害を与えるために究極の代償を払う覚悟のある人々、つまり宗教的動機を持った自爆テロ犯だ。すでに見てきたとおり、他者に悪意を持つ人々は大勢いるが、幸いなことに自爆テロまで行なう人は比較的まれだ。自爆テロにかかるコストは自分にとっても他者にとってもあまりにも大きいため、ほとんどの人は思いとどまる。[8] とはいえ、全員が思いとどまるわけではない。

過去30年間に約3500件の自爆テロが行なわれた。[9] 日常的な悪意から自爆テロへと続く道を解明することはできるだろうか? できるとしたら、特定の人々が一線を越えてしまう要因は何だろう? この議論を進める前に1つ断っておきたいのは、誰かがなぜその行動をしたか理解することは、その行動を許すことではないということだ。自爆テロ犯の動機に反対し、自爆テロを全面的に非難していても、彼らには彼らなりの理由があったということ自体は認められる。

自爆テロ犯は単に人一倍悪意が強いというわけではない。悪意に、ある要素が結びつくと甚大な被害をもたらす可能性が高くなるのだ。その要素とは、驚いたことに利他主義である。[10] テロリストと一般的な犯罪者の違いは、テロリストのほうが自分は利他的行動をしていると信じている傾向が強い点だ。[11] このつながりは興味深い。自爆テロが倒錯した「向社会的」行動だとしたら、テロ組織はどうやって自爆テロ犯の行動を促しているのだろう？ それと同じ知識を用いて、純粋に向社会的な行動をより広く推進することもできるだろうか？ この知識は、世界を吹き飛ばすためではなく、世界を救うのに役立てられるだろうか？

　自爆テロ犯の行動について説明するには、数々の一般的な仮説をいったん脇に置いておく必要がある。通常、自爆テロ犯は精神障害を患ってはいない。また、もともと自殺願望があったわけでもない。[12] それに生いたちに問題があって洗脳されやすいわけでも、頭が悪いわけでもない。自爆テロ犯に何か共通の特徴があるとすれば、学歴が高く、平均よりも恵まれた環境で育てられている傾向くらいだろう。[13] ただし、こうした特徴は２０００年代前半以降、いくらか変化しているようである。[14] いずれにしても、わたしたちは彼らがテロを行なうのは洗脳されているからだと安易に決め付けるのではなく、その理由を解き明かさなければならない。

　自爆テロに悪意が一役買っているとしたら、まずはどのタイプの悪意が働いているのか理解する必要がある。第2章で見た反支配的悪意だろうか？ 第3章で見た支配的悪意だろうか？ 自爆テロのおもな動機が支配的悪意であるとは考えにくい。どのみち死んでしまったら、他者よりも相対的に優位に立つのは難しいだろう。とはいえ、自爆テロ犯の中にはお金に困っていて、恥をかいたり、屈辱を味わったりした人もいる。こうした人々は自爆テロを、自尊心を取り戻し、自分と家族の名誉を挽回し、社会的地位を上げる手段と見なすかもしれない。[15] 多くの場合、自爆テロ犯は若い男性で、ウィルフレッド・オーウェンの言葉を借りるなら、「必死に栄光を求めている」のだ。

地位を強く求めるあまり、地位を得ても命を失ったら元も子もないことを忘れてしまうのは、人類の進化の上で問題なようにも思える。しかしながら、第4章で見た包括適応度の概念によれば、本人が生きていなくても、その行動は遺伝子に利益を及ぼす。自分の行動が血縁者を助け、その結果として自分の遺伝子に利益をもたらせば、自然淘汰で有利になるだろう。2008年に人類学者のアーロン・ブラックウェルが発表した研究では、パレスチナの自爆テロ犯における包括適応度をテストした。[16] わたしの知る限り、この論文は査読を受けていないため注意して取り扱う必要があるが、ブラックウェルのアプローチは興味深い。同論文によると（小規模な家族や低所得または高所得の家庭ではなく）中間所得の家庭出身できょうだいの多い男性の自爆テロ犯は、テロの報酬をより大きな包括適応度に変換できるという。具体的にいうと、遺族がハマスやヒズボラから受け取ったお金は、自爆テロ犯の兄弟が結婚する際にパレスチナ社会で一般的に要求される婚資（花婿の家族が花嫁の家族に支払うお金）に当てられる。

ブラックウェルいわく、パレスチナの自爆テロ犯の社会的・経済的な特徴は、彼のモデルにおいて、自爆テロにより包括適応度を高められるとされるタイプに当てはまる。自爆テロ犯は貧困家庭出身ではなく、大卒または就職していて、平均的なパレスチナ家庭よりもきょうだいが多い。わたしとしては、進化によってこれほど詳細な人間の行動が決まるとは思えない。そうしたパターンが現れるとしても、自爆テロ犯に何世代にもわたって淘汰圧が働いたあとのことだろう。とはいえ、ブラックウェルのアプローチは、1つの説の検証を試みる新たな方法といえる。

神聖な価値への冒とく

包括適応度と地位探求という概念以上に自爆テロを誘発しているのは、公平性が守られていないと感じた際の反支配的悪意のように思われる。自爆テロ犯は招集されてテロ組織に入るわけではなく、自ら仲間に加わるのだ。[17] 不当な扱いに対する怒りが彼らをテロ組織に向かわせる。不当と思われる行為がなければ、どれだけ悪意があろうと自爆テロを引き起こすことはない。[18]

こうした怒りは不公平の問題と関連しているのが一般的だ。中東のイスラム教徒が西側諸国から受けている不当と思われる扱いは、大きな怒りを引き起こしている。[19] これは中東地域の軍事的占領に限らず、あらゆる形態の侮辱的扱いと関連していると見られている。[20]

怒りによるテロの根底にあるものを明らかにする上で、アメリカ同時多発テロ事件を計画したハリド・シェイク・モハメド（ＫＳＭ）が、あの悪夢の日に当初は何をしようとしていたか確認しておく価値はあるだろう。同時多発テロ事件の最終報告書に詳述されているように、ＫＳＭは10機の航空機をハイジャックする計画をビン・ラディンに提出していた。[21] そのうち9機は建物に衝突する予定で、ターゲットには実際に9・11で旅客機が激突した建物のほかにＦＢＩ本部とＣＩＡ本部、カリフォルニア州で最も高い建物、原子力発電所が含まれていた。そして10機目はＫＳＭを乗せてアメリカ国内の主要空港の1つに着陸し、ハイジャック犯は乗客を全員殺害してメディアに警告を発する。その後でＫＳＭがアメリカによるイスラエル、フィリピン、アラブ諸国の弾圧的政府への支援を批判するスピーチを行なう計画だった。この話を耳にするのが初めてなら、その理由について一考してみる価値はあるだろう。

不当な扱いに対する怒りは個人的経験に起因する場合もあれば、集団的経験と関連している場合もある。自爆テロ研究の専門家である人類学者のスコット・アトランは、パリのアメリカ大使館爆破を目論んでいた若い男性にインタビューしたときのようすを次のように語っている。アトランが動機を尋ねたところ、当初男性は世界中でイスラム教徒が抑圧されているからだと答えた。ところが、さらに「ではなぜ自分がやろうと思ったのですか？」と尋ねたところ、男性は姉妹とパリの街を歩いていたときの出来事を話してくれた。彼の姉妹がうっかり年配のフランス人男性とぶつかってしまい、男性から、「薄汚いアラブ人め」と言われ、ツバを吐かれたというのだ。「そのとき覚悟したのです」とこの若い男性は言った。[22]

別の例として、メディアで「チェチェンの黒い未亡人」と呼ばれている女性の自爆テロ犯たちについて考えてみよう。[23] 彼女たちが初めて登場したのは、２０００年、チェチェン共和国内にあるロシア特殊部隊本部に2人のチェチェン人女性が爆発物を満載したトラックで突っ込んだ事件だ。それ以来、チェチェン人による自爆テロの大半はチェチェン人女性が関与していた。最もよく知られているのは、１００人以上の人々が命を落とした２００２年のモスクワ劇場占拠事件だろう。全身黒ずくめで、体に爆発物を巻き付けた19人の女性テロリストの画像は世界中に拡散した。[24]

心理学者のアン・スペックハルトとハプタ・アフメドーヴァが説明しているように、彼女たちの行動の根底には、ロシアが行なってきたひどく不当な扱いを目の当たりにし、自らも苦しめられた経験がある。[25] ロシア軍が展開した、爆撃から「民族浄化」に至るさまざまな作戦で、ほぼすべての人々が近親者を失った。目の前でロシア人に家族を虐待されたり、殺害されたりした人も多い。そして、息子や夫、兄弟を失った。

こうした女性たちの行動の根底には不当な扱いに対する純粋な怒りがあるという見方を否定する説もある。[26] たとえば女性たちは誘拐され、強姦され、薬物を盛られて強制的にテロ活動に参加させられているという主張もあるのだ。ちなみにこれらの主張はほとんどの場合、ロシアのジャーナリストによるものだ。[27] こうした経緯でテロに加わるのは一般的ではなく、むしろ例外である。彼女たちが立ち上がったのは、不当な扱いを受けていると感じたからだ。

本書では公平性の規範が破られたときどのように悪意のある反応を引き起こすか見てきたが、自殺を促すほどの悪意を引き起こすのは、さらに強力な要因があった場合だ。アトランによれば、その要因とは神聖な価値への冒とくだった。[28] 神聖な価値は何よりも優先されるものであり、交渉の余地はない。たとえばパレスチナ難民の帰還する権利やエルサレムの領有権、イスラム法などがこれにあたる。

神聖な価値について極めて重要なのは、この価値を守るためならリスクもコストも顧みず、非合理的な行動までとらせてしまう点だ。[29] 神聖な価値にすべてを捧げている人々は、その行動のコストと利益を天秤にかけるのではなく、自分が正しいと思ったことをただ行なうだけなのだ。[30] 歴史的例としては、テルモピュライの戦いに臨んだスパルタやアラモの守備隊、日本の神風特攻隊、アメリカ同時多発テロの実行犯などがあげられる。[31] こうした神聖な価値には、人々にやる気を起こさせ、悪意のある行動を推進する効果があり、小規模な運動を成功させる上で非常に役に立つ。

暴力という選択肢があり、神聖な価値が刺激されると、人はもはや理性的に考えなくなり、道徳的感情の力に突き動かされる。ジェレミー・ジンジスとスコット・アトランが2011年に発表した研究では、ヨルダン川西岸地区のイスラエル人入植者に対して、パレスチナとの和平合意の一環として、入植地を撤去することについて質問した。[32] 入植者たちに自らピケを張り、道路を封鎖するか尋ねたところ、参加するか否かはこうした抗議行動がどの程度成功すると思われるかにかかっているという回答だった。これは理性的な選択だ。ところが暴力的な抗議行動に参加するか否かは、その行動がどれだけ有効かではなく、どれだけ道徳的に正しいと思うかによって決まった。かつてアメリカ副大統領ディック・チェイニーは「テロリストには道徳観がない」と言った。しかしアトランは「自分の行動に深い道徳的美徳を見いだせなければ（中略）大勢の人を傷付けたり、殺したりしようとは思わない」と言っている。[33]

脳の観察結果も、神聖な価値はコストと利益をはかりにかけることなく、人々に行動を促すという説を裏付けている。人間の脳は神聖な価値について考えているとき、ほかの価値について考えているときとはまったく別の反応をする。ナフィーズ・ハミドらが２０１９年に発表した研究では、アルカイダとつながりのある過激派組織ラシュカレ・タイバを支持する30人のパキスタン人男性が被験者として参加した。[34] そして、神聖な価値と神聖ではない価値のために戦って死ぬ覚悟を表明したときの脳の反応を観察したところ、神聖な価値のために戦って死ぬ覚悟について考えているときには、神聖ではない価値のときと比べ、前頭前野背外側部の活動が減ることがわかった。

第２章ですでに見てきたとおり、前頭前野背外側部は費用対効果の分析にかかわっており、最後通牒ゲームで低額オファーを拒否できるようにする。神聖な価値が冒とくされ、暴力行為を行なおうとしているときにこの部位の活動が低下するということは、費用対効果の分析が行なわれていないことを意味する。神聖な価値を守ることは、文字どおり「頭を使わなくてもわかる当然のこと」というわけだ。一方、神聖ではない価値を守るために暴力を使うべきか否か考えているとき、前頭前野背外側部は活発に働く。

同研究グループが行なった追跡調査によると、同じパキスタン人男性たちがある価値のために戦ったり、死んだりしたくないという結論に至ったとき、彼らの前頭前野背外側部は前頭前野腹内側部という脳の別の部位に積極的に働きかけていることがわかった。[35] 前頭前野腹内側部は「あらゆる要素を考慮して」行動を評価する。[36] この場合、男性たちの前頭前野背外側部は費用対効果の分析を行ない、神聖でない価値のために戦って死ぬ価値はないと結論した。そして、評価を行なう脳部位にこのメッセージを伝えたのだ。一方、ある価値のために戦って死ぬという決断を下したときには、前頭前野背外側部は前頭前野腹内側部に働きかけていなかった。つまり、神聖な価値には「つべこべ言わずにやれ」と書かれた札が付けられていたのだ。

ここで明らかに問題になるのは、ある価値のために戦って死ぬのは本当に良い考えか、人はどうやって費用対効果を計算するのかという問題だ。そこで、ある価値のために戦って死ぬべきか選択する際、同じ問題について、仲間の意見を聞いたらどうなるか検証した。[37]自分の仲間はそれほど戦って死ぬ気はないと聞いた被験者は憤慨した。にもかかわらず、戦って死ぬ覚悟は、神聖な価値に対しても神聖ではない価値に対しても減少した。これに伴い、費用対効果分析をつかさどる脳部位、前頭前野背外側部の活動も増加していた。仲間たちが被験者たちを思いとどまらせたのだ。

人間の神聖な価値は費用対効果の計算に基づいていないという事実の重要な意味は、彼らを買収できないということだ。実のところ買収を試みるとかえって妥協をしなくなり、交渉も難しくなる。２００７年に発表された研究では、神聖な価値についての妥協を伴う仮想上の和平協定（たとえばパレスチナ人が東エルサレムの統治権または帰還の権利を手放すなど）に、パレスチナ人とイスラエル人がどう反応するかを調べた。[38]その後で、条件に報奨金（たとえばイスラエルがパレスチナに対して10年間にわたり毎年10億米ドル支払うなど）を加えた上でまったく同じ質問に答えてもらった。その結果、神聖な価値を犠牲にする協定だと感じた人々は、金銭も提供されるケースのほうが、協定に反対しがちであることがわかった。金銭的オファーをすることで、人々はさらに怒り、この協定に対する暴力的反抗を支持するようになるのだ。一方、この傾向は、協定が神聖な価値を冒とくしていると考えていない人々には見られなかった。最後通牒ゲームが示唆しているように、不当な扱いが続いていると感じている場合、お金を払っても自爆テロは止められない。神聖なものに値段など付けられないのだ。

社会的疎外

神聖ではない価値が神聖な価値と同様に扱われることもある。そうした状況を促す例の1つが社会的疎外だ。心理学者のクララ・プレタスらは、神聖な価値と神聖ではない価値について、それを守るための苦難を受け入れる意欲を検証し、こうした決断の際の脳の反応を観察した。被験者はバルセロナに住む若いモロッコ人男性38人で、いずれもジハード主義を守るためなら暴力を行使すると言っていた。[39] 彼らはサイバーボールと呼ばれるコンピューター・ゲームを行なった。このゲームではコンピューター上でプレイヤー同士がボールをパスし合うのだが、このプロセスに手を加え、特定のプレイヤーが社会的に包摂されている（よくボールをパスしてもらえる）、または社会的に疎外されている（なかなかボールが回ってこない）と感じるようにプログラムされていた。この実験の考案者は、フリスビーで仲間はずれにされていると感じ、その不快感の強さに驚いた経験から、この実験を思いついたという。サイバーボールは簡単なゲームだが、疎外されていると感じると、強い否定的な感情を生み出す。

プレタスらは、神聖な価値については、モロッコ人男性たちがサイバーボール・ゲームで仲間に入れてもらっていると感じているか、仲間はずれにされていると感じているかにかかわらず、その価値のために戦い、死ぬ意欲が強いことを確認した。一方、神聖ではない価値については、サイバーボール・ゲームで仲間はずれにされていると感じると、その価値のために戦い、死ぬ意欲がより強くなった。社会的疎外によって、男性たちは神聖ではない価値を神聖な価値のように扱うようになったのだ。

この研究では、男性たちが社会的疎外を感じると、脳が神聖ではない価値に対して神聖な価値に対するのと似た反応をするようになることも発見した。また、被験者全員について、神聖な価値のために戦う決意をするとき、下前頭回と呼ばれる脳部位の活動が増加することもわかった。この部位は、神聖ではない価値のために戦うことを考えているときには活動がずっと弱くなる。ところが、社会的に疎外された男性と社会的に包摂されている男性を比べると、疎外された男性のほうがずっと下前頭回が活発に反応した。つまり、男性たちが社会的に疎外されたと感じると、神聖ではない価値への反応においても下前頭回は神聖な価値と関連する典型的な活動を見せるということだ。

下前頭回の機能の1つは、規則に則った決断を助けることだ。[40] たとえば「こういう条件なら、こうなる」という情報を引き出す。その一例として、下前頭回はわたしたちが道路標識を見たときに活発になる。[41] こうした規則に則った意思決定においては、コストと利益は考慮されない。その意味では、神聖な価値の冒とく（および社会的に疎外されている人にとっての神聖ではない価値の冒とく）は悪意への道標といえるだろう。

宗教が新しいストーリーを提供する

神聖か否かにかかわらず、ある価値が損なわれた場合、人間が行使しうる最も極端な形態のコストのかかる罰は、自爆テロなのだろうか？　すでに見てきたとおり、人間は通常コストのかかる罰を行使したがらない。最後通牒ゲームにおいて、闇雲に低額オファーを拒否する人は多くはなかった。大体の人は、可能であれば手書きのメッセージを渡すなど、コストのかからない選択肢を選ぶ。[42]

自爆テロ犯はほかの選択肢はどれもうまくいかず、暴力が唯一の答えだと信じるようになる。彼らが所属するテロ組織は、不当な扱いに対する怒りとイデオロギーを利用し、暴力行為へと向かわせるのだ。[43]すでに見てきたとおり、ドイツ赤軍もその一例だ。ドイツ赤軍はアウシュビッツをつくった世代を説得することなどできないため、対話は不可能だと主張した。

自爆テロ犯予備軍の人は、自爆テロ以外に対処法はないと感じるだけでなく、自爆テロは正当化できると感じる必要がある。そのためにはコミュニティが自爆テロを支援するか、たとえば苦難に直面しているなど、少なくとも特定の状況下では称賛に値する行動だと認めていなければならない。[44]

前述のスコット・アトランと、街で姉妹がツバを吐かれ侮辱された若い男性との会話について、もう一度考えてみよう。アトランは若者に「人種差別は昔から続いている」のになぜ今テロに参加する計画をしているのか尋ねた。若者は「確かに」と差別が常に存在していたことを認めつつ、「ですがジハードは存在しませんでした」と答えた。自爆テロを決意するには、不当な扱いを認識するだけでは不十分で、悪意はまっとうな反応だという主張を強力に支持する枠組みが必要なのだ。

では、チェチェンの黒い未亡人の場合はどうだったのか考えてみよう。[45]チェチェンには報復にかかわる規範があり、通常はまちがった行ないをした人物またはその近親者が報復の対象となる。ところがロシアによる圧制により、報復の輪が広がった。それにしても、なぜ自爆テロを選ぶのだろう？　チェチェン人の大半は自爆テロを支持していない。では、チェチェン社会で何が起こったのか。スペックハルトとアフメドーヴァは、粉々に砕けた世界に自爆テロを許容するイスラム教宗派が応急処置を施したのだと論じている。[46]

誰でも、はっきり言葉にはならなくても、世界はこういう場所であるという基本的な仮定を持っている。[47]世界は善意にあふれ、たいていのことは見当がつくと仮定しているのだ。そして、自分も他者も親切で、倫理観があり、有能なため、良い出来事が起こるのは自分たちがそれに値するからだと当然のように考えている。こうした仮定が人生に意味を与え、浮き沈みはあっても安心して生きていけるのだ。

ところが、心の痛手となるような出来事が起こると、この仮定が粉々に砕かれ、世界は冷たく、恐ろしく、先の見えない場所に変わる。そして、善良な人々にも悪いことが起こることに気付く。もはや他人を信じることはできない。自分たちが傷付く心配はなく、人生をコントロールできるという仮定は幻想であることが明らかになる。その結果として、圧倒的な不安に襲われることもある。人間には対抗手段が必要だ。社会との関係を断つ人もいるだろう。薬物に手を出す人もいるだろう。しかし、世界を理解し、問題に対処し、また人間らしく生きられるようになるために本当に必要なのは、新しいストーリーだ。

チェチェン社会に新しいストーリーを提供したのは、宗教に基づくテロリストのイデオロギーであり、これは家族のために敵討ちをする文化を持つチェチェン人の心をつかんだ。[48] スペックハルトとアフメドーヴァが主張しているように、チェチェンの分離独立運動は世俗的な運動として始まったが、ロシア軍の反撃に遭った結果、テロリストのイデオロギーを掲げる宗派からの支援を受け入れるようになった。政治学者のジョン・ロイターが述べているように、チェチェンの自爆テロ犯は「絶望的になっていたため、だまされて敬虔な信者になってしまった」のだ。[49]

アイデンティティ融合

不当な扱いに対する怒りを感じ、自爆テロは必要かつ適切な対応だと確信したら、実際に自爆テロに踏み切る上で次に必要なのは、自分が協力しているテロ組織に対して十分に一体感を持つことだ。テロリストは利他主義者である場合もあり、利他主義が多くの自爆テロを引き起こしたと言われている。[50] ダーウィンいわく、2つの集団が対立しているとき、勝利はその集団の中にほかの選択肢が目に入らず、自ら犠牲になる者がいるかどうかにかかっている。[51]

すでに見てきたように、利他主義とは自らコストを支払って他者に利益をもたらすことである。たとえば献血や慈善活動への寄付はこれにあたる。コストをかけて別の集団に損害を加え、そうすることで自分の集団に利益を与えるのは「偏狭な利他性」と呼ばれている。これは明らかに利他的な目的のために悪意を利用している。利他主義は悪意を濃縮させ、大きな怒りに変える恐れがあるのだ。

あなた自身が次の実験に参加しているところを想像してみてほしい[52]。実験室に行くとほかにも何人かの被験者がいて、2つのグループに分けられる。この2つのグループを仮に「あなたチーム」と「相手チーム」と呼ぶことにしよう。実験者は被験者に抽選用の券を10枚ずつ渡し、実験の最後に抽選をすると言う。賞金は最大で10ドルだ。各被験者は10枚中4枚まで自分の名前を書くことができる。残りの券にはあなたのチーム名（あなたチーム）、または相手のチーム名（相手チーム）を書く。そして、すべての券を帽子に入れる。抽選で選ばれた券にあなたの名前が書かれていたら、あなたが勝者だ。「あなたチーム」と書かれていた場合、あなたはチームメイトと賞金を山分けする。「相手チーム」と書かれていたら相手チームが賞金を分け合う。

抽選前に、あなたは自分のチームが勝つ確率を高めることができる。だが、そうするとあなた個人が賞金を得る確率は下がってしまう。あなたが自分の名前の書かれた券を1枚破り捨てると、実験者は「相手チーム」と書かれた券を5枚捨ててくれるからだ。これを行なえば明らかに自分のチームが有利になるが、あなたは個人としてコストを負うことになる。これは極めて偏狭な利他性と呼ばれている。あなたの利他主義はあなたのチームだけに向けられている。自分の名前が書かれた券を多く破り捨てる人ほど極めて偏狭な利他性が強い。

また、社会的支配志向性が高い人ほど極めて偏狭な利他性に基づく行動をとりやすい。これはどれだけ自分のチームが相手チームを支配し、優位に立ってほしいかを測る指標となる。そして、たとえば「一部の人はほかの人よりも価値が高い」、「全国民が平等になることにこだわりすぎないほうが、この国は豊かになる」、「人生で優位に立つには、他者を踏み台にすることも必要だ」といった発言をどの程度強く支持するかで評価できる。[53]

社会的支配志向性の背景には、一部の人はほかの人よりも優れているという考えを受け入れさせれば、社会は内部の対立を最低限に抑えられるという理論がある。そして、一部の集団の優位性は自明の事実と見なされるようになる。こうした「ヒエラルキーを正当化する神話」は、同じ社会の中でも集団によって資源の配分に偏りがあることを正当化する。たとえばアメリカ合衆国におけるアフリカ系アメリカ人に対する非道な扱いも、その一例といえるだろう。一方で、ヒエラルキーを否定する神話もある。人々をカテゴリーやグループに分類しないイデオロギーがこれにあたる。たとえば、社会的不平等の減少を目指す世界人権宣言などだ。

社会的支配志向性が高い人は、他者に対する関心が低く、社会的プログラムをあまり支援せず、抗議行動にもあまり参加しない。彼らは政治的・経済的保守主義、国粋主義、愛国主義、文化的エリート主義、人種差別主義、性差別主義の度合いが強く、レイプ神話を支持し、暴力や不正行為を正当化したり、自らもそうした行為に加担する傾向がある。[54] 政治家はこうした集団をターゲットにすることもできる。たとえば、複数の研究から、社会的支配志向性の高い人々はアメリカ大統領選挙でドナルド・トランプに投票する傾向が強かったことが明らかになっている。[55]

集団の利益のために極めて偏狭な利他性に基づく行動をとらせるには、その集団との根本的な結びつきが不可欠だ。その集団に溶け込んでいる必要がある。これはアイデンティティ融合と呼ばれている。たとえば双子のように個人間でアイデンティティ融合が起こることはすでに見てきたとおりだが、人は集団ともアイデンティティ融合することがある。あなたは集団の一部となり、集団はあなた自身となるのだ。その結果得られる集団との一体感から、自分たちは無敵であり、これは運命であるという共通の感覚が生まれる。[56] こうなると、集団が攻撃されたり、不当な扱いを受けたりすると自分が攻撃されたような感覚になる。また、集団との融合感が強いほど、集団を守るためなら戦って死ぬと言う傾向がある。[57] そして、集団が神聖な価値を象徴している場合、自分の命を捨ててまで悪意のある行動をとるようになるのだ。[58]

他者との融合は生物学的共通性に基づいて起こることもある。たとえば人は家族と融合しているように感じる。実際、融合が起こるようになったのは、ほかの集団から攻撃された場合など、極端な脅威に直面したときに家族の協力や犠牲を促すためだったのかもしれない。[59] 一方で、誰かと同じ経験を共有すると、その相手と融合しやすくなる。一例として一卵性双生児のケースを見てみよう。一卵性双生児が互いにどれだけ融合していると感じるかは、遺伝的類似性だけで予想できるものではない。どれだけ多くの経験を共有しているかもかかわってくる。[60] つまり経験を共有すると新しい家族が生まれるのだ。

苦難を共にすると非常にアイデンティティ融合しやすくなる。そして、お互いのために犠牲になることをいとわなくなる。[61] 苦難を経験した共通の記憶だけでも、アイデンティティ融合を促すこともある。[62] 国のために死ぬ覚悟をするのは、同じ国の人々を家族のように感じるからだ。[63] その理由の１つは、苦難を共にした人々と基本的価値観を共有しているからだろう。他者と基本的価値観を共有することは伝統的に遺伝的つながりを示すサインであり、それが同族であるという幻想をもたらし、利他主義を刺激する。[64]

また、苦難を共にした人々同士は、家族とのきずな以上に強いきずなで結ばれることもある。２０１１年にカダフィ政権と戦ったリビアの革命的兵士たちについての研究で、人類学者のハーヴェイ・ホワイトハウスらは、兵士のあいだに家族のきずなに似た非常に強いつながりがあることを発見した。一方、兵士の半数近くが互いに家族とのきずな以上に強いきずなで結ばれていた。[65] 同様にアトランも、クルド人民兵組織は「クルド性」（仲間のクルド人と故郷の防衛に対する献身を表す言葉）を家族よりも優先していることを発見した。アトランが例にあげたあるクルド人兵士は、イスラム過激派組織「イスラム国」（ＩＳ）に自分の村を襲われた際、ある選択を迫られたという。この兵士はＩＳの部隊が村を掌握する前に家族を逃がすこともできれば、前線に行ってＩＳの前進を阻むこともできた。しかし、両方を行なうことは不可能だった。そこで兵士は前線へ行くことを選んだ。以来、毎日起きているあいだはずっとこの選択のことが頭から離れないという。[66]

人々の協力を促し、地球を救う方法

神による罰の概念は、人間の反支配的悪意からコスト意識を取り除く。その一方で、宗教の教義は支配的悪意を引き出し、一部の人が他者よりも優位に立てるようにすることもある。また、宗教は自爆テロという悪意のある行動を支持することもある。自爆テロ犯はアイデンティティが融合している集団が脅威にさらされていると感じると、神聖な価値が冒とくされたことに対する道徳的怒りに駆られる。この怒りが自身の個人的経験に共鳴し、さらに尊敬しているネットワークから正当性を認められると、彼らはテロを実行に移す。[67]では、これを止めるにはどうすればいいだろう？

すでに見てきたとおり、人間は報復を恐れてコストのかかる罰の行使をためらう。では、報復を恐れて自爆テロを思いとどまらせるにはどうすればいいだろう？　そもそも死んだ相手に報復などできるだろうか？　自爆した本人に報復はできないが、残された家族や仲間に報復すると国が自爆テロ犯予備軍に警告することはできる。この方法がうまくいくことは、すでに証明されている。イスラエル国防軍がパレスチナ人の自爆テロ犯およびテロリスト工作員に対して懲罰的な家屋破壊を行なったところ、すぐ大幅に自爆テロが減ったのだ。[68]

しかし懲罰的な家屋破壊は法的・倫理的問題を引き起こした上に、自爆テロを助長する、怒りという根本的問題を解決できなかった。家屋破壊について研究した著者たちが示唆しているように、なんといっても「自爆テロの根絶は軍事領域ではなく政治領域にかかっている」。自爆テロを減らす重要な手段の1つは、不当な扱いに対する人々の怒りに耳を傾け、それを認め、対処することに違いない。その怒りに同意できないとしても、また怒りという名目で行なわれた行為に賛同できないとしても、彼らの声に耳を傾ける必要があるのだ。

この問題への別のアプローチとして、神聖な価値にかかわる問題を解決するという方法もある。第1に社会的疎外によって、問題のある神聖ではない価値が神聖な価値と同様に見なされるようになるのを防がなければならない。第2に神聖な価値が脅かされた場合、アトランが指摘しているように、わたしたちは「好戦的ではない進路へ導く」方法を示す必要がある。[69]

金銭的利益を強調すると、逆にコストのかかる罰を行使させがちであることは、すでに見てきたとおりだ。では、どうすれば神聖な価値がかかわる取引の条件を双方にとってより有利なものにできるだろうか？　1つの方法は、互いに神聖な価値の1つにかかわる譲歩を提案することだ。ある研究では、イスラエルはパレスチナ人が聖なる権利だと信じているヨルダン川西岸地区を手放す準備があると伝えると、彼らが和平協定を受け入れる可能性が高まることがわかった。[70]同研究論文の著者たちが観察したとおり、この姿勢はイスラエル、パレスチナ両陣営の指導者たちにも見られる。著者たちはその裏付けとして、次の例をあげている。ハマスの指導者であるパレスチナ自治政府の報道官は「原則的に我々は1967年に定められた国境線内の土地をパレスチナ国家とすることで問題はないが、まずは1948年の悲劇についてイスラエルに謝罪させよう。その上でなら歴史的パレスチナの地へ帰還する権利に関する交渉に応じる」と述べた。同様にイスラエル空軍の元少将であるアイザック・ベン＝イスラエルも「我が国がユダヤ人国家として存在する権利をハマスが認めていると感じられれば、我々としても取引に応じられる」と述べている。[71]

アメリカ同時多発テロ調査委員会はテロの問題を解決する方法として、アメリカ合衆国とその友好国が「教育的および経済的機会を重視すること」を推奨していた。その一方で、同委員会は、後進的で抑圧的な体制が「野心や情熱を建設的に発揮する場のない、希望のない社会に忍び込んだ」とも述べている。[72] つまり、アトランが論じているように、これは若者たちがテロではなく、建設的な分野で野心と情熱を発揮できるようにする必要があることを示唆している。

わたしたちは、若者を支援し、刺激することで、社会のためになる目標に向かって努力できるようにする必要がある。その上で、こうした目標を神聖な価値と結びつけるのだ。そのためには若者が社会のためになる活動をしている人々とアイデンティティ融合する機会をつくる必要がある。エクスティンクション・レベリオン〔気候と生態系の危機解決のために非暴力の過激な抗議行動で注目される環境保護団体〕などの運動はすでにこの道を歩み始めている。今や地球を救うことは神聖な目標となり、たとえばグレタ・トゥンベリのような人々のおかげで、一体感を持てる集団が目に見える形で存在している。その一環として、わたしたちは悪意のある行動も辞さないという気持ちを利用して、わたしたち自身や一部の企業の短期的な物質的利益に損害を与え、人類と地球の長期的な利益を増やすこともできる。利他主義のいかがわしい親戚を呼び戻し、光のために働かせるのだ。

最後通牒ゲームは人間の悪意という側面の存在を発見するのに貢献したが、現在では最後通牒ゲームに似た経済ゲームを活用し、人々の協力を促し、地球を救う方法を見つけるための研究が行なわれている。こうしたゲームはプレイヤー同士が対戦するのではなく、現在を使って未来とプレイする。

では、プレイの仕方を説明しよう。これは数ラウンドから成るゲームで、5人でプレイする。各ラウンドは人類の世代を表している。第1ラウンドはわたしたちの世代、第2ラウンドはわたしたちの子どもの世代、第3ラウンドは孫の世代といった具合だ。実験者は被験者に地球には1000億本の木が生えていると説明する。その中から、各プレイヤーは自分の利益のために木を何本切るか決めなければならない。選択肢は0本から200億本までだ。ゲームの終わりに木をお金に換えられる。したがって、個人的に利益を得たかったら、プレイヤーはできるだけ多くの木を切ろうとするはずだ。

1回のラウンドの終わりにプレイヤーが切った木の合計が500億本以下であれば森は再生し、次のラウンド（世代）でプレイするときには、また1000億本の木を分け合うことができる。ところが1回のラウンドで切った木の合計が500億本を超えてしまうと、もう森は再生しない。たとえば600億本切ってしまったら、次のラウンド（世代）は400億本を分け合うことになるわけだ。

プレイヤーが協力し合い、各ラウンド、1人100億本以上切らないようにしたほうが、長期的利益につながることは明らかだ。しかし、ほかのプレイヤーが利己的に行動したせいで自分が損をしないようにするには、自分も利己的に２００億本切ってしまったほうが短期的には利益になる。では、被験者はどう行動しただろう？

研究者たちはこのゲームを18回行なった。[73] その結果、４番目の世代まで１０００億本残っていることはなかった。３分の２のプレイヤーは毎回協力的に行動し、１人１００億本以上切らなかった。ところが、少数派ながら常に利己的に振る舞う人々がいて、１００億本以上の木を切り、グループの合計が５００億本を超えてしまい、その結果、森は再生されなくなった。

研究者たちはこの問題の解決策を発見した。何本の木を切るか個人が決める代わりに、民主主義を採用したのだ。５人のプレイヤーがそれぞれ何本切るか選び、全員がその中央値の本数だけ木を切る。つまり、仮に５人がそれぞれ１００億本、１００億本、１００億本、１５０億本、２００億本切ることを選んだとしたら、中央値（本数を小さい順に列記したときに真ん中にくる本数）は１００億本なので、全員がそれぞれ１００億本切ることになる。

民主主義を採用したところ、ゲームの結果はまったく違ったものとなった。ゲームは20回行なわれたが、毎回最後まで１０００億本の木が残っていた。過半数を占める協力的な人々が、少数の利己的な人々を抑えられたからだ。その人物が悪意を持っているか利己主義であるかにかかわらず、もはや1人の人物が世界を滅ぼす心配はない。世界は焼き尽くされることはないだろう。黒いボールが壷から出ることもない。著者たちが結論しているように、「より良い善を行なうために犠牲を払う覚悟を持った市民はたくさんいる。わたしたちに必要なのは彼らが善を行なうのを助ける組織だけだ」。

おわりに　悪意をコントロールする

インターネット上の悪意にどう対処するか？

「第4の行動」である悪意は人間の性質の重要な一部だ。自らコストを負担して他者に害を与える意欲は、良いことにも悪いことにも使える。また、悪意は他者を利用するためにも他者から利用されないようにするのにも役立つ。不公平が存在する限り、人間には悪意が必要であり、悪意がある限り、不公平はなくならないだろう。悪意は問題の一部であると同時に解決策の一部でもあるのだ。悪意をうまく活用するには、悪意の起源と内部の機能を理解するのが一番だ。悪意を闇に放置すると、わたしたちまで闇に誘い込まれることになるだろう。

一部の人はほかの人よりも遺伝的に悪意を抱きやすい。しかし、すべての人の脳が、悪意のある行動をとるように合図が出ていないか耳をそばだてている。まわりの環境の競争が激化し、資源が減る中、世界はわたしたちに悪意のある行動をとるよう、大声で訴えている。悪意のある人は他者より先に行くことを恐れないため、競争的状況に強い。世界は人間の胃を通して脳に語りかけられることを知っている。食習慣の変化は人間の心をねじって、他者に害を与えることをより楽しくした。分け前を奪われたり、地位を傷付けられたりしたら、怒りを抱き、嫌悪感を持つ。共感は減り、その相手を人間以下のものと見なすようになる。そして、相手にコストを押しつけて良い気分になる。ところが、自分ではそれを認められない。不公平な人に教訓を与え、そうした行動を防ぎ、心を入れ替えさせようとしていると信じ込むからだ。しかしながら、実際には相手を傷付けたいだけである。これが悪意の仕組みだ。

悪意の理由は単純だ。悪意のある行動をとると得するからだ。短期的に見ると悪意のある行動が、長期的な利益をもたらすことも多い。悪意＋時間＝利己主義というわけだ。反支配的悪意は乱暴者や支配者、暴君を引きずり下ろす。この場合、悪意は正義を守る手段となりうる。他者に害を及ぼす人に悪意を向けると社会関係資本が増える。そして、ほかの人々からの協力や高い評価という見返りが得られる。一方、自分に害を与える相手に悪意を向ければ、相手はわたしたちにもっと気を使わなければならなくなる。やがて人間は言葉の助けを借りて、コストのかかる罰をより安上がりで安全に使えるようになった。また、神や国家に悪意のある行動を委託するようにもなった。こうして今や人間は、ニーチェのいうところの「盗んできた歯」でかみつけるようになったのだ。

支配的悪意は他者に水をあけることを目的としている。絶対的な損失を被っても、相対的優位性を守ろうとするのだ。他者を下位にとどめておくためなら、喜んで損失を被る。自分が損をすれば他者がさらに大きな損をする場合も損失はいとわない。こうした悪意のおかげで最下位にならないで済む。また、悪意は競争的環境で成功するのに役立つこともある。歴史的に悪意は繁殖上の利益をもたらしてきた。しかし、悪意が大きな害をもたらす可能性もある。

苦痛に耐えてでも理性や自然法則、必然性を否定しようとする実存主義的悪意はかなり悲劇的な考え方に思える。もっとも、かつては実存主義的悪意にも何か賢明な理由があったのかもしれない。現在、実存主義的悪意は賢者に対抗する反支配的ツールとして機能することもある。また、実存主義的悪意を利用して、ストレッチ目標を生み出し、従来は思いもよらなかったような目標を達成できるかもしれない。こうした悪意は創造性を高める。

悪意は闇から生まれた。悪意の目的は、人々を悔い改めさせ、公平性と協力を生み出すことではない。むしろ他者に害を与え、支配体制に変化をもたらそうとする。それでも人々が光へ向かう助けとなることもある。悪意は交流し合う人間たちの頭上にぶら下がったダモクレスの剣である〔古代ギリシャのディオニュシオス2世が自分の立場をうらやむ家臣のダモクレスを玉座に座らせ、天上から細い糸で剣がつるされているのを見せて、自分の立場がいかに危険かを教えたという逸話に由来する〕。悪意は社会をより公平で協力的なものにしたのだ。

悪意のこうした利益には当然ながら代償が伴った。実存主義的悪意は、目の前の問題を理性的に解決する能力を脅かす。相対的に見れば、支配的悪意は人々の役に立つかもしれないが、山の中腹にいたほうが絶対的により豊かになれるにもかかわらず、わたしたちをモグラが穴から掘り出した小さな土くれの頂上にとどまらせる。一方、反支配的悪意は破壊的な恨みに変わることもある。他者によって社会的進歩の道を閉ざされたら、反支配的な面がカオスを要求し、邪魔になるものはすべて破壊しようとするのだ。それがボストロムのいう終末論的な人を生み出すこともあるだろう。黒いボールがこうした人々の手に渡らないようにしなければならない。ここで、第1章で紹介したドイツ赤軍を振り返っておこう。

今ならこれまで学んできたことを通して、ドイツ赤軍について考えることができる。彼らから得た教訓は、ドイツ赤軍に似たほかの過去、現在、未来の集団にも当てはまるはずだ。わたしたちは社会から締め出されたと感じている若者の物語を想像できる。どんなに地位を求めても手が届かず、カオスを求めるようになる。そして、社会を破壊し、その灰の中から新しい地位を得て不死鳥のように復活しようとするのだ。これが「締め出し症候群」である。

悪意の観点からドイツ赤軍の例を考察するとマルクス主義との関連が見えてくる。マルクス主義は亡霊に取り憑かれていた――悪意という亡霊だ。マルクス主義は、よく人間の本性に十分配慮していないと批判されたが、悪意の問題を解決できなかったことは明らかだ。マルクス自身も労働者階級は均一ではないことを認識していたが、労働者階級の集団間で利益が対立することはないと考えていた。[1] 最下層の人々を自分たちより下にとどまらせるためなら、貧しくても喜んでお金を無駄にする人々のことをマルクスはどう解釈しただろう？　貧しい人々と最も貧しい人々がまったく異なる利益を追求している場合、労働者の団結はどうなるのか？　これはまちがった意識により、他者よりも豊かになることに大きな価値を見いだしている社会にだけ起こる現象だとマルクス主義者は主張するかもしれない。しかし、もしこれが人間の本性の一部だとしたら、マルクス主義はまるでストレッチ目標のようだ。

これをドイツ赤軍に当てはめると、コストのかかる第三者罰を行なうことで評判を上げ、利益を得ようとする若者の物語が浮かび上がる。マルクス主義は多くの中産階級の知識人と学生に熱心に受け入れられた。マルクス主義は他者（労働者）を苦しめた者（資本主義者や国家機関）を罰するために自ら犠牲を払うことを許した。彼らにとってマルクス主義はコストのかかる第三者罰であり、こうした現象は社会的認知にかかわっている。活動家はマルクス主義を盾にとって、ほかの人々の社会的地位を下げることができ、しかもそれを善行と呼んだ。

これは抗いがたいほどの誘惑だ。小説家オルダス・ハックスリーは1世紀ほど前にその潜在的力についてこう警告を発していた。「善意から破壊することが許され、悪い行動をしておきながら、その行動を『正当な憤り』と呼べるようになる――これは最高の心理学的ぜいたくであり、最も美味しい道徳的ごちそうである」（サミュエル・バトラー『エレホン』に寄せられたハックスリーによる序文より）。

この力がドイツ赤軍や同じころに活動していたアメリカの極左テロ組織ウエザーマンの原動力となった。こうした人々は今どこにいるのだろう？　彼らを生み出した力は消え去ってはいない。人間はより安全で安上がりな形態の悪意を作り出したかもしれないが、他者に悪意を向けたくなる衝動が消え去ったわけではないのだ。恐らくこうした人々はインターネットの世界にいるのだろう。インターネット上なら、コストのかかる爆破などしないで、お金をかけずにキーボードをたたくだけでいい。

地球上の人々の半数はフェイスブックやツイッターなど、オンラインのソーシャルメディア・プラットフォームを使っている。わたしたちは世界の内側に別の世界をつくったのだ。しかし、この世界は人間が進化によって適合してきた世界とは違う。オンラインの世界はこれまで悪意を抑えてきた性来の束縛をゆるめ、悪意に対して過去に例を見ないほどの見返りを与える。目的のためには手段を選ばない人々が悪意のある行動を広めようと思ったら、ソーシャルネットワークをつくるのが一番だろう。ソーシャルネットワークは悪意のコストを減らし、利益を倍増させる。ソーシャルメディアは悪意がはびこる最悪の状況を生み出すのだ。

現実世界には悪意を抑えるブレーキが存在するが、オンラインの匿名性はこの必要不可欠なブレーキを外してしまう。そして、報復の脅威を消し去る。報復の不安から解放された人々は、自分たちよりも地位が高い、または豊かな人々にためらうことなく反支配的悪意を向ける。そして、熱狂的に正義を訴え、ほかの人々を傷付け、破壊の喜びにひたる。ターゲットにされる人々が努力によって利益を得たかどうかは関係ない。有能なおかげで出世した人は、さらに嫌われるのだ。

たとえ実名を使っていても、インターネットのほかの要素が悪意を促す。第1に相手を簡単に傷付けられて、悪意にお金がかからなくなった。インターネットの世界では、まるで伝説の武道家のように1本の指で軽くたたくだけで相手を倒すことができる。第2に報復のためのコストを大人数で負担し合える。誰かが他者を攻撃したら、何千人もの人々が「いいね」したり「リツイート」したりして加勢するだろう。その結果、狩猟採集民族なら数十人で分け合っていた報復のコストを数千人で分け合えるようになった。
しかし、インターネット上で自分の身元を明かすことが他者に対する悪意のある行動を助長する最も重要な理由は、すでに見てきたコストのかかる第三者罰に伴う利益と関連している。インターネットの世界では、他者同士の複雑に絡み合った広範囲にわたる交流のようすを観察することができる。そして、彼らのやりとりに参加し、自分たちの回答を世間に公開することもできる。こうして、過去に類を見ない規模でコストのかかる第三者罰を行なう機会が生まれた。たとえば誰かを攻撃したり、傷付けたりした人物を批判するコメントもできる。これはコストのかかる第三者罰だ（ただし、コストはごくわずかの場合もあれば、コストがかかる可能性があるだけの場合もある）。すでに見てきたとおり、コストのかかる第三者罰はたいていほかの人々から高く評価される。匿名でない場合、誰でもわたしたちのことを知ることができ、公に尊敬を集め、評判も良くなる。あるネットユーザーはこう言っている。「誰かを人種差別主義者とか性差別主義者と呼ぶたびに快感を覚えます。そして、評価を表す星の数や『いいね』などでソーシャルメディアからも認められると、その快感が改めて肯定され、精神的な支えとなるのです」[2]
コールアウト・カルチャーやキャンセル・カルチャー（何かに違反した人々の面目をつぶし、排斥しようとすること）には良い面もある。たとえば権力者などが自分の行動に責任を持ち、社会の改善につながるからだ。前向きな変化をもたらすためには、悪意のある行動をとり、まちがいを犯した人にコストをかけてでも罰を与える意欲が必要だ。反支配的悪意は引きずり下ろすべき人物を引きずり下ろすのに役立つ。その一方で、勤勉で革新的で気前のいい人まで引きずり下ろしてしまう恐れがある。また、悪事そのものよりもひどい罰が与えられることもある。『ルポ ネットリンチで人生を壊された人たち』の著者であるジョン・ロンソンは、インターネット上の反感に関連して「悪事の重さと嬉々として与えられる罰の残虐性」にズレが生じていると指摘している。[3]

現代の資本主義社会では必ず自分の上に誰かがいて、わたしたちはこうした人々に対して複雑な感情を抱く。そして、彼らに注目し、その秘訣を学び、取り入って、庇護を求める。その一方で、反支配的悪意は彼らを引きずり下ろそうとする。地位の高い人々に取り入るのではなく、彼らを打ちのめそうとする理由はまだわかっていない。しかし、出る杭が悪意によって頻繁に打たれていたら、人間はどうやって進歩できるだろう？　発展は望ましいものだと思えるだろうか？

罰の性質に関する考え方からも、これに関連した問題が発生する。人はしばしば自分の地位を高めるために悪意のある行動をとる。支配的悪意が反支配的悪意のふりをすることもある。この場合、インターネット上の攻撃は、1つのグループに平等をもたらすだけでなく、彼らが支配的になることも目的としている。この点を指摘したのは、イギリスのジャーナリスト、ダグラス・マレーだ。マレーは、ジェンダーや人種、セクシュアリティなどについて平等な権利を求める人権運動の多くは「ガードレールを越えてしまった」と主張している。「平等であるだけでは満足せず、たとえば『より良い』といった持続不可能な地位を選ぶようになった」というのだ。[4]　進化生物学者のブレット・ワインスティンも同様の指摘をしている。ワインスティンの主張によれば、社会的正義のための運動にかかわる人々の大半は、迫害を終わらせ、公平な社会で生きることを望んでいるが、少数ながら「形勢逆転」をもくろむ人々もいる。[5] 指導者層も含まれていると思われるこの少数派が目指しているのは「特権を持った人々が従属的な立場となり、自分たちが考えるところの最も迫害されている人々が最も多くの資源を手にした権力者となること」であるという。[6] 長いあいだ迫害されてきた集団がこうした考えを持つのはよくわかる。しかし、長期的に見た場合、支配と迫害をさらなる支配と迫害に置き換えるべきではない。

では、インターネット上の厄介な悪意にはどう対処すればいいだろう？　匿名性には利点もあるので手放したくはない。となると、やはり個人が責任を持つことになる。ネットユーザーは自分がどんな内容をどういう理由で投稿しているのか考える必要がある。とはいえ、すでに見てきたとおり、人間は報復のために罰を与えようとしているとき、こうしたことまで考えるのは苦手だ。そのため、わたしたちはほかのネットユーザーに呼びかけ、問題のある悪意を制限できる構造をつくっていくべきだろう。

ネットユーザーは、社会的正義を守るためというより自分の立場を良くするために支配的悪意のある行動をする人を非難する必要がある。彼らの目的がコミュニティのためではなく利己的なものであると明確になれば、彼らの悪意ある行動への評価も下がるはずだ。

こうした非難を表す言葉はないが、美徳シグナリングをもじって「美徳クライミング（登ること）」とするとぴったりかもしれない。美徳シグナリングという言葉はすでによく使われるようになっている。これは、第三者罰は自分が高い評価を得るために行なわれることが認識されているからだ。一方、美徳クライミングは他者の地位を下げることで、自分の地位を相対的に高めようとする。

また、自分たちの主張する高潔な道徳観が本当に高潔なのかも慎重に考える必要がある。本当に道徳的憤りのために悪意を持っているのだろうか？　利己的な理由で悪意を持ってはいないだろうか？　第4章では自分たちが罰を行使する理由について、懐疑的になる必要があると論じた。これはより大きな問題の一部である。多くの研究者が、人間は道徳的偽善者であり、公平で道徳的だと見られたいという強い動機に突き動かされているが、実際のところは道徳など気にしていないと結論しているのだ。[7]

このことは、人々が不公平なことに対してどれだけ憤っているかを語るようすを見ればわかる。心理学者のC・ダニエル・バトソンは「公平性の侵害」という抽象的な概念に対して怒るのは本物の現象ではないと言っている。人間が本当に怒るのは自分が害を受けたときだけだというのだ。[8]バトソンいわく、不公平なことに対して憤っていると話すのは、そうすれば自分たちが受けた害に憤っているわけではないと伝えられるからだという。それに自分にはより純粋で私心のない動機があることを示せる。こうした懸念を抱くことは高貴で社会的に望ましいことであり、ケチで自分のことばかり考えているようには見えない。そして、すべての人がまちがいを正すために協力すべきだと言っているようなものだ。道徳的な怒りとして語ると、害に対する個人的な懸念を誰もが関心を持つべき全世界的な改革運動にすり替えられる。

実際のところ、わたしたちはこうした抽象的な基準など気にかけていないのかもしれない。道徳の問題にしてしまえば、人々がその問題を「非難するように仕向ける」こともできる。[9]一方で、人間は少しでもチャンスがあれば、見せかけだけの道徳観を示して、自分は道徳的行動から逃れようとする。[10]バトソンいわく、犠牲者が公平性の侵害に対する道徳的憤りを口にするのは、ほかの人々から支援を得られる可能性を高める手段なのかもしれない。したがって、インターネット上および実生活において道徳を説く場合には、誰もがよく注意して、自分にも他者にも正直になる必要がある。

気難しい性格と創造力

悪意のある人は気難しいタイプであることが少なくない。これは文字どおり事実だ。こうした人々は気難しい性格特性のスコアが高くなる。[11]これは持っていて得する性格特性ではなさそうだが、この特性はある形態の創造性と結びついている。[12]気難しい性格特性のスコアの高さは数学的・科学的創造性の高さと相関があるのだ。[13]ただし理由はわかっていない。これは悪意のある人は競争的環境において他者よりも優れていることと関係している可能性がある。また、ほかの人々が不可能だと言うことを行なおうとする、実存主義的悪意を持つ傾向もこの性格特性の一部なのかもしれない。気難しい性格特性はトランプのような大衆迎合主義者への支持とも相関がある。[14]つまり、悪意があり、気難しく、反体制的な大衆迎合主義を支持しやすい人々が、科学の進歩に最も大きな貢献をするかも知れないということだ。ところが学問の世界ではこうした人々は歓迎されない。アメリカの数学者エリック・ワインスティンが指摘しているようにこれは問題である。[15]

わたしがかつて目にしたある新聞記事は、DNAの二重螺旋構造の発見により1962年にノーベル生理・医学賞を共同授賞したジェームズ・ワトソンの人種差別主義的、性差別主義的発言は「科学者としての偉大さとは一切関係ない彼の悪意に満ちた性格」を露呈したと論じていた。[16][17] しかし、ワトソンの性格は本当に「一切関係ない」のだろうか？　関係していないとしたら、それは何を意味するのだろう？

もし本当に社会が気難しい人々や彼らが生み出した進歩から恩恵を受けているとしたら、彼らの行動を正当化し、道理に合わない行動に目をつぶり、「目的のためには手段を選ばない」哲学を支持することなくして、どうやって恩恵を受けているというのだろう？

幸いこの問題を回避する方法はありそうだ。創造的な考えを支持する環境の場合、気難しい性格と創造性とのつながりは弱くなることがわかっている。[18] 悪意はA地点からB地点に行く方法の1つだとしても、A地点からB地点に行く経路はほかにもあり、その経路のほうがむしろ好ましいかもしれないのだ。

民主主義を弱らせないために

悪意はビル・クリントン大統領の選挙参謀の1人が考えた「重要なのは経済だ。愚か者」という有名な標語に重要な警告を発する。最後通牒ゲームが示すように、人間は経済的損害を被ることもいとわない。将来的に相手の行動が改善されるように慈善的解釈に基づいて、悪意のある行動をする人もいるだろう。しかし、よりありがちなのは、不公平な人や支配的な人、エリートに害を及ぼそうとするケースだ。また、社会の最下層にならないように自分と他者の差を広げようとする場合もある。一般大衆は自分の経済的利益のためだけに行動しているわけではないことをエリート層が理解しないと、人々は悪意を抱き、世論を操ることにたけた反エリートに道を開き、悲惨な結果を招きかねない。

ほかの人が正当な理由で得た利益でも、人はコストをかけてまで破壊しようとするが、不相応に得た利益はさらに危険だ。アメリカなどの国々では、サッチャー・レーガン時代以降、収入と富の格差が広がりつつある。[19] お金を燃やす研究から、1％の人々が持つ富に対する残りの99％の人々の反応は、こうした不平等が当然と見なされているか否かにも部分的に影響されることが示唆される。西洋社会において、富の不平等は当然であると思わせるために大々的な宣伝活動が行なわれていることは、特に左寄りの人でなくても気付いているだろう。アメリカン・ドリームの物語は、誰でも一生懸命働けば豊かになれるという物語を売り込むのに役立った。一生懸命働いたのだから、成功するのは当然というわけだ。

反対に、プロパガンダを利用して不平等は当然ではないと主張し、不和の種をまくこともできる。その一例が機密解除された１９４４年版アメリカ中央情報局（ＣＩＡ）マニュアルだ。このマニュアルには第二次世界大戦におけるアメリカの敵を弱体化させる方法が記されていた。そのアドバイスの1つは、敵国の企業の士気と生産性を下げるため、その企業内でアメリカの目的に賛同している管理職を使い、無能な労働者を必要以上に昇格させるというものだった。[20]

典型的なアメリカ人とロシア人が登場する、ある古い話から、アメリカがいかにして国民の悪意を引き起こさずに不平等を受け入れさせようとしていたかがわかる。[21] この話にはアメリカ人の農夫とロシア人の農夫が登場するのだが、いずれも隣人の牛が品評会で入選する。そこでアメリカ人の農夫は隣人よりも立派な牛を育てることを夢見るが、ロシア人は隣人の牛が死ぬのを夢見るというのだ。どちらも隣人よりも優位に立ちたいと思っているが、ロシア人はそのために富の総量を減らしてしまうのに対して、アメリカ人は富の総量を増やす。アメリカでは、悪意から裕福な人々を攻撃するのではなく、自分たちも裕福になるように頑張って不平等を解消することが奨励されるのだ。

では、地位の向上が難しくなったらどうなるだろう？　実際にこの現象が起こっていることを表す証拠がある。過去半世紀のあいだにアメリカン・ドリームは徐々にアメリカン・イリュージョンに変わっていった。１９４０年に生まれた子どもの90％は親よりも多くの収入を得るようになったが、現在では新たに労働市場に加わる人々のうち将来親の収入を超えられるのは50％だけと見られている。[22] これは経済成長率が下がったからだけではない。経済成長の恩恵が平等に分配されていないからだ。[23] 不公平感が広まるにつれて、悪意を抱く可能性も高まる。

成功物語は不平等を正当化するのに役立つが、最初から格差がまったく目に入らないほうが格差を維持しやすい。富を見せびらかすと悪意のある反感を持たれやすいことは、誰でも知っている。実際、裕福であることを仲間に知られないようにするためにお金を払う人もいるのだ。[24] 数々の研究から、わたしたちは国内の富の分配の偏りを大幅に過小評価していることが明らかになっている。[25] これは格差を隠す努力が功を奏しているということだ。

では、エリートが富を正当化も隠しもしなかったらどうなるだろう？　当然ながら彼らは悪意によって富を奪われることを恐れるだろう。反エリートのエリートが立ち上がり、この悪意のある怒りを利用して民主的に大衆迎合主義の波に乗り、権力を手にするかもしれない。しかし、さらに危険な可能性もある。ジャーナリストのエドワード・ルースが述べているように「格差が大きい場合、富裕層は暴徒を恐れる」。[26] ２００７〜8年の金融危機に際してオバマ大統領は銀行のＣＥＯに「あなたたちと激怒した群衆のあいだにあるのはわたしの政権だけです」と説明したと言われている。[27] こうした状況では、悪意による投票も可能な民主主義は、エリートにとってますます脅威となる。したがって、わたしたちはエリートが民主主義を弱体化させようとすることを覚えておくべきだろう。

19世紀、哲学者のジョン・スチュアート・ミルは「1人1票」ではなく、学歴の高い人に複数の票を与えるシステムにすることを提案した。わたしたちは民主主義を弱体化するこうした発想が再び出現しないよう、目を光らせていなければならない。そして、究極的には、より率直な国民的議論を行ない、公平性の問題について誰もが受け入れられる解決策を見いだす必要があるだろう。

慈悲の怒り

人間は自分の悪意をコントロールできるようになるべきだ。悪意が勝手に姿を現すのではなく、自分が選んだときにだけ悪意を使えるようになる必要がある。そして、不正を助長するためではなく正当な理由でのみ悪意を使わなければならない。そのために不可欠なのは、怒りをコントロールする方法を身に付けることだ。怒りを抑えなければならない場合もあれば、正当な怒りの炎をかき立てなければならない場合もある。

哲学および宗教において、さまざまな学派や宗派が怒りの危険性を指摘してきた。[28] ストア派の哲学者セネカは、怒りは「あらゆる感情の中で最も恐ろしく、激しいもの」であり、「怒りを心から完全に切り離すべきだ」と述べている。[29] 同様に仏教の伝統の多くも、怒りを捨てるよう説いており、それを悟りへの重要な1歩と見なしている。[30]

最後通牒ゲームの研究から、不公平に対する怒りをコントロールするのに役立つものと役立たないものがわかっている。たとえば低額オファーを受け取ったとき、怒りを抑制しても悪意による拒否の割合には影響しない。一方、利害にとらわれずにオファーを評価するか、相手がそのオファーを出したのには何か理由があったと考えて自分の感情を見直すと悪意のある拒否の割合は半減する。[31] 悪意をコントロールするには、ただ怒りを抑えようとするよりも、相手の行動のさまざまな理由を考えるべきだろう。

怒りに駆られた悪意を克服するもう1つの方法は、より合理的に考えることだ。そうすれば自分の行動をよりコントロールできるようになる。第2章では、人間はもともと不公平なオファーを断るようにできていると論じた。オファーを断らないようにする方法の1つは、自分がどう行動すべきか、もっと時間をかけて合理的に考えることだ。

本能的反応をくつがえし、より合理的に考える能力の尺度の1つに「認知反射」がある。認知反射レベルの高い人は、生来備わった考え方のバイアスを理性でくつがえせる。認知反射レベルが高いかどうかは、ダスティン・カルヴィージョとジェシカ・ブルゲノの研究から引用した次の問題を解けばわかる（答えは巻末の「原注」に記載[32]）。

①すべての花には花びらがある。バラには花びらがある。この2つの文が正しければ、バラは花だと結論できるだろうか[33]？

②ジェリーの成績はクラスで上からも下からも15番目だった。クラスには何人の生徒がいるだろうか[34]？

③2人の看護士が2人の患者の血圧を測るのに2分かかる場合、２００人の看護士が２００人の患者の血圧を測るのにかかる時間は何分だろうか[35]？

こうした質問にたくさん正解できた人ほど認知反射レベルが高いことになる。認知反射レベルの高い人ほど、最後通牒ゲームでオファーを拒否するという悪意のある行動をとることが少ない。[36]悪意は本能的反応に基づいているようだが、悪意を持たずにオファーを受け入れるのは注意深い意識的な思考と関連している。思考を改善すれば、悪意を減らす助けになる。もちろん、それでもいいように利用されてしまうかもしれない。ジョセフ・ヘンリックの研究ですでに見たように、考えすぎるのは良くない場合もあるだろう。

瞑想も怒りを抑えて悪意を制限する方法の1つだ。修行を積んだ禅僧が最後通牒ゲームで20ドルのうち1ドルのオファーを受け取ったとき、断る割合はほかの人々の半分だった。[37]このような結果になったのは、禅僧が感情的反応とその後の行動を切り離せるからだ。そのため禅僧は、相手の利益に関係なく、オファーのメリットそのものを評価するのがうまかった。不公平なオファーを受けたとき、禅僧たちはほかの人々に比べ、体の内部の状態と瞬時的現在へ注意を向けることに関連した脳部位の活動がよく活発化し、記憶の活性化を表す証拠は少なかった。恐らく禅僧たちは現在または過去に経験した不公平な出来事よりも、手に入るお金に注目したのだろう。

特定の瞑想を練習すれば、悪意を減らすのに役立つ。仏教の「四無量心の瞑想」は、自分たちよりも豊かな人々や自分たちと対立している人々を含めたすべての人々に対する前向きな姿勢を発達させられる。[38]四無量心とは、憐れみ（悲無量心）、他者の幸福を喜ぶこと（喜無量心、感謝の喜び）、平静（捨無量心、他者の運命に対して平静でいること）、愛情に満ちた私心のない優しさ（慈無量心）から成る。最後通牒ゲームを行なう前に喜無量心の瞑想をすると悪意のある行動は減る。[39]ある研究によると、ゲームの前に瞑想をした人々のうち25％が、受け取った不公平なオファーをすべて受け入れたという。一方、瞑想をしなかった人のうち、不公平なオファーをすべて受け入れた人は８％に過ぎなかった。ただし、瞑想によって、人々はオファーがそれほど不公平ではないと思うようになったわけではない。不公平でもオファーを受け入れたいと思うようになっただけだ。瞑想することで、人々はたとえ自分は相手より損をしても相手の利益を喜ぶようになった。出る杭を打とうとする反支配的悪意を抑えるのに役立ったのだ。

これを読んで、「でも、瞑想した人たちは搾取されたじゃないか！」と叫びたくなる人もいるだろう。悪意を克服するというと聞こえはいいが、悪意を使うことに慎重になりすぎたり、悪意に寛大になりすぎることもあるのだろうか？　これはまちがいなくありうる。どうやら人間は感情を表に出すようにできているようだ。感情を出さないと心と体の健康に良くないのかもしれない。[40]不当な扱いに対する怒りは誰かに聞いてもらう必要がある。事実、感情を発散させれば、報復を減らすのに役立つ。[41]怒りをコントロールする目的は怒りを消すことではない。悪意をどのタイミングで利用するか賢明に選択し、悪意が必要だと理性的に判断したときだけ悪意を解き放てるようになることだ。アリストテレスが言ったように「適切なものに対して、適切な人々と、適切な方法を用い、適切なタイミングで、適切な長さの時間だけ怒れる人は称賛に値する」[42]。反支配的悪意は不健全だと考えるのではなく、利用されたことに対する反応と理解すべきだ。[43]悪意はポケットに持っておくべき強力なツールなのである。

人間には優れた判断力が必要だ。どんな時には悪意で害を及ぼす必要があり、どんな時には許すほうが適しているか判断できなければならない。悪意のある反応をしない場合も、適切な理由が必要だ。ニーチェの説くルサンチマンの概念がこれに当てはまる。ニーチェの観察によれば、人間が他者を許すのは自分のほうが強い立場にあるからではなく、相手の行動に反応するのを過剰に恐れているからかもしれない。寛容は美徳と考えられているが、常にそうとは限らない。本当は臆病なだけなのに美徳に見せかけている場合もあるだろう。時には不当な扱いに対して勇気を持って悪意を向けることも必要だ。

このことに関連して、心理学者のマイケル・マカローらは、世間一般に報復は不健全であると考えられていると指摘した。[44] これは、許しは癒やしであるという意味も含んでいる。この考えに疑問を持ったマカローは、報復は咳のようなものなのか検証することにした。もし咳のようなものなら、何か働きがあるはずであり、抑制するのは逆効果かもしれない。さらに心理学者のパット・バークレーは、行き過ぎた報復の事例ならいくつも広く報道されているが、行き過ぎた寛容さを示す事例は無視される傾向があると指摘している。[45] これを聞いて、映画『プライベート・ライアン』でトム・ハンクス演じる主人公があるドイツ兵を逃がし、映画の最後にそのドイツ兵に殺されたことを思い出した人もいるだろう。バークレーが観察したように、わたしたちは寛容な行為は良いことだと教わっているため、行き過ぎた寛容さをまちがいと見なすことはない。また、「それぞれの状況ごとに適切なレベルの報復と適切なレベルの寛容さが存在する」とバークレーはいう。報復が足りないと不当な行為を阻止できず、さらなる害を受ける。一方、寛容さが足りないと相手との関係を修復できなくなる。適切な量の報復と寛容さを見つけることが「瀬戸際戦術」の難しいところだ。[46]

悪意は個人の行動に影響を及ぼすだけでなく、自己の利益のためだけに行動する企業に対しても使える強力なツールだ。カーネマンらは、不当な行為をする企業に対して顧客が悪意を向ければ、利潤の最大化を目指す企業は公正な取引をするようになると指摘している。[47] わたしたちはたとえ気に入っている商品でも、その商品に問題があることがわかったら買わないようにすべきだ。この場合、わたしたちは商品から得られる喜び、企業は利益を犠牲にすることになる。これを実行するには、企業が問題のある行動をしていたら「予想どおりだ」とか「ビジネスとはそういうものだ」と言って受け入れるのではなく、企業が守るべき良識と公平性の規範に違反していると見なす必要がある。そうすれば怒りと憤りを感じ、当該企業に対して悪意のある行動で抗議できるようになるだろう。

仏教徒ですら悪意は役に立つと考えている。仏教には慈悲の怒りという概念がある。ラマ僧であるジョン・マクランスキーは、自分自身や独善的考えを守るために、恐怖と嫌悪感に突き動かされ、怒りで攻撃すべきではないと説く。[48] むしろ愛情深い親がまちがいを犯した子どもに接するように振る舞うべきだ。慈悲の怒りは、相手のためを思い、相手を煩悩や偏見、憎しみ、恐怖、自己防衛性から守るために相手と対峙する勇気を伴う愛情から生まれる。[49] 破壊すべきなのは相手ではなく、相手が持っているこれらの特性なのである。慈悲の怒りのために悪意を使えるようになれば、全人類の生活を向上させる新しい強力な方法が手に入るだろう。

謝辞

人間の闇の側面に光を当てた研究者たちの功績がなければ、この本を上梓することは不可能だっただろう。彼らの名前は本文および巻末の「原注」に記した。

また、勤務先であるダブリン大学トリニティ・カレッジの寛大なサポートがなければ、本書は実現しえなかった。

シェーン・オマラ、ブレンダン・ケリー、パトリック・フォーバー、クリストファー・ボーム、キャスリン・マッカリー、わたしのエージェントであるA・M・ヒースのビル・ハミルトン、編集者のサム・カーターとエリック・ヘニーのありがたいコメントには心から感謝している。

こうした数々のご支援をいただいたが、Rさんとの議論やRさんからのサポートと愛情がなければ、この本を書くことはなかっただろう。

悪意の科学
意地悪な行動はなぜ進化し社会を動かしているのか？

2023年 1月30日 第1刷発行
2023年11月10日 第3刷発行

著　者　サイモン・マッカーシー＝ジョーンズ
訳　者　プレシ南日子
(翻訳協力：株式会社トランネット www.trannet.co.jp/)
発行者　宮野尾 充晴
発　行　株式会社 インターシフト
〒156-0042　東京都世田谷区羽根木1-19-6
電話 03-3325-8637　FAX 03-3325-8307
www.intershift.jp/
発　売　合同出版 株式会社
〒184-0001　東京都小金井市関野町1-6-10
電話 042-401-2930　FAX 042-401-2931
www.godo-shuppan.co.jp/
印刷・製本　モリモト印刷
装丁　織沢 綾

ISBN 978-4-7726-9578-7　C0011　NDC140　188x130

著者
サイモン・マッカーシー＝ジョーンズ Simon McCarthy-Jones
ダブリン大学トリニティ・カレッジの臨床心理学と神経心理学の准教授。さまざまな心理現象について研究を進めている。幻覚症状研究の世界的権威。『ニュー・サイエンティスト』『ニューズウィーク』『ハフポスト』『デイリー・メール』『インディペンデント』など多くのメディアに寄稿。ウェブサイト『The Conversation』に発表している論評は100万回以上閲覧されている。

訳者
プレシ 南日子（ぷれしなびこ）
翻訳家。訳書は、アレックス・バーザ『狂気の科学者たち』、サンドラ・アーモット＆サム・ワン『最新脳科学で読み解く0歳からの子育て』、リサ・スマート『人は死にぎわに、何を見るのか』、ジャクソン・ギャラクシー＆ミケル・デルガード『ジャクソン・ギャラクシーの猫を幸せにする飼い方』など多数。

だが、それを説く人々には不寛容だ」という興味深い説も紹介される。
「神聖な価値」と悪意とのかかわりも重要だ。人は神聖な価値を冒とくされると、理性的に考えなくなる。また、男性が社会的疎外を感じると、脳が神聖でない価値に対しても、神聖な価値に似た反応をするという。なお、コストをかけて別の集団に損害を加え、自分の集団に利益を与えようとする性向は、「偏狭な利他性」と呼ばれる。社会的支配志向性が高い者ほど、偏狭な利他性に基づく行動をとりやすい。こうした人々には、保守主義、国粋主義、愛国主義、文化的エリート主義、人種差別主義、暴力や不正行為の正当化……といった傾向が見られる。また、偏狭な利他性を持つ者が自分の集団と一体化し（アイデンティティ融合）、その集団が神聖な価値を象徴している場合には、その集団を守るために命を捨ててまで悪意のある行動をとるようになる。自爆テロのように。

たとえ相手に悪意を抱いても、現実的には高いコストをかけて相手を罰しようとはしない。報復を受けるリスクがあるからだ。そこで安上がりな悪意として、ゴシップなどを活用する（あるいは「神」による罰もそのひとつかも知れない）。ところが匿名のインターネット上では、報復の脅威が消えて悪意が解放される。こうした厄介な悪意はどうすればコントロールできるだろう？　本書はその方法を、仏教の「慈悲の怒り」まで採り入れて考察している。

本書出版プロデューサー　真柴隆弘

のも、相対的地位を高めるため、相手に害を与えることの副次的な影響に過ぎない。人間は本来ヒツジのふりをしたオオカミなのに、自分はヒツジだと思い込んでいる。そして実際に、悪意によって公平な行動が社会で増えていったことが示唆される――悪徳が美徳につながったのだ。

人間は理性のみで行動するわけではない。ときに理性に逆らってでも、自由でありたいと願う。ドストエフスキーの文学などを参照しながら、本書はそんな特性を「実存主義的悪意」と呼ぶ。理性は高慢であり、特権階級が支配するための手段としても利用される。悪意はこうした支配に抗する反応でもある。また、悪意を逆手にとって良い結果へと導くこともできる。たとえば、実現できそうもない目標（ストレッチ目標）を掲げられると、反発してかえってモチベーションが高まり、創造力をかき立てられたりする。悪意は不可能を可能にすることもあるのだ。

政治の世界でも悪意の影響は大きい。本書はヒラリー・クリントンとドナルド・トランプの大統領選を振り返りながら、人々の悪意がいかに政局を動かしたかを探っていく。トランプの「悪党ヒラリー」というレッテル貼りはわかりやすい例だが、そのほかにも本書でこれまで示されたさまざまな要因が絡みあっていることが明かされる。また、世界を白紙に戻したいという「カオスを求める傾向」や、「エリート過剰（反エリートの新エリート）」などは、トランプ支持が社会階層の底辺からエリート志向層まで広がっていたことを示唆する。さらに「人間は挑発的なメッセージには寛容

悪意のもうひとつのタイプが「他者を支配するための悪意（支配的悪意）」である。協力的ではなく、相手より優位に立ち、心理的に支配するために悪意のある行動をとる。こちらは「ホモ・ヴァリタス（競争人）」と呼ばれる。重要なのは、支配的悪意は絶対的な優位ではなく、相対的な優位を狙うこと。たとえば、金額が大きくてもほかの人より少ない額よりも、金額は小さくてもほかの人より多いお金を受け取る。運ではなく、実力で優位に立った者も悪意を抱かれやすい。才能は運よりも大きな脅威なのだ。そして競争が激化すると悪意は高まって、セロトニン値が下がり、背側線条体という脳の報酬系が活性化する。つまり他者に害を与える喜びが増すのだ。ある実験では競争の要素が加わると、悪意を持つ人のほうがはるかに多くの正解を出すことがわかっている。悪意は競争で他者より秀でるのに役立つわけだ。

さて、遺伝学や進化論から悪意はどう読み解けるだろう？　悪意を持つ傾向は、遺伝的影響が強いことがわかっている。このように悪意にかかわる遺伝子が受け継がれてきたのは、やはり進化的な利点があるからだ。本書ではその仕組みを「ウイルソン的悪意（血縁者に利益が及ぶ）」と「ハミルトン的悪意（競争相手が害を被る）」に分けて探っていく。刺激的な考察が続くが、なかでも注目すべきは、悪意と罰の関係だろう。「罰は非協力的な人の行動を改めさせるために進化したのではない」「人間はまず相対的地位を高めるために悪意のある行動をとる能力を進化させ、その後、この傾向を罰という別の用途に使うようになった」と考えられるのだ。そして協力と公平性が高まる

嫌がらせや意地悪など、悪意のある行動はマイナスの影響しか及ぼさないように思える。なにしろ善意や協力、利他行動などとは異なり、相手を傷付け自分にも害が及ぶリスクがあるのだから。にもかかわらず、悪意は進化で失われることなく、今でも社会にはびこっている。一体なぜなのか？　本書は、悪意にかんする多様な研究の最新成果（心理学・脳科学・遺伝学・人類学・ゲーム理論など）を駆使して、その謎に迫っていく。身近なエピソード（人間関係から、ビジネス、政治、ＳＮＳ、文学、テロ、宗教まで）を織り交ぜながら、進められていく思索は実にスリリングだ。そして、人間観をくつがえすような、悪意の思わぬ効能や利点が解き明かされる。

著名な心理実験（最後通牒ゲーム・独裁者ゲーム）でも示されるように、悪意には主に２つのタイプがある。ひとつは「反支配的悪意」だ。相手が不公平な行動をとると、自分が損をしてまでも相手に害を与えようとする。こうした不平等やヒエラルキーに抗う者は「ホモ・レシプロカンス（互恵人）」と呼ばれる。親切で協力的であり、正義に関心を持つが、利他的というわけではない。正義を守ることは脳に快感を与え、自分を犠牲にして他の人々のために罰（コストのかかる第三者罰）を与える者は、ヒーローのように慕われる。興味深いのは、寛大で気前のいい善人までも、こうした悪意の対象となり、引きずりおろされることだ（善人ぶる者への蔑視）。

原注

●はじめに 人間は４つの顔をもつ

1 Schwarzbaum, H. (1968) *Studies in Jewish and world folklore* (vol. 3). Berlin: Walter de Gruyter & Co.

2 Marcus, D. K., Zeigler-Hill, V., Mercer, S. H., *et al.* (2014) 'The psychology of spite and the measurement of spitefulness', *Psychological Assessment*, 26 (2), 563–74.

3 Brereton, A. R. (1994) 'Return-benefit spite hypothesis: An explanation for sexual interference in stumptail macaques (*Macaca arctoides*)', *Primates*, 35 (2), 123–36; Gadagkar, R. (1993) 'Can animals be spiteful?', *Trends in Ecology & Evolution*, 8 (7), 232–4.

4 Bshary, R. and Bergmüller, R. (2008) 'Distinguishing four fundamental approaches to the evolution of helping', *Journal of Evolutionary Biology*, 21 (2), 405–20.

5 https://www.gutenberg.org/files/3300/3300-h/3300-h.htm アダム・スミス『国富論』(山岡洋一訳、日本経済新聞出版社)

6 Frank, R. H., Gilovich, T. and Regan, D. T. (1993) 'Does studying economics inhibit co-operation?', *Journal of Economic Perspectives*, 7 (2), 159–71 の引用による。

7 Hudík, M. (2015) 'Homo economicus and Homo stramineus', *Prague Economic Papers*, 24 (2), 154–72.

8 Scott-Phillips, T.C., Dickins, T. E. and West, S. A. (2011) 'Evolutionary theory and the ultimate–proximate distinction in the human behavioral sciences', *Perspectives on Psychological Science*, 6 (1), 38–47.

9 Kuzdzal-Fick, J. J., Foster, K. R., Queller, D. C., *et al.* (2007) 'Exploiting new terrain: An advantage to sociality in the slime mold *Dictyostelium discoideum*', *Behavioral Ecology*, 18 (2), 433–47.

10 Melis, A. P. and Semmann, D. (2010) 'How is human cooperation different?', *Philosophical Transactions of the Royal Society B: Biological Sciences*, 365 (1553), 2663–74.

11 David-Barrett, T. and Dunbar, R. I. M. (2016) 'Language as a coordination tool evolves slowly', *Royal Society Open Science*, 3 (12), 160259.

12 国連によるアウトラインより。https://www.un.org/sustainabledevelopment/sustainable-development-goals/

13 Pinker, S. (2018) *Enlightenment now: The case for reason, science, humanism, and progress*. New York, NY: Penguin. スティーブン・ピンカー『21世紀の啓蒙──理性、科学、ヒューマニズム、進歩』(橘明美・坂田雪子訳、草思社)

14 Pasher, Y. (2005) *Holocaust versus Wehrmacht: How Hitler's* "Final

Solution" undermined the German war effort. Lawrence, KS: University Press of Kansas.
15 Rawls, J. (2009) *A theory of justice*. Cambridge, MA: Harvard University Press. ジョン・ロールズ『正義論』(川本隆史・福間聡・神島裕子訳、紀伊國屋書店)

●第１章 たとえ損しても意地悪をしたくなる

1 Eager, P. W. (2016) *From freedom fighters to terrorists: Women and political violence*. London: Routledge.
2 Becker, J. (1978) *Hitler's children: The story of the Baader–Meinhof terrorist gang*. London: Granada. ジリアン・ベッカー『ヒットラーの子供たち――テロの報酬』(熊田全宏訳、日本工業新聞社)
3 同 上。Aust, S. (2008) *The Baader–Meinhof complex*. New York, NY: Random House も参照。ドイツ赤軍メンバーの獄中死の詳細を明らかにすべく、著者のアウスト（Aust）氏に問い合わせたが、回答は得られなかった。
4 この研究を始めたヴェルナー・ギュートに尋ねたところ、同年秋の事件にインスピレーションを得たわけではないとのことだった。
5 Marcus *et al*. (2014). 著作権上の問題から、本書に載せた質問は著者が実際に尋ねた質問そのものではないが、実際の質問は論文上で読むことができる。また、どの質問についても通常それぞれ５～10％の人々が「はい」と答えたという数値は、論文からではなく、筆頭著者であるデヴィッド・マーカス教授のご厚意によりいただいた生データから得たものである。
6 LaPiere, R. T. (1934) 'Attitudes vs. actions', *Social Forces*, 13 (2), 230–7; Firmin, M. W. (2010) 'Commentary: The seminal contribution of Richard LaPiere's attitudes vs actions (1934) research study', *International Journal of Epidemiology*, 39 (1), 18–20.
7 Kimbrough, E. O. and Reiss, J. P. (2012) 'Measuring the distribution of spitefulness', *PLoS One*, 7 (8), e41812.
8 Poundstone, W. (2011) *Priceless: The hidden psychology of value*. London: Oneworld Publications. ウィリアム・パウンドストーン『プライスレス』(松浦俊輔・小野木明恵訳、青土社)
9 Henrich, J., Boyd, R., Bowles, S., *et al*. (2001) 'In search of Homo economicus: Experiments in 15 small-scale societies', *American Economic Review*, 91, 73–8; Bolton, G. E. and Zwick, R. (1995) 'Anonymity versus punishment in ultimatum bargaining', *Games and Economic Behavior*, 10 (1), 95–121; Thaler, R. H. (1988) 'Anomalies: The Ultimatum Game', *Journal of Economic Perspectives*, 2 (4), 195–206; Yamagishi, T., Horita, Y., Mifune, N., *et al*. (2012) 'Rejection of unfair offers in the Ultimatum Game is no evidence of strong reciprocity', *Proceedings of the National Academy of Sciences*, 109 (50), 20364–8.
10 Poundstone (2011). ウィリアム・パウンドストーン『プライスレス』(松浦俊

輔・小野木明恵訳、青土社）

11 同上。

12 同上。

13 Jensen, K., Call, J. and Tomasello, M. (2007) 'Chimpanzees are vengeful but not spiteful', *Proceedings of the National Academy of Sciences*, 104 (32), 13046–50.

14 Jensen, K., Call, J. and Tomasello, M. (2007) 'Chimpanzees are rational maximizers in an Ultimatum Game', *Science*, 318, 107–9.

15 Kaiser, I., Jensen, K., Call, J. and Tomasello, M. (2012) 'Theft in an Ultimatum Game: Chimpanzees and bonobos are insensitive to unfairness', *Biology Letters*, 8 (6), 942–5.

16 最後通牒ゲームにおけるチンパンジーの行動については意見が分かれている。チンパンジーが不公平なオファーを拒否しなかったのは、実験の行なわれ方が人為的だったからであり、実際のところチンパンジーは不公平に対して抵抗を見せると示唆する研究者もいる。Proctor, D., Williamson, R. A., de Waal, F. B. M., *et al.* (2013) 'Chimpanzees play the Ultimatum Game', *Proceedings of the National Academy of Sciences*, 110 (6), 2070–5を参照。また、霊長類学者による次の記事は、心理学者たちがチンパンジーの協調性について過小評価していた可能性を示唆している。Suchak, M. and de Waal, F. B. M. (2016) 'Reply to Schmidt and Tomasello: Chimpanzees as natural team-players', *Proceedings of the National Academy of Sciences*, 113 (44), E6730–E6730. この件については、今後の解明が待たれる。

17 Carter, J. R. and Irons, M. D. (1991) 'Are economists different, and if so, why?', *Journal of Economic Perspectives*, 5 (2), 171–7.

18 Marwell, G. and Ames, R. E. (1981) 'Economists free ride, does anyone else?', *Journal of Public Economics*, 15 (3), 295–310.

19 Frank *et al.* (1993).

20 もちろん、ほとんどの経済学者は感じの良い人々だ。とは言うものの……。Fourcade, M., Ollion, E. and Algan, Y. (2015) 'The superiority of economists', *Journal of Economic Perspectives*, 29 (1), 89–114.

21 Hoffman, E., McCabe, K. A. and Smith, V. L. (1996) 'On expectations and the monetary stakes in Ultimatum Games', *International Journal of Game Theory*, 25 (3), 289–301.

22 Poundstone (2011). ウィリアム・パウンドストーン『プライスレス』（松浦俊輔・小野木明恵訳、青土社）

23 Cameron, L. A. (1999) 'Raising the stakes in the Ultimatum Game: Experimental evidence from Indonesia', *Economic Inquiry*, 37 (1), 47–59.

24 Henrich, J., Heine, S. J. and Norenzayan, A. (2010) 'The weirdest people in the world?', *Behavioral and Brain Sciences*, 33 (2–3), 61–83.

25 https://psmag.com/social-justice/joe-henrich-weird-ultimatum-game-

shaking-up-psychology-economics-53135
26 Henrich *et al*. (2001).
27 https://psmag.com/social-justice/joe-henrich-weird-ultimatum-game-shaking-up-psychology-economics-53135
28 Henrich *et al*. (2001).
29 Morewedge, C. K., Krishnamurti, T. and Ariely D. (2014) 'Focused on fairness: Alcohol intoxication increases the costly rejection of inequitable rewards', *Journal of Experimental Social Psychology*, 50, 15–20.
30 Halali, E., Bereby-Meyer, Y. and Meiran, N. (2014) 'Between self-interest and reciprocity: the social bright side of self-control failure', *Journal of Experimental Psychology: General*, 143 (2), 745–54.
31 Muraven, M. and Baumeister, R. F. (2000) 'Self-regulation and depletion of limited resources: Does self-control resemble a muscle?', *Psychological Bulletin*, 126 (2), 247–59.
32 実際、部族内の暴力的対立の過半数は性的対立を原因としていた。Guala, F. (2012) 'Reciprocity: weak or strong? What punishment experiments do (and do not) demonstrate', *Behavioral and Brain Sciences*, 35 (1), 45–59 を参照。
33 Markovitz, A. (2009) *Topless prophet: The true story of America's most successful gentleman's club entrepreneur*. Detroit, MI: AM Productions.
34 https://www.telegraph.co.uk/news/worldnews/northamerica/usa/10457437/American-directs-large-middle-finger-statue-at-home-of-ex-wife.html
35 Christensen, N. A. (2017) 'Aristotle on anger, justice and punishment'（非公表の博士論文）. University College London.
36 Scott, E. S. (1992) 'Pluralism, parental preference and child custody', *California Law Review*, 80 (3), 615–72.
37 Laing, M. (1999) 'For the sake of the children: Preventing reckless new laws', *Canadian Journal of Family Law*, 16, 229–83.
38 http://nymag.com/news/features/18474/index1.html; https://www.nytimes.com/2006/07/11/nyregion/11doctor.html; https://nypost.com/2006/07/12/honey-i-blew-up-the-house-dr-booms-wife-says-its-tragic-explosive-woe-for-ex/
39 Johnston, J. R. (2003) 'Parental alignments and rejection: An empirical study of alienation in children of divorce', *Journal of the American Academy of Psychiatry and the Law Online*, 31 (2), 158–70.
40 Scott (1992).
41 Baker, A. J. L. (2005) 'The long-term effects of parental alienation on adult children: A qualitative research study', *American Journal of Family Therapy*, 33 (4), 289–302.
42 https://law.justia.com/cases/indiana/court-of-appeals/2003/10270302-

jgb.html; http://content.time.com/time/magazine/article/0,9171,27683,00.html; https://apnews.com/292e020044f0c02ade7ea50156064f88
43 https://www.telegraph.co.uk/news/uknews/2480795/Depressed-mother-Emma-Hart-killed-five-year-old-son-to-spite-his-father.html; https://www.nbcnews.com/news/us-news/texas-mom-who-killed-daughters-called-family-meeting-shootout-n599961
44 Joiner, T. (2010) *Myths about suicide*. Cambridge, MA: Harvard University Press.
45 https://www.smh.com.au/national/nsw/joshua-ravindran-not-guilty-of-murdering-his-father-ravi-20130815-2ryn8.html; http://www.stuff.co.nz/world/australia/9050701/Fathers-suicide-may-have-been-spiteful-judge
46 Lanceley, F. J. (2005) *On-scene guide for crisis negotiators*. Washington, DC: CRC Press.
47 同上。
48 哲学者のマーサ・ヌスバウムがかつて記した言葉を脚色した。Nussbaum, M. C. (2013) *The therapy of desire: Theory and practice in Hellenistic ethics*. Princeton, NJ: Princeton University Press.
49 Resnick, P. J. (2016) 'Filicide in the United States', *Indian Journal of Psychiatry*, 58 (suppl. 2), S203.
50 Daly, M. and Wilson, M. (1988) *Homicide*. New York, NY: Transaction Publishers. マーティン・デイリー、マーゴ・ウィルソン『人が人を殺すとき――進化でその謎をとく』（長谷川眞理子・長谷川寿一訳、新思索社）
51 https://www.caranddriver.com/features/a25169632/lamborghini-supercars-exist-because-of-a-tractor/?
52 同上。
53 https://www.cnbc.com/2018/05/05/warren-buffett-responds-to-elon-musks-criticism-i-dont-think-hed-want-to-take-us-on-in-candy.html; https://www.cnbc.com/2018/05/07/moats-and-candy-elon-musk-and-warren-buffet-clash.html
54 https://www.cnbc.com/id/39724884
55 https://www.rollingstone.com/music/music-news/elon-musk-rap-song-rip-harambe-815813/
56 Carpenter, J. and Rudisill, M. (2003) 'Fairness, escalation, deference and spite: strategies used in labor-management bargaining experiments with outside options', *Labour Economics*, 10 (4), 427–42.
57 Le Bon, G. (1897) *The crowd: A study of the popular mind*. New York, NY: Fischer.
58 Aimone, J. A., Luigi, B. and Stratmann, T. (2014) 'Altruistic punishment in elections', CESifo Working Paper, No. 4945, Center for Economic Studies and Ifo Institute (CESifo), Munich, https://www.econstor.eu/bitstream/10419/102157/1/cesifo_wp4945.pdf

59 http://exiledonline.com/we-the-spiteful/
60 https://www.scientificamerican.com/article/occupy-wall-street-psychology/; Kuziemko, I., Buell, R. W., Reich, T., *et al*. (2014) '"Last-place aversion": Evidence and redistributive implications', *Quarterly Journal of Economics*, 129 (1), 105–49.
61 Kuziemko *et al*. (2014).
62 Sznycer, D., Seal, M. F. L., Sell, A., *et al*. (2017) 'Support for redistribution is shaped by compassion, envy and self-interest, but not a taste for fairness', *Proceedings of the National Academy of Sciences*, 114 (31), 8420–5.
63 Bostrom, N. (2019) 'The vulnerable world hypothesis', *Global Policy*, 10 (4), 455–76.
64 核分裂に関連した警告的な話については次のサイトを参照。https://en.wikipedia.org/wiki/David_Hahn. 核分裂に関連した刺激的な話については次のサイトを参照。https://www.nationalgeographic.com/news/2015/07/150726-nuclear-reactor-fusion-science-kid-ngbooktalk/ あるいは触らぬ神にたたりなしだ。
65 Eckel, C. C. and Grossman, P. J. (2001) 'Chivalry and solidarity in Ultimatum Games', *Economic Inquiry*, 39 (2), 171–88; Marcus *et al*. (2014).
66 Marcus *et al*. (2014).
67 同上。Lynam, D. R. and Derefinko, K. J. (2006) 'Psychopathy and personality', in C. J. Patrick (ed.), *Handbook of psychopathy* (pp.133–55). New York, NY: Guilford Press.
68 Marcus *et al*. (2014); Lynam and Derefinko (2006).
69 Moshagen, M., Hilbig, B. E. and Zettler, I. (2018) 'The dark core of personality', *Psychological Review*, 125 (5), 656–88.
70 同上。
71 Ridley, M. (2010) *The rational optimist: How prosperity evolves*. London: Fourth Estate. マット・リドレー『繁栄 ——明日を切り拓くための人類10万年史』(大田直子・鍛原多惠子・柴田裕之訳、早川書房)
72 Oosterbeek, H., Sloof, R. and Van de Kuilen, G. (2004) 'Cultural differences in Ultimatum Game experiments: Evidence from a meta-analysis', *Experimental Economics*, 7 (2), 171–88.

◉第2章 支配に抗する悪意
1 Boehm, C. (2012a) *Moral origins: The evolution of virtue, altruism, and shame*. New York, NY: Soft Skull Press. クリストファー・ボーム『モラルの起源——道徳、良心、利他行動はどのように進化したのか』(斉藤隆央訳、白揚社)
2 同上。
3 より正確にいえば、彼らはほかの男性を支配しようとする男性を許容しないという

ことだ。

4 Lee、Boehm (2012a) クリストファー・ボーム『モラルの起源——道徳、良心、利他行動はどのように進化したのか』（斉藤隆央訳、白揚社）より引用。

5 Wrangham, R. (2019) *The goodness paradox: The strange relationship between virtue and violence in human evolution*. New York, NY: Vintage. リチャード・ランガム『善と悪のパラドックス ——ヒトの進化と〈自己家畜化〉の歴史』（依田卓巳訳、NTT 出版）

6 Boehm (2012a) クリストファー・ボーム『モラルの起源——道徳、良心、利他行動はどのように進化したのか』（斉藤隆央訳、白揚社）

7 Erdal, D. E. (2000) 'The psychology of sharing: An evolutionary approach'（非公表の博士論文）. University of St Andrews, Fife, Scotland.

8 Erdal, D., Whiten, A., Boehm, C., *et al*. (1994) 'On human egalitarianism: An evolutionary product of Machiavellian status escalation?', *Current Anthropology*, 35 (2), 175–83.

9 同上。

10 Erdal (2000).

11 Boehm, C. (2012b) 'Ancestral hierarchy and conflict', *Science*, 336 (6083), 844–7.

12 Haidt, J. (2012) *The righteous mind: Why good people are divided by politics and religion*. New York, NY: Random House. ジョナサン・ハイト『社会はなぜ左と右にわかれるのか——対立を超えるための道徳心理学』（高橋洋訳、紀伊國屋書店）

13 もしチンパンジーの姿をした死に神が現れ、命がけで闘わなければならないとしたら、腕相撲ではなく針仕事か任天堂のゲームの腕前を競い合うべきだ (https://mentalindigestion.net/2009/04/03/760/)。そうすれば、死に神とチェスで対決する映画『第七の封印』よりは明るい結末になるかもしれない。

14 Boehm (2012a) クリストファー・ボーム『モラルの起源——道徳、良心、利他行動はどのように進化したのか』（斉藤隆央訳、白揚社）

15 Wrangham (2019). リチャード・ランガム『善と悪のパラドックス—— ヒトの進化と〈自己家畜化〉の歴史』（依田卓巳訳、NTT 出版）

16 同上。

17 これも人間は攻撃的ではないというわけではなく、一部の遺伝的親戚よりは攻撃的でないというだけの意味である。たとえば『善と悪のパラドックス ——ヒトの進化と〈自己家畜化〉の歴史』によれば、人間社会でも驚くほど多くの家庭内暴力が行なわれており、一生のあいだに１度でも男性に殴られたことのある女性は全体の 41 ～ 71％に上るが、野生で暮らすチンパンジーの場合、すべての雌が雄から日常的に激しく殴られている。

18 Peterson, J. B. (2018) *12 rules for life: An antidote to chaos*. New York, NY: Random House. ジョーダン・ピーターソン『生き抜くための 12 のルール ——人生というカオスのための解毒剤』（中山宥訳、朝日新聞出版）

19 Cook, J. L., Den Ouden, H. E., Heyes, C. M., *et al*. (2014) 'The social

dominance paradox', *Current Biology*, 24 (23), 2812–16.
20 Anderson, C., Hildreth, J. A. D. and Howland, L. (2015) 'Is the desire for status a fundamental human motive? A review of the empirical literature', *Psychological Bulletin*, 141 (3), 574–601.
21 Blue, P. R., Hu, J., Wang, X., *et al*. (2016) 'When do low status individuals accept less? The interaction between self and other-status during resource distribution', *Frontiers in Psychology*, 7, 1667.
22 Deaner, R. O., Khera, A. V. and Platt, M. L. (2005) 'Monkeys pay per view: Adaptive valuation of social images by rhesus macaques', *Current Biology*, 15, 543–8.
23 Tomasello, M., Melis, A. P., Tennie, C., *et al*. (2012) 'Two key steps in the evolution of human cooperation', *Current Anthropology*, 53 (6), 673–92.
24 Ratcliff, N. J., Hugenberg, K., Shriver, E. R., *et al*. (2011) 'The allure of status: High-status targets are privileged in face processing and memory', *Personality and Social Psychology Bulletin*, 37, 1003–15.
25 Tomasello *et al*. (2012).
26 Anderson *et al*. (2015).
27 Erdal (2000).
28 Erdal *et al*. (1994).
29 Boehm (2012a) クリストファー・ボーム『モラルの起源――道徳、良心、利他行動はどのように進化したのか』（斉藤隆央訳、白揚社）; Erdal (2000) も参照。
30 Morselli, D., Pratto, F., Bou Zeineddine, F., *et al*. (2012) 'Social dominance and counter dominance orientation scales (SDO/CDO): Testing measurement invariance', 2012年7月6～9日にシカゴで開催された第35回国際政治心理学会年次総会にて発表された。
31 同上。
32 Brañas-Garza, P., Espín, A. M., Exadaktylos, F., *et al*. (2014) 'Fair and unfair punishers coexist in the Ultimatum Game', *Scientific Reports*, 4, 6025.
33 次のサイトのコメント欄より引用。https://www.psychologytoday.com/ie/blog/the-dark-side-personality/201405/how-spiteful-are-you#comments_bottom
34 Fehr, E. and Fischbacher, U. (2003) 'The nature of human altruism', *Nature*, 425 (6960), 785–91.
35 Balliet, D., Mulder, L. B. and Van Lange, P. A. M. (2011) 'Reward, punishment and cooperation: A meta-analysis', *Psychological Bulletin*, 137 (4), 594–615.
36 Fehr, E., Fischbacher, U. and Gächter, S. (2002) 'Strong reciprocity, human cooperation and the enforcement of social norms', *Human Nature*, 13 (1), 1–25.

37 Guala (2012).
38 Gintis, H. (2000) 'Strong reciprocity and human sociality', *Journal of Theoretical Biology*, 206 (2), 169–79.
39 Bowles, S. and Gintis, H. (2002) 'Homo reciprocans: Altruistic punishment of free riders', *Nature*, 415 (6868), 125–7.
40 Brethel-Haurwitz, K. M., Stoycos, S. A., Cardinale, E. M., *et al*. (2016) 'Is costly punishment altruistic? Exploring rejection of unfair offers in the Ultimatum Game in real-world altruists', *Scientific Reports*, 6, 18974.
41 同上。
42 Cárdenas, J. C. (2011) 'Social norms and behavior in the local commons as seen through the lens of field experiments', *Environmental and Resource Economics*, 48 (3), 451–85.
43 https://en.wikipedia.org/wiki/Milgram_experiment
44 Brethel-Haurwitz *et al*. (2016).
45 Fehr, E. and Schmidt, K. M. (1999) 'A theory of fairness, competition and cooperation', *Quarterly Journal of Economics*, 114 (3), 817–68.
46 同上
47 Sul, S., Güroğlu, B., Crone, E. A., *et al*. (2017) 'Medial prefrontal cortical thinning mediates shifts in other-regarding preferences during adolescence', *Scientific Reports*, 7 (1), 8510.
48 Khalil, E. L. and Feltovich, N. (2018) 'Moral licensing, instrumental apology and insincerity aversion: Taking Immanuel Kant to the lab', *PLoS One*, 13 (11), e0206878.
49 Marchetti, A., Castelli, I., Harlé, K. M., *et al*. (2011) 'Expectations and outcome: The role of Proposer features in the Ultimatum Game', *Journal of Economic Psychology*, 32 (3), 446–9.
50 https://www.ted.com/talks/sam_harris_can_we_build_ai_without_losing_control_over_it?language=en
51 Blount, S. (1995) 'When social outcomes aren't fair: The effect of causal attributions on preferences', *Organizational Behavior and Human Decision Processes*, 63 (2), 131–44. See also Sanfey, A. G., Rilling, J. K., Aronson, J. A. *et al*. (2003) 'The neural basis of economic decision- making in the Ultimatum Game', *Science*, 300 (5626), 1755–8.
52 Henrich *et al*. (2001).
53 Vavra, P., Chang, L. J. and Sanfey, A. G. (2018) 'Expectations in the Ultimatum Game: Distinct effects of mean and variance of expected offers', *Frontiers in Psychology*, 9, 992.
54 Sanfey, A. G. (2009) 'Expectations and social decision-making: Biasing effects of prior knowledge on Ultimatum responses', *Mind & Society*, 8, 93–107.
55 Zizzo, D. J. and Oswald, A. J. (2001) 'Are people willing to pay to

reduce others' incomes?', *Annales d'Economie et de Statistique*, 39–65; Zizzo, D. J. (2003) 'Money burning and rank egalitarianism with random dictators', *Economics Letters*, 81 (2), 263–6.
56 Jensen, K., Hare, B., Call, J., *et al*. (2006) 'What's in it for me? Self-regard precludes altruism and spite in chimpanzees', *Proceedings of the Royal Society B: Biological Sciences*, 273 (1589), 1013–121.
57 De Quervain, D. J.-F., Fischbacher, U., Treyer, V., *et al*. (2004) 'The neural basis of altruistic punishment', *Science*, 305 (5688), 1254–8.
58 Henrich *et al*. (2001).
59 Rodrigues, J., Nagowski, N., Mussel, P., *et al*. (2018) 'Altruistic punishment is connected to trait anger, not trait altruism, if compensation is available', *Heliyon*, 4 (11), e00962; Seip, E. C., Van Dijk, W. W. and Rotteveel, M. (2014) 'Anger motivates costly punishment of unfair behavior', *Motivation and Emotion*, 38 (4), 578–88.
60 Gospic, K., Mohlin, E., Fransson, P., *et al*. (2011) 'Limbic justice – Amygdala involvement in immediate rejection in the Ultimatum Game', *PLoS Biology*, 9 (5), e1001054.
61 Birditt, K. S. and Fingerman, K. L. (2003) 'Age and gender differences in adults' descriptions of emotional reactions to interpersonal problems', *Journals of Gerontology Series B: Psychological Sciences and Social Sciences*, 58 (4), P237–P245.
62 Chapman, H. A., Kim, D. A., Susskind, J. M., *et al*. (2009) 'In bad taste: Evidence for the oral origins of moral disgust', *Science*, 323 (5918), 1222–6.
63 Sanfey, A. G., Rilling, J. K., Aronson, J. A., *et al*. (2003) 'The neural basis of economic decision-making in the Ultimatum Game', *Science*, 300 (5626), 1755–8.
64 Salerno, J. M. and Peter-Hagene, L. C. (2013) 'The interactive effect of anger and disgust on moral outrage and judgments', *Psychological Science*, 24 (10), 2069–78.
65 Yamagishi, T., Horita, Y., Takagishi, H., *et al*. (2009) 'The private rejection of unfair offers and emotional commitment', *Proceedings of the National Academy of Sciences*, 106 (28), 11520–3.
66 Gospic *et al*. (2011). もう 1 つ例をあげると、オキシトシンは男性の攻撃性を減少させるが、女性の攻撃性は減少させない。ご想像のとおり、最後通牒ゲームをしている人にオキシトシンを与えると、男性は悪意から低額オファーを拒否する傾向が弱くなるが、女性は変わらない。Zhu, R., Liu, C., Li, T., *et al*. (2019) 'Intranasal oxytocin reduces reactive aggression in men but not in women: A computational approach', *Psychoneuroendocrinology*, 108, 172–81 を参照。
67 Grimm, V. and Mengel, F. (2011) 'Let me sleep on it: Delay reduces

rejection rates in Ultimatum Games', *Economics Letters*, 111 (2), 113–15.
68 Dunn, B. D., Evans, D., Makarova, D., *et al*. (2012) 'Gut feelings and the reaction to perceived inequity: The interplay between bodily responses, regulation and perception shapes the rejection of unfair offers on the Ultimatum Game', *Cognitive, Affective, & Behavioral Neuroscience*, 12, 419–29.
69 Gilam, G., Abend, R., Gurevitch, G., *et al*. (2018) 'Attenuating anger and aggression with neuromodulation of the vmPFC: A simultaneous tDCS-fMRI study', *Cortex*, 109, 156–70.
70 Gilam, G., Abend, R., Shani, H., *et al*. (2019) 'The anger-infused Ultimatum Game: A reliable and valid paradigm to induce and assess anger', *Emotion*, 19 (1), 84–96.
71 神経刺激を与えたことで人々は低額オファーでもさほど不公平だと感じなくなったのだとしたら、神経刺激は怒りをうまくコントロールできるようにするのではなく、公平性の判断基準を変えることで効果を発揮したのだろう。しかし、人々はあまり怒りを感じなかったため、相手のプレイヤーをさほど不公平だと思わなかった可能性もある。この件については、今後の解明が待たれる。
72 Baumgartner, T., Knoch, D., Hotz, P.,*et al*. (2011) 'Dorsolateral and ventromedial prefrontal cortex orchestrate normative choice', *Nature Neuroscience*, 14 (11), 1468–74.
73 Knoch, D., Pascual-Leone, A., Meyer, K., *et al*. (2006) 'Diminishing reciprocal fairness by disrupting the right prefrontal cortex', *Science*, 314 (5800), 829–32.
74 Knoch *et al*. (2006).
75 Knoch, D., Schneider, F., Schunk, D., *et al*. (2009) 'Disrupting the prefrontal cortex diminishes the human ability to build a good reputation', *Proceedings of the National Academy of Sciences*, 106 (49), 20895–9.
76 Speitel, C., Traut-Mattausch, E. and Jonas, E. (2019) 'Functions of the right DLPFC and right TPJ in proposers and responders in the Ultimatum Game', *Social Cognitive and Affective Neuroscience*, 14 (3), 263–70.
77 Fetchenhauer, D. and Huang, X. (2004) 'Justice sensitivity and distributive decisions in experimental games', *Personality and Individual Differences*, 36 (5), 1015–29.
78 同上。
79 Singer, T., Seymour, B., O'Doherty, J. P., *et al*. (2006) 'Empathic neural responses are modulated by the perceived fairness of others', *Nature*, 439 (7075), 466–9.
80 とりわけこの効果は男性だけに見られることから、少なくとも身体的脅威に対して、男性は女性よりも簡単に罰を与えるようにできていると考えられる。
81 Rai, T. S., Valdesolo, P. and Graham, J. (2017) 'Dehumanization

increases instrumental violence, but not moral violence', *Proceedings of the National Academy of Sciences*, 114 (32), 8511–16.
82 同上。
83 Fincher, K. M. and Tetlock, P. E. (2016) 'Perceptual dehumanization of faces is activated by norm violations and facilitates norm enforcement', *Journal of Experimental Psychology: General*, 145 (2), 131–46.
84 Ewing, D., Zeigler-Hill, V. and Vonk, J. (2016) 'Spitefulness and deficits in the social–perceptual and social–cognitive components of Theory of Mind', *Personality and Individual Differences*, 91, 7–13.
85 Bryson, B. (1995) *Notes from a small island*. London: Transworld. ビル・ブライソン『ビル・ブライソンのイギリス見て歩き』（古川修訳、中央公論社）
86 この点を指摘したのは次の論文である。Seip, E. C., Van Dijk, W. W. and Rotteveel, M. (2009) 'On hotheads and dirty harries: The primacy of anger in altruistic punishment', *Annals of the New York Academy of Sciences*, 1167 (1), 190–6.
87 Fehr, E. and Fischbacher, U. (2004) 'Third-party punishment and social norms', *Evolution and Human Behavior*, 25 (2), 63–87.
88 Riedl, K., Jensen, K., Call, J., *et al.* (2012) 'No third-party punishment in chimpanzees', *Proceedings of the National Academy of Sciences*, 109 (37), 14824–9.
89 McAuliffe, K., Jordan, J. J. and Warneken, F. (2015) 'Costly third-party punishment in young children', *Cognition*, 134, 1–10.
90 Pedersen, E. J., Kurzban, R. and McCullough, M. E. (2013) 'Do humans really punish altruistically? A closer look', *Proceedings of the Royal Society B: Biological Sciences*, 280 (1758), 20122723.
91 同上。
92 Dos Santos, M., Rankin, D. J. and Wedekind, C. (2011) 'The evolution of punishment through reputation', *Proceedings of the Royal Society B: Biological Sciences*, 278 (1704), 371–7.
93 Sell, A. (2017) 'Recalibration theory of anger', *Encyclopedia of Evolutionary Psychological Science*, 1–3.
94 Tooby, J. and Cosmides, L. (2008) 'The evolutionary psychology of the emotions and their relationship to internal regulatory variables', in M. Lewis, J. M. Haviland-Jones and L. F. Barrett (eds), *Handbook of emotions* (pp. 114–37). London: Guilford Press.
95 McCullough, M. E., Kurzban, R. and Tabak, B. A. (2013) 'Cognitive systems for revenge and forgiveness', *Behavioral and Brain Sciences*, 36 (1), 1–15.
96 Raihani, N. J. and Bshary, R. (2015) 'Third-party punishers are rewarded, but third-party helpers even more so', *Evolution*, 69 (4), 993–1003.
97 Sylwester, K. and Roberts, G. (2013) 'Reputation-based partner

choice is an effective alternative to indirect reciprocity in solving social dilemmas', *Evolution and Human Behavior*, 34 (3), 201–26.
98 Dreber, A., Rand, D. G., Fudenberg, D., *et al*. (2008) 'Winners don't punish', *Nature*, 452 (7185), 348–51.
99 Heffner, J. and Feldman Hall, O. (2019) 'Why we don't always punish: Preferences for non-punitive responses to moral violations', *Scientific Reports*, 9 (1), 1–13.
100 Barclay, P. (2006) 'Reputational benefits for altruistic punishment', *Evolution and Human Behavior*, 27 (5), 325–44.
101 Heffner and Feldman Hall (2019).
102 Guala (2012) による指摘。
103 Molleman, L., Kölle, F., Starmer, C., *et al*. (2019) 'People prefer coordinated punishment in cooperative interactions', *Nature Human Behaviour*, 3 (11), 1145–53.
104 Berger, J. and Hevenstone, D. (2016) 'Norm enforcement in the city revisited: An international field experiment of altruistic punishment, norm maintenance, and broken windows', *Rationality and Society*, 28 (3), 299–319.
105 Hoebel, E. A. (1954) *The law of primitive man: A study in comparative legal dynamics*. Cambridge, MA: Harvard University Press. E. A. ホーベル『法人類学の基礎理論 ――未開人の法』（千葉正士・中村孚美訳、成文堂）
106 Guala (2012).
107 Henrich, N. and Henrich, J. P. (2007) *Why humans cooperate: A cultural and evolutionary explanation*. Oxford: Oxford University Press.
108 ゴシップがなければテレビシリーズ『ゴシップガール』も存在しなかったと考えるなら、3 つだ。
109 https://www.youtube.com/watch?v=UoNHMJChnzA
110 Feinberg, M., Willer, R., Stellar, J., *et al*. (2012) 'The virtues of gossip: Reputational information sharing as pro-social behavior', *Journal of Personality and Social Psychology*, 102 (5), 1015–30; Wu, J., Balliet, D. and Van Lange, P. A. M. (2015) 'When does gossip promote generosity? Indirect reciprocity under the shadow of the future', *Social Psychological and Personality Science*, 6 (8), 923–30; Jolly, E. and Chang, L. J. (2018) 'Gossip drives vicarious learning and facilitates robust social connections', *PsyArXiv*, https://doi.org/10.31234/osf.io/qau5s.
111 Wu, J., Balliet, D. and Van Lange, P. A. M. (2016) 'Gossip versus punishment: The efficiency of reputation to promote and maintain cooperation', *Scientific Reports*, 6, 23919.
112 Turner, M. M., Mazur, M. A., Wendel, N., *et al*. (2003) 'Relational ruin or social glue? The joint effect of relationship type and gossip

valence on liking, trust, and expertise', *Communication Monographs*, 70 (2), 129–41.
113 Xiao, E. and Houser, D. (2005) 'Emotion expression in human punishment behavior', *Proceedings of the National Academy of Sciences*, 102 (20), 7398–401.
114 Masclet, D., Noussair, C., Tucker, S., *et al*. (2003) 'Monetary and nonmonetary punishment in the voluntary contributions mechanism', *American Economic Review*, 93 (1), 366–80.
115 同上。
116 Balafoutas, L., Nikiforakis, N. and Rockenbach, B. (2016) 'Altruistic punishment does not increase with the severity of norm violations in the field', *Nature Communications*, 7 (1), 1–6.
117 Raihani, N. J. and Bshary, R. (2019) 'Punishment: one tool, many uses', *Evolutionary Human Sciences*, 1, e12.
118 Baldassarri and Grossman (2011)、Raihani and Bshary (2019) より引用。
119 Raihani, N. J. and McAuliffe, K. (2012) 'Human punishment is motivated by inequity aversion, not a desire for reciprocity', *Biology Letters*, 8 (5), 802–4.
120 Herrmann, B., Thöni, C. and Gächter, S. (2008) 'Antisocial punishment across societies', *Science*, 319 (5868), 1362–7.
121 Boehm (1999)、Pleasant, A. and Barclay, P. (2018) 'Why hate the good guy? Antisocial punishment of high cooperators is greater when people compete to be chosen', *Psychological Science*, 29 (6), 868–76 の引用による。
122 Minson, J. A. and Monin, B. (2012) 'Do-gooder derogation: Disparaging morally motivated minorities to defuse anticipated reproach', *Social Psychological and Personality Science*, 3 (2), 200–7.
123 Pleasant and Barclay (2018).
124 同上。
125 同上。
126 Barclay, P. (2013) 'Strategies for cooperation in biological markets, especially for humans', *Evolution & Human Behavior*, 34 (3), 164–75.
127 Brañas-Garza *et al*. (2014).

●第３章　他者を支配するための悪意
1 https://www.scientificamerican.com/article/occupy-wall-street-psychology/; Kuziemko *et al*. (2014).
2 Herrmann, B. and Orzen, H. (2008) 'The appearance of homo rivalis: Social preferences and the nature of rent seeking', CeDEx discussion paper series, No. 2008–10. 上記の研究者たちはホモ・リヴァリスと呼ばれる新しいタイプの人間が生まれたといっているわけではなく、適切な（あるいは不適切な）状況下では、ほとんどの人がホモ・リヴァリスのような

行動をとりうると強調している。人間の特性は流動的であり、社会状況に左右される。

3 ジョン・ミルトンの『失楽園』に敬意を表したい。

4 Van Lange, P. A. M., De Bruin, E. M. N., Otten, W., *et al.* (1997) 'Development of prosocial, individualistic, and competitive orientations: Theory and preliminary evidence', *Journal of Personality and Social Psychology*, 73 (4), 733–46.

5 このデータは一般集団を調査したファン・ランゲらによる1997年の論文（前項）の研究4から転載した。同研究では1728人を対象に社会的価値指向を評価しているが、そのうち135人は分類できなかった。残りの1593人のうち1134人（66%）は向社会的、340人（20%）は個人主義、119人（7%）は競争心が強いに分類された。なお、分類不可能な人々（8%）の存在も考慮し、これらのパーセンテージは1593人ではなく、全体の対象者数1728人を元に算出した。

6 Falk, A., Fehr, E. and Fischbacher, U. (2005) 'Driving forces behind informal sanctions', *Econometrica*, 73 (6), 2017–30.

7 Houser, D. and Xiao, E. (2010) 'Inequality-seeking punishment', *Economics Letters*, 109 (1), 20–23.

8 Abbink, K. and Sadrieh, A. (2009) 'The pleasure of being nasty', *Economics Letters*, 105 (3), 306–8.

9 Steinbeis, N. and Singer, T. (2013) 'The effects of social comparison on social emotions and behavior during childhood: The ontogeny of envy and Schadenfreude predicts developmental changes in equity-related decisions', *Journal of Experimental Child Psychology*, 115 (1), 198–209.

10 このゲームでは、人々は他者に損害を与えるためにコストをかけていないことから、厳密にいえば悪意のある行動はしていないという反論も成り立つ。しかし、他者のお金を減らすには自分が労力をかけて得たお金を払わなければならないという条件でゲームをした場合でも、25%の人々は自らお金を払い、匿名で他者のお金を減らす。

11 Rustichini, A. and Vostroknutov, A. (2008) 'Competition with skill and luck', https://www.researchgate.net/publication/228372140_Competition_with_Skill_and_Luck

12 Barclay, P. and Stoller, B. (2014) 'Local competition sparks concerns for fairness in the Ultimatum Game', *Biology Letters*, 10 (5), 20140213.

13 Hill, S. E. and Buss, D. M. (2006) 'Envy and positional bias in the evolutionary psychology of management', *Managerial and Decision Economics*, 27 (2–3), 131–43.

14 Gardner, A. and West, S. A. (2004) 'Spite and the scale of competition', *Journal of Evolutionary Biology*, 17 (6), 1195–203.

15 Prediger, S., Vollan, B. and Herrmann, B. (2014) 'Resource scarcity and antisocial behavior', *Journal of Public Economics*, 119, 1–9.

16 Raihani and Bshary (2019).

17 Crockett, M. J., Clark, L., Tabibnia, G., *et al*. (2008) 'Serotonin modulates behavioral reactions to unfairness', *Science*, 320 (5884), 1739.
18 Crockett, M. J., Clark, L., Hauser, M.D., *et al*. (2010) 'Serotonin selectively influences moral judgment and behavior through effects on harm aversion', *Proceedings of the National Academy of Sciences*, 107 (40), 17433–8.
19 同上。
20 Crockett, M. J., Siegel, J. Z., Kurth-Nelson, Z., *et al*. (2015) 'Dissociable effects of serotonin and dopamine on the valuation of harm in moral decision making', *Current Biology*, 25 (14), 1852–9.
21 Crockett, M. J., Apergis-Schoute, A., Herrmann, B.,*et al*. (2013) 'Serotonin modulates striatal responses to fairness and retaliation in humans', *Journal of Neuroscience*, 33 (8), 3505–13.
22 さらにクロケットらは、ヒトもその他の霊長類も、セロトニンの減少は抑えがたい攻撃性と関連していると指摘している。こうした攻撃性のせいで、霊長類はしばしば重症を負わされ、時には命を落とす。また、この攻撃性が悪意のある行動をとりやすくしているのかもしれない。
23 McCullough, M. E., Pedersen, E. J., Schroder, J. M., *et al*. (2013) 'Harsh childhood environmental characteristics predict exploitation and retaliation in humans', *Proceedings of the Royal Society B: Biological Sciences*, 280 (1750), 20122104.「無慈悲な争いが繰り返されているような」という表現はテニスンから引用した。https://en.wikipedia.org/wiki/In_Memoriam_A.H.H.
24 Burnham, T. C. (2007) 'High-testosterone men reject low Ultimatum Game offers', *Proceedings of the Royal Society B: Biological Sciences*, 274 (1623), 2327–30.
25 Batrinos, M. L. (2012) 'Testosterone and aggressive behavior in man', *International Journal of Endocrinology and Metabolism*, 10 (3), 563–8.
26 Nave, G., Nadler, A., Dubois, D., *et al*. (2018) 'Single-dose testosterone administration increases men's preference for status goods', *Nature Communications*, 9 (1), 1–8.
27 Balafoutas, L., Kerschbamer, R. and Sutter, M. (2012) 'Distributional preferences and competitive behavior', *Journal of Economic Behavior & Organization*, 83 (1), 125–35.

◉第４章　悪意と罰が進化したわけ

1 Wallace, B., Cesarini, D., Lichtenstein, P., *et al*. (2007) 'Heritability of Ultimatum Game responder behavior', *Proceedings of the National Academy of Sciences*, 104 (40), 15631–4.
2 同上。
3 同上。

4 Zhong, S., Israel, S., Shalev, I., *et al*. (2010) 'Dopamine D4 receptor gene associated with fairness preference in Ultimatum Game', *PLoS One*, 5 (11); Reuter, M., Felten, A., Penz, S., *et al*. (2013) 'The influence of dopaminergic gene variants on decision making in the Ultimatum Game', *Frontiers in Human Neuroscience*, 7, 242.

5 Dawkins, R. (2003) *A devil's chaplain: Selected writings*. London: Weidenfeld & Nicolson. リチャード・ドーキンス『悪魔に仕える牧師——なぜ科学は「神」を必要としないのか』(垂水雄二訳、早川書房)

6 Vázquez, A., Gómez, Á., Ordoñana, J. R., *et al*. (2017) 'Sharing genes fosters identity fusion and altruism', *Self and Identity*, 16 (6), 684–702.

7 もっとも、これは大まかにいった場合の話であって、ウィルソン的悪意が血縁者の利益を重視するのとハミルトン的悪意が非血縁者への害を重視するのは、究極的には同じコインの表と裏の関係にある。Lehmann, L., Bargum, K. and Reuter, M. (2006) 'An evolutionary analysis of the relationship between spite and altruism', *Journal of Evolutionary Biology*, 19 (5), 1507–16.

8 Smead, R. and Forber, P. (2013) 'The evolutionary dynamics of spite in finite populations', *Evolution: International Journal of Organic Evolution*, 67 (3), 698–707; Gardner and West (2004).

9 Keller, L. and Ross, K. G. (1998) 'Selfish genes: A green beard in the red fire ant', *Nature*, 394 (6693), 573–5.

10 West, S. A. and Gardner, A. (2010) 'Altruism, spite and greenbeards', *Science*, 327 (5971), 1341–4; Gardner, A., Hardy, I. C. W., Taylor, P. D., *et al*. (2007) 'Spiteful soldiers and sex ratio conflict in polyembryonic parasitoid wasps', *American Naturalist*, 169 (4), 519–33.

11 Gardner, A. and West, S. A. (2006) 'Spite', *Current Biology*, 16 (17), R662–4.

12 Bhattacharya, A., Toro Díaz, V. C., Morran, L. T., *et al*. (2019) 'Evolution of increased virulence is associated with decreased spite in the insect- pathogenic bacterium *Xenorhabdus nematophila*', *Biology Letters*, 15 (8), 20190432.

13 Hauser, M., McAuliffe, K. and Blake, P. R. (2009) 'Evolving the ingredients for reciprocity and spite', *Philosophical Transactions of the Royal Society B: Biological Sciences*, 364 (1533), 3255–66.

14 Jensen, K. (2010) 'Punishment and spite, the dark side of cooperation', *Philosophical Transactions of the Royal Society B: Biological Sciences*, 365 (1553), 2635–50.

15 Gadagkar (1993).

16 同上。Jensen (2010) も参照。

17 Brereton (1994); Trivers, R. (1985) *Social evolution*. MenloPark,CA: Benjamin-Cummings; Jensen (2010).

18 Brereton (1994).
19 Hauser *et al* (2009).
20 Johnstone, R. A. and Bshary, R. (2004) 'Evolution of spite through indirect reciprocity', *Proceedings of the Royal Society B: Biological Sciences*, 271 (1551), 1917–22.
21 Forber, P. and Smead, R. (2014) 'The evolution of fairness through spite', *Proceedings of the Royal Society B: Biological Sciences*, 281 (1780), 20132439.
22 同上。
23 これはテレビ番組『Blackadder goes forth』の有名な場面を思い出させる。https: //www.youtube.com/watch?v=yZT-wVnFn60
24 Chen, X., Szolnoki, A. and Perc, M. (2014) 'Probabilistic sharing solvcs the problem of costly punishment', *New Journal of Physics*, 16 (8), 083016.
25 Raihani and Bshary (2019).
26 Raihani and McAuliffe (2012).
27 Balliet *et al*. (2011).
28 Raihani and Bshary (2019).
29 Dreber *et al*. (2008).
30 Rand, D. G. and Nowak, M. A. (2011) 'The evolution of antisocial punishment in optional public goods games', *Nature Communications*, 2 (1), 1–7.
31 Dreber *et al*. (2008).
32 Crockett, M. J., Özdemir, Y. and Fehr, E. (2014) 'The value of vengeance and the demand for deterrence', *Journal of Experimental Psychology: General*, 143 (6), 2279–86.
33 同上。
34 Xiao and Houser (2005).

◉第５章　理性に逆らっても自由でありたい
1 Pinker (2018). スティーブン・ピンカー『21 世紀の啓蒙――理性、科学、ヒューマニズム、進歩』（橘明美・坂田雪子訳、草思社）
2 https://en.wikipedia.org/wiki/Milgram_experiment
3 これを理解するには、イリュージョニストのダレン・ブラウンが本実験を再現したこの動画を観るといいだろう。https://www.youtube.com/watch?v=Xxq4QtK3j0Y
4 Burger, J. M., Girgis, Z. M. and Manning, C. C. (2011) 'In their own words: Explaining obedience to authority through an examination of participants' comments', *Social Psychological and Personality Science*, 2 (5), 460–6.
5 Ryan, R. M. and Deci, E. L. (2000) 'Self-determination theory and the facilitation of intrinsic motivation, social development and well-being',

American Psychologist, 55 (1), 68–78.
6 Kühler, M. and Jelinek, N. (eds) (2012) *Autonomy and the self* (vol. 118). Dordrecht: Springer Science+Business Media.
7 MacIntyre, A. (2011) *After virtue: A study in moral theory*. London: Bloomsbury アラスデア・マッキンタイア『美徳なき時代』(篠崎栄訳、みすず書房);Schneewind, J. B. (1998) *The invention of autonomy: A history of modern moral philosophy*. Cambridge: Cambridge University Press J.B. シュナイウィンド『自律の創成——近代道徳哲学史』(田中秀夫監訳、逸見修二訳、法政大学出版局);Siedentop, L. (2014) *Inventing the individual: The origins of Western liberalism*. Cambridge, MA: Harvard University Press.
8 Ryan, R. M. and Deci, E. L. (2006) 'Self-regulation and the problem of human autonomy: Does psychology need choice, self-determination, and will?', *Journal of Personality*, 74 (6), 1557–85.
9 Johnson, R. and Cureton, A. (2019) 'Kant's moral philosophy', in E. N. Zalta (ed.), *Encyclopedia of Philosophy* (Spring 2019 Edition), https://plato.stanford.edu/archives/spr2019/entries/kant-moral/
10 Christman, J. and Anderson, J. (eds) (2005) *Autonomy and the challenges to liberalism: New essays*. Cambridge: Cambridge University Press.
11 ウィンストン・チャーチルおよび彼の「民主主義は最悪の政治形態だといわれている。民主主義以外のすべての政治形態を除けばの話だが」という言葉に敬意を表したい。
12 Brehm, J. W. (1966) *A theory of psychological reactance*. Oxford: Academic Press.
13 https://en.wikipedia.org/wiki/Give_me_liberty,_or_give_me_ death!
14 Miller, C. H., Burgoon, M., Grandpre, J. R., *et al*. (2006) 'Identifying principal risk factors for the initiation of adolescent smoking behaviors: The significance of psychological reactance', *Health Communication*, 19 (3), 241–52.
15 Vohs, K. D. and Schooler, J. W. (2008) 'The value of believing in free will: Encouraging a belief in determinism increases cheating', *Psychological Science*, 19 (1), 49–54.
16 Baumeister, R. F., Masicampo, E. J. and DeWall, C. N. (2009) 'Prosocial benefits of feeling free: Disbelief in free will increases aggression and reduces helpfulness', *Personality and Social Psychology Bulletin*, 35 (2), 260–8.
17 Twenge, J. M., Zhang, L. and Im, C. (2004) 'It's beyond my control: A cross-temporal meta-analysis of increasing externality in locus of control, 1960–2002', *Personality and Social Psychology Review*, 8 (3), 308–19.
18 https://theconversation.com/the-braveheart-effect-and-how-

companies-manipulate-our-desire-for-freedom-102057
19 Brehm (1966).
20 Lenehan, G. E. and O'Neill, P. (1981) 'Reactance and conflict as determinants of judgment in a mock jury experiment', *Journal of Applied Social Psychology*, 11 (3), 231–9.
21 Hannah, T. E., Hannah, E. R. and Wattie, B. (1975) 'Arousal of psychological reactance as a consequence of predicting an individual's behavior', *Psychological Reports*, 37 (2), 411–20.
22 Worchel, S. and Brehm, J. W. (1970) 'Effect of threats to attitudinal freedom as a function of agreement with the communicator', *Journal of Personality and Social Psychology*, 14 (1), 18–22.
23 https://www.crisismagazine.com/1984/life-freedom-the-symbolism-of-2x2-4-in-dostoevsky-zamyatin-orwell
24 http://www.gutenberg.org/files/600/600-h/600-h.htm. このあとのドストエフスキーからの引用は上記のサイトまたはDostoevsky, F. (2003) *Notes from underground and the Grand Inquisitor* (trans. R. E. Matlaw). New York, NY: Penguin または Dostoevsky, F. (2009) *Notes from the underground* (trans. C. Garnett, ed. C. Guignon and K. Aho). Indianapolis, IN: Hackett. フョードル・ミハイロヴィチ・ドストエフスキー『地下室の手記』(安岡治子訳、光文社) から転載。
25 https://www.crisismagazine.com/1984/life-freedom-the-symbolism-of-2x2-4-in-dostoevsky-zamyatin-orwell
26 Guignon, C. and Aho, K., 'Introduction', in Dostoevsky (2009).
27 Moon, D. (2014) *The abolition of serfdom in Russia: 1762–1907*. New York, NY: Routledge.
28 出典元は以下：Guignon, C. and Aho, K., 'Introduction', in Dostoevsky (2009); St John Murphy, S. (2016) 'The debate around nihilism in 1860s Russian literature', *Slovo*, 28 (2), 48–68; Freeborn, R. (1985) *The Russian revolutionary novel: Turgenev to Pasternak*. Cambridge: Cambridge University Press.
29 Taleb, N. N. (2012) *Antifragile: Things that gain from disorder*. New York, NY: Random House. ナシーム・ニコラス・タレブ『反脆弱性——不確実な世界を生き延びる唯一の考え方』(望月衛監訳、千葉敏生訳、ダイヤモンド社)
30 Sowell, T. (2007) *A conflict of visions: Ideological origins of political struggles*. New York, NY: Basic Books.
31 https://ageconsearch.umn.edu/record/295553/files/WP25.pdf
32 だからといって、人間は必ずしも常に自由を求めるというわけではない。医師であるアトゥール・ガワンデの指摘によれば、主治医から自由や自主性を与えられるのを望まない患者も少なくないという。患者は誰かに選択肢を提示してもらいたいのだ。ガワンデは娘が緊急救命室に急送されたときの個人的経験を例にあげている。娘に挿管するか尋ねられたとき、ガワンデ自身も選択

肢を提示してほしかったという。ガワンデは娘の担当医に「責任を負ってもらいたかった。彼らなら、吉と出ても凶と出ても、その結果を受け入れることができる」と記している。さらにガワンデは、人間は常に自主性を求めるわけではないという主張を裏付ける調査データを提示。もし、がんになったら自分で治療法を選択したいと回答した人々は全体の65%に上ったが、がん患者のうち実際に自分で治療法を選択したいと望む人は12%に過ぎないと指摘している。とはいえ、少なくともこの場合、選択をしないというのも1つの選択だ。自主性とは、放棄することもできるが、放棄してもつきまとうものだといえるだろう。Gawande, A. (2010) *Complications: A surgeon's notes on an imperfect science*. London: Profile Books. アトゥール・ガワンデ『予期せぬ瞬間――医療の不完全さは乗り越えられるか』(古屋美登里・小田嶋由美子訳、石黒達昌監修、みすず書房）を参照。

33 Pinker (2018). スティーブン・ピンカー『21世紀の啓蒙――理性、科学、ヒューマニズム、進歩』（橘明美・坂田雪子訳、草思社）

34 Henrich, J. (2017) *The secret of our success: How culture is driving human evolution, domesticating our species, and making us smarter*. Princeton, NJ: Princeton University Press. ジョセフ・ヘンリック『文化がヒトを進化させた――人類の繁栄と〈文化-遺伝子革命〉』（今西康子訳、白揚社）

35 同上。

36 一例として、ベイズの論法に関するスティーブン・ピンカーの講義を参照。https://harvard.hosted.panopto.com/Panopto/Pages/Viewer.aspx?id=921ab5c6-3f83-450d-b23f-ab3b0140eeae

37 Wootton, B. (1967) *In a world I never made: Autobiographical reflections*. London: Allen & Unwin.

38 Thompson, K. R., Hochwarter, W. A. and Mathys, N. J. (1997) 'Stretch targets: What makes them effective?', *Academy of Management Executive*, 11 (3), 48–60; Sitkin, S. B., See, K. E., Miller, C. C., et al. (2011) 'The paradox of stretch goals: Organizations in pursuit of the seemingly impossible', *Academy of Management Review*, 36 (3), 544–66.

39 Manning, A. D., Lindenmayer, D. B. and Fischer, J. (2006) 'Stretch goals and backcasting: Approaches for overcoming barriers to large-scale ecological restoration', *Restoration Ecology*, 14 (4), 487–92.

40 https://hbr.org/2017/01/the-stretch-goal-paradox

41 https://gutenberg.net.au/ebooks16/1600051h.html ジョージ・オーウェル「書評――アドルフ・ヒトラー著『わが闘争』」～『オーウェル評論集』（小野寺健訳、岩波文庫）に所収。

42 https://www.clivebanks.co.uk/THHGTTG/THHGTTGradio11.htm

43 Sitkin *et al*. (2011).

44 Rousseau, D. M. (1997) 'Organizational behavior in the new organizational era', *Annual Review of Psychology*, 48 (1), 515–46.

45 https://money.cnn.com/magazines/fortune/fortune_archive/1995/11/13/207680/index.htm
46 Kerr, S. and Landauer, S. (2004) 'Using stretch goals to promote organizational effectiveness and personal growth: General Electric and Goldman Sachs', *Academy of Management Executive*, 18 (4), 134–138.
47 https://hbr.org/2017/01/the-stretch-goal-paradox
48 Gaim, M., Clegg, S. and Cunha, M. P. E. (2019) 'Managing impressions rather than emissions: Volkswagen and the false mastery of paradox', *Organization Studies*, 0170840619891199.
49 同上。
50 Sitkin *et al*. (2011).
51 https://hbr.org/2017/01/the-stretch-goal-paradox
52 Kahneman, D. (2012) *Thinking, fast and slow*. London: Penguin. ダニエル・カーネマン『ファスト & スロー』(村井章子訳、早川書房)
53 同上。
54 Manning *et al*. (2006). https://treesforlife.org.uk/ も参照。

◉第６章　悪意は政治を動かす
1 Holmes, M. (2004) 'Introduction: The importance of being angry: Anger in political life', *European Journal of Social Theory*, 7 (2), 123–32.
2 https://edition.cnn.com/election/2016/results/exit-polls
3 https://www.pewresearch.org/fact-tank/2016/09/02/for-many-voters-its-not-which-presidential-candidate-theyre-for-but-which-theyre-against/
4 https://edition.cnn.com/election/2016/results/exit-polls
5 同上。
6 クリントン支持者にも同じパターンが見られたが、その度合いは少なかった。トランプが勝ったら嫌な気持ちになると答えた人のうち 13%はトランプに投票したが、クリントンが勝ったら嫌な気持ちになると答えた人のうちクリントンに投票したのは９%だけだった。トランプが勝ったら心配だと答えた人のうち 33%がトランプに投票したが、クリントンが勝ったら心配だと答えた人のうちクリントンに投票したのは 19%だけだった。そして最後にトランプが勝ったら恐怖を覚えると回答した人のうち２%がトランプに投票したが、クリントンが勝ったら恐怖を覚えると回答した人のうちクリントンに投票したのは１%だけだった。
7 https://www.rawstory.com/2016/05/bernie-or-bust-voter-at-least-trump-will-bring-change-even-if-its-like-a-nazi-type-change/
8 https://eu.desmoinesregister.com/story/news/politics/2016/10/05/sanders-says-clintons-agenda-matches-his-own-but-backers-remain-skeptical/91541064/
9 Petersen, M. B., Osmundsen, M. and Arceneaux, K. (2018, September 1) 'A "Need for Chaos" and the sharing of hostile political rumors in advanced democracies', https://doi.org/10.31234/osf.io/6m4ts

10 https://www.huffpost.com/entry/democratic-party-chaos-vote_n_5de95ab6e4b0913e6f8d3d5e にてザック・カーターが指摘。
11 DiTella, R. and Rotemberg, J. J. (2018) 'Populism and the return of the "paranoid style": Some evidence and a simple model of demand for incompetence as insurance against elite betrayal', *Journal of Comparative Economics*, 46 (4), 988–1005.
12 Bohnet, I. and Zeckhauser, R. (2004) 'Trust, risk and betrayal', *Journal of Economic Behavior & Organization*, 55 (4), 467–84.
13 統計志向の方々のために説明すると、この効果のp値はp=0.07であり、著者たちは有意水準の多重検定補正を行なっていない。
14 Graham, J., Haidt, J. and Nosek, B. A. (2009) 'Liberals and conservatives rely on different sets of moral foundations', *Journal of Personality and Social Psychology*, 96 (5), 1029–46.
15 https://www.theguardian.com/commentisfree/2018/jun/11/democrat-primary-elections-need-reform
16 同上。
17 https://www.dni.gov/files/documents/ICA_2017_01.pdf
18 https://www.politico.com/story/2016/07/top-dnc-staffer-apologizes-for-email-on-sanders-religion-226072
19 Bordo, S. (2017) *The destruction of Hillary Clinton*. London: Melville House.
20 Gaughan, A. J. (2019) 'Was the Democratic nomination rigged?: A reexamination of the Clinton-Sanders presidential race', *University of Florida Journal of Law & Public Policy*, 29, 309–58.
21 同上。
22 https://www.facebook.com/berniesanders/photos/a.324119347643076/1157189241002745/?type=3
23 http://transcripts.cnn.com/TRANSCRIPTS/1607/06/wolf.01.html
24 Voelkel, J. G. and Feinberg, M. (2018) 'Morally reframed arguments can affect support for political candidates', *Social Psychological and Personality Science*, 9 (8), 917–24.
25 https://www.newsweek.com/robert-reich-why-you-must-vote-hillary-500197
26 https://www.dailymail.co.uk/news/article-3918926/Hollywood-starts-panic-results-aren-t-going-Clinton-s-way.html
27 Bordo (2017); オルブライトは何年も前からこの意見を口にしていた。https://www.thecut.com/2013/03/brief-history-of-taylor-swifts-hell-quote.html
28 https://www.thenation.com/article/sanders-supporters-its-infuriating-to-be-told-we-have-to-vote-for-hillary-but-we-do/
29 下記のサイトで報道されているとおり、このデータは約5万人を対象に実施された議会選挙共同研究によるものである。https://www.npr.

org/2017/08/24/545812242/1-in-10-sanders-primary-voters-ended-up-supporting-trump-survey-finds?t=1586332242609
30 同上。
31 同上。
32 トランプに投票したサンダース支持者の約半数が、実際のところアメリカで白人は優遇されていないと考えていた。https://www.npr.org/2017/08/24/545812242/1-in-10-sanders-primary-voters-ended-up-supporting-trump-survey-finds?t =1586332242609&t = 1587813802090
33 https://libertyblitzkrieg.com/2016/03/03/bernie-or-bust-over-50000-sanders-supporters-pledge-to-never-vote-for-hillary/
34 https://www.theguardian.com/us-news/2016/jun/22/donald-trump-hillary-clinton-corrupt-person-president
35 https://digitalscholarship.unlv.edu/cgi/viewcontent.cgi?article=1036&context=comm_fac_articles
36 Di Tella and Rotemberg (2018).
37 https://www.theatlantic.com/politics/archive/2016/06/who-will-grab-the-bernie-or-bust-and-the-never-trump-vote/486254/
38 https://www.theguardian.com/world/2016/oct/27/wikileaks-bill-clinton-foundation-emails
39 https://twitter.com/realDonaldTrump/status/750352884106223616
40 Bordo (2017).
41 https://www.vox.com/2016/7/27/12306702/democratic-convention-obama-hillary-clinton-bill-qualified
42 Bordo (2017).
43 https://www.news.com.au/finance/work/leaders/the-moment-still-haunting-hillary-clinton-24-years-later/news-story/57ee06c9ca156a82339802987a938380
44 https://time.com/4559565/hillary-clinton-beyonce-cookies-teas-comment/
45 Bordo (2017).
46 https://www.theguardian.com/us-news/2016/oct/16/wikileaks-hillary-clinton-wall-street-goldman-sachs-speeches
47 Clinton, H. R. (2017) *What happened*. New York, NY: Simon and Schuster, 413. ヒラリー・ロダム・クリントン『WHAT HAPPENED ――何が起きたのか？』（髙山祥子訳、光文社）
48 https://www.wsj.com/articles/jonathan-haidt-on-the-cultural-roots-of-campus-rage-1491000676
49 Bordo (2017).
50 Minson and Monin (2012).
51 Guiso, L., Herrera, H., Morelli, M., *et al*. (2017) 'Demand and supply of populism', CEPR Discussion Paper, No. 11871, Centre for Economic Policy Research, London.

52 https://www.youtube.com/watch?v=3z3UoO8JdOo
53 https://uk.ambafrance.org/Brexit-Ball-is-in-UK-s-court-on-Irish-border-issue-says-Minister
54 https://www.theguardian.com/politics/2006/apr/04/conservatives.uk
55 https://www.theguardian.com/politics/2016/jun/06/david-cameron-brexit-would-detonate-bomb-under-uk-economy
56 https://www.telegraph.co.uk/news/2016/06/04/nigel-farage-migrants-could-pose-sex-attack-threat-to-britain/
57 https://www.ft.com/content/3432b77e-16a1-11e6-9d98-00386a18e39d
58 https://www.telegraph.co.uk/opinion/2016/03/17/why-am-i-considered-a-bigot-or-an-idiot-for-wanting-britain-to-l/
59 https://www.politico.eu/article/nigel-farage-on-brexit-remainers-they-think-we-are-thick-stupid-ignorant-racist-european-parliament-election-uk/
60 https://www.ft.com/content/3be49734-29cb-11e6-83e4-abc22d5d108c
61 https://d25d2506sfb94s.cloudfront.net/cumulus_uploads/document/atmwrgevvj/TimesResults_160622_EVEOFPOLL.pdf
62 Turchin, P. (2003) *Historical dynamics: Why states rise and fall*. Princeton, NJ: Princeton University Press. ピーター・ターチン『国家興亡の方程式――歴史に対する数学的アプローチ』(水原文訳、ディスカヴァー・トゥエンティワン)
63 Fournier, J. C., DeRubeis, R . J., Hollon, S. D., *et al*. (2010) 'Antidepressant drug effects and depression severity: A patient-level meta-analysis', *JAMA*, 303 (1), 47–53. 当然ながら、現在抗うつ剤を使用している人が使用を中止する場合は、必ず医療専門家の指導に従って行なうべきである。
64 Read, J., Cartwright, C. and Gibson, K. (2014) 'Adverse emotional and interpersonal effects reported by 1829 New Zealanders while taking antidepressants', *Psychiatry Research*, 216 (1), 67–73.
65 https://www.cdc.gov/nchs/data/databriefs/db283.pdf
66 Iacobucci, G. (2019) 'NHS prescribed record number of antidepressants last year', *BMJ*, 364, l1508.
67 https://www.cdc.gov/nchs/data/databriefs/db327-h.pdf
68 Del Río, J. P., Alliende, M. I., Molina, N., *et al*. (2018) 'Steroid hormones and their action in women's brains: The importance of hormonal balance', *Frontiers in Public Health*, 6, 141.

◉第 7 章　神聖な価値と悪意

1『ローマの信徒への手紙』12 章 19 節。
2 具体的には『エゼキエル書』25 章 17 節。
3 https://www.pewresearch.org/fact-tank/2017/04/05/christians-remain-worlds-largest-religious-group-but-they-are-declining-in-europe/
4 Laurin, K. (2017) 'Belief in God: A cultural adaptation with important

side effects', *Current Directions in Psychological Science*, 26 (5), 458–63; Laurin, K., Shariff, A. F., Henrich, J., *et al*. (2012) 'Outsourcing punishment to God: Beliefs in divine control reduce earthly punishment', *Proceedings of the Royal Society B: Biological Sciences*, 279 (1741), 3272–81.
5 Laurin (2017); Laurin *et al*. (2012).
6 Laurin *et al*. (2012).
7 同上。
8 Reeve, Z. (2019) 'Terrorism as parochial altruism: Experimental evidence', *Terrorism and Political Violence*, 1–24.
9 McCauley, C. (2014) 'How many suicide terrorists are suicidal?', *Behavioral and Brain Sciences*, 37 (4), 373–4.
10 Eswaran, M. and Neary, H. M. (2018) 'Decentralized terrorism and social identity', Microeconomics.ca working paper, https://ideas.repec.org/p/ubc/pmicro/tina_marandola-2018-4.html
11 LaFree, G. and Dugan, L. (2004) 'How does studying terrorism compare to studying crime?', in M. Deflem (ed.), *Terrorism and counter-terrorism: Criminological perspectives* (Sociology of Crime, Law and Deviance, vol. 5) (pp. 53–74). Bingley: Emerald.
12 McCauley (2014).
13 Qirko, H. N. (2009) 'Altruism in suicide terror organizations', *Zygon*, 44 (2), 289–322.
14 Atran, S. (2010) *Talking to the enemy: Faith, brotherhood, and the (un)making of terrorists*. New York: HarperCollins; Atran, S. (2016) 'The devoted actor: Unconditional commitment and intractable conflict across cultures', *Current Anthropology*, 57 (S13), S192–S203.
15 Jacques, K. and Taylor, P. J. (2008) 'Male and female suicide bombers: Different sexes, different reasons?', *Studies in Conflict & Terrorism*, 31 (4), 304–26.
16 Blackwell, A. D. (2008) 'Middle-class martyrs: Modeling the inclusive fitness outcomes of Palestinian suicide attack', https://www.researchgate.net/publication/323883656_Middle-class_martyrs_Modeling_the_inclusive_fitness_outcomes_of_Palestinian_suicide_attack
17 Jacques and Taylor (2008).
18 Eswaran and Neary (2018).
19 同上。
20 Stern, J. (2004) 'Beneath bombast and bombs, a caldron of humiliation', *Los Angeles Times*, 6 June.
21 https://www.9-11commission.gov/report/911Report.pdf
22 Atran, S. (2010, March 10) 'Hearing before the Subcommittee on Emerging Threats and Capabilities of the Committee on Armed Services. United States Senate, 111th Congress, Second Session', https:

//www.govinfo.gov/content/pkg/CHRG-111shrg63687/html/CHRG-111shrg63687.htm
23 Speckhard, A. and Akhmedova, K. (2006) 'Blackwidows: The Chechen female suicide terrorists', in Y. Schweitzer (ed.), *Female suicide terrorists*. Tel Aviv: Jaffee Center for Strategic Studies.
24 同上。
25 同上。
26 同上。
27 同上。
28 Atran, S. (2003) 'Genesis of suicide terrorism', *Science*, 299 (5612), 1534–9.
29 Atran, S. and Sheikh, H. (2015) 'Dangerous terrorists as devoted actors', in V. Zeigler-Hill, L. L. M. Welling and T. K. Shackelford (eds), *Evolutionary perspectives on social psychology* (pp. 401–16). Cham: Springer.
30 Atran (2003).
31 同上。
32 Ginges, J. and Atran, S. (2011) 'War as a moral imperative (not just practical politics by other means)', *Proceedings of the Royal Society B: Biological Sciences*, 27 (1720), 2930–8.
33 https://www.youtube.com/watch?v=7SFc1l62FJ4
34 Hamid, N., Pretus, C., Atran, S., *et al.* (2019) 'Neuroimaging "will to fight" for sacred values: an empirical case study with supporters of an Al Qaeda associate', *Royal Society Open Science*, 6 (6), 181585.
35 Pretus, C., Hamid, N., Sheikh, H., *et al.* (2019) 'Ventromedial and dorsolateral prefrontal interactions underlie will to fight and die for a cause', *Social Cognitive and Affective Neuroscience*, 14 (6), 569–77.
36 同上。
37 Hamid *et al.* (2019).
38 Ginges, J., Atran, S., Medin, D., *et al.* (2007) 'Sacred bounds on rational resolution of violent political conflict', *Proceedings of the National Academy of Sciences*, 104 (18), 7357–60.
39 Pretus, C., Hamid, N., Sheikh, H., *et al.* (2018) 'Neural and behavioral correlates of sacred values and vulnerability to violent extremism', *Frontiers in Psychology*, 9, 2462.
40 Berns, G. S., Bell, E., Capra, C. M., *et al.* (2012) 'The price of your soul: Neural evidence for the non-utilitarian representation of sacred values', *Philosophical Transactions of the Royal Society B: Biological Sciences*, 367 (1589), 754–62.
41 Souza, M. J., Donohue, S. E. and Bunge, S. A. (2009) 'Controlled retrieval and selection of action-relevant knowledge mediated by partially overlapping regions in left ventrolateral prefrontal cortex',

Neuroimage, 46 (1), 299–307.
42 Reeve (2019).
43 同上。
44 Pedahzur, A. (2004) 'Toward an analytical model of suicide terrorism – a comment', *Terrorism and Political Violence*, 16, 841–4.
45 Speckhard and Akhmedova (2006).
46 同上。
47 Janoff-Bulman, R. (1992) *Shattered assumptions: Towards a new psychology of trauma*. New York, NY: Free Press.
48 Speckhard and Akhmedova (2006).
49 https://jamestown.org/wp-content/uploads/2011/01/Chechen_Report_FULL_01.pdf ?x17103
50 Pape, R. A. (2006) *Dying to win: The strategic logic of suicide terrorism*. New York, NY: Random House; Qirko (2009).
51 Sheikh, H., Ginges, J. and Atran, S. (2013) 'Sacred values in the Israeli–Palestinian conflict: Resistance to social influence, temporal discounting and exit strategies', *Annals of the New York Academy of Sciences*, 1299, 11–24.
52 Reeve (2019).
53 Pratto, F., Sidanius, J., Stallworth, L. M., *et al*. (1994) 'Social dominance orientation: A personality variable predicting social and political attitudes', *Journal of Personality and Social Psychology*, 67 (4), 741–63.
54 同上。Lemieux, A. F. and Asal, V. H. (2010) 'Grievance, social dominance orientation, and authoritarianism in the choice and justification of terror versus protest', *Dynamics of Asymmetric Conflict*, 3(3), 194–207.
55 Crowson, H. M. and Brandes, J. A. (2017) 'Differentiating between Donald Trump and Hillary Clinton voters using facets of right-wing authoritarianism and social-dominance orientation: A brief report', *Psychological Reports*, 120 (3), 364–73; Choma, B. L. and Hanoch, Y. (2017) 'Cognitive ability and authoritarianism: Understanding support for Trump and Clinton', *Personality and Individual Differences*, 106, 287–91. まじめな話、この段落を読んですでに不快感を抱いている人は、Choma と Hanoch による上記の研究結果を読まないほうがいいだろう。
56 Swann, W. B. Jr., Jetten, J., Gómez, Á., *et al*. (2012) 'When group membership gets personal: A theory of identity fusion', *Psychological Review*, 119 (3), 441–56; Atran, S. (2020) 'Measures of devotion to ISIS and other fighting and radicalized groups', *Current Opinion in Psychology*, 35,103–7.
57 Swann, W. B. Jr., Buhrmester, M. D., Gómez, Á., *et al*. (2014) 'What makes a group worth dying for? Identity fusion fosters perception of familial ties, promoting self-sacrifice', *Journal of Personality and Social*

Psychology, 106 (6), 912–26.
58 Sheikh, H., Gómez, Á. And Atran, S. (2016) 'Empirical evidence for the devoted actor model', *Current Anthropology*, 57 (S13), S204–9.
59 Whitehouse, H. and Lanman, J. A. (2014) 'The ties that bind us: Ritual, fusion and identification', *Current Anthropology*, 55 (6), 674–95.
60 Whitehouse, H., Jong, J., Buhrmester, M. D., *et al*. (2017) 'The evolution of extreme cooperation via shared dysphoric experiences', *Scientific Reports*, 7, 44292.
61 同上。
62 Whitehouse, H. (2018) 'Dying for the group: Towards a general theory of extreme self-sacrifice', *Behavioral and Brain Sciences*, 41, e192.
63 同上。
64 Swann *et al*. (2014).
65 Whitehouse, H., McQuinn, B., Buhrmester, M. D., *et al*. (2014) 'Brothers in arms: Libyan revolutionaries bond like family', *Proceedings of the National Academy of Sciences*, 111 (50), 17783–5.
66 Atran (2016).
67 Sageman, M. (2014) 'The stagnation in terrorism research', *Terrorism and Political Violence*, 26 (4), 565–80; Atran (2010).
68 Benmelech, E., Berrebi, C. and Klor, E. F. (2015) 'Counter-suicide-terrorism: Evidence from house demolitions', *Journal of Politics*, 77 (1), 27–43. この効果は時間と共に低下する。それどころか懲罰的家屋破壊（家屋の所有者および所有者の活動に関係なく、家屋が立っている場所を基準に行なわれる家屋破壊の場合）は、自爆テロの件数を大幅に増加させる。
69 Atran, S. (2006) 'The moral logic and growth of suicide terrorism', *Washington Quarterly*, 29 (2), 127–47.
70 Ginges *et al*. (2007).
71 同上。
72 Kean, T. H., Hamilton, L. H., Ben-Veniste, R., *et al*. (2004) *The 9/11 Commission report: Final report of the National Commission on Terrorist Attacks upon the United States*, https://www.9-11commission.gov/report/911Report.pdf
73 Hauser, O. P., R and, D. G., Peysakhovich, A., and Nowak, M. A. (2014) 'Cooperating with the future', *Nature*, 511 (7508), 220–223.

◉おわりに　悪意をコントロールする

1 Lovell, D. W. (1984) 'The concept of the proletariat in the work of Karl Marx', https://openresearch-repository.anu.edu.au/bitstream/1885/124605/2/b12112537_Lovell_David_W.pdf
2 https://quillette.com/2018/07/14/i-was-the-mob-until-the-mob-came-for-me/
3 Ronson, J. (2015) 'How one stupid tweet blew up Justine Sacco's life',

New York Times, 12 Feb. Ronson, J. (2016) *So you've been publicly shamed*. New York, NY: Riverhead Books. ジョン・ロンソン『ルポ ネットリンチで人生を壊された人たち』（夏目大訳、光文社新書）も参照。

4 Murray, D. (2019) *The madness of crowds: Gender, race and identity*. London: Bloomsbury.

5 Weinstein, B. (2018, May 22) 'Joint Hearing before the Subcommittee on Healthcare, Benefits, and Administrative Rules and the Subcommittee on Intergovernmental Affairs of the Committee on Oversight and Governmental Reform. House of Representatives, 115th Congress, Second Session', https://www.govinfo.gov/content/pkg/CHRG-115hhrg32667/html/CHRG-115hhrg32667.htm

6 https://www.defiance.news/def007-bret-weinstein

7 Batson,C.D., Kobrynowicz, D., Dinnerstein, J. L., *et al*. (1997) 'In a very different voice: Unmasking moral hypocrisy', *Journal of Personality and Social Psychology*, 72 (6), 1335–48; Batson, C. D. and Collins, E. C. (2011) 'Moral hypocrisy: A self-enhancement/self- protection motive in the moral domain', in M. D. Alicke and C. Sedikides (eds), *The handbook of self-enhancement and self-protection* (pp. 92–111). New York, NY: Guilford.

8 Batson, C. D. (2011) 'What's wrong with morality?', *Emotion Review*, 3 (3), 230–6.

9 同上。

10 同上。

11 Marcus *et al*. (2014).

12 Batey, M. and Furnham, A. (2006) 'Creativity, intelligence, and personality: A critical review of the scattered literature', *Genetic, Social, and General Psychology Monographs*, 132 (4), 355–429.

13 ただし、ダンスや絵画、詩の分野における創造性は高くないようだ。Davis, C. D., Kaufman, J. C. and McClure, F. H. (2011) 'Non-cognitive constructs and self-reported creativity by domain', *Journal of Creative Behavior*, 45 (3), 188–202.

14 Bakker, B. and Schumacher, G. (2020) 'The populist appeal: Personality and anti-establishment communication', https://psyarxiv.com/n3je2/download?format=pdf

15 https://bigthink.com/culture-religion/eric-weinstein-intellectual-dark-web

16 より正確に言うとこの賞の部門名は「生理学または医学」である。といっても、別にワトソンがどちらで受賞したのかわからないと言いたいわけではない。

17 https://www.theguardian.com/commentisfree/2014/dec/01/dna-james-watson-scientist-selling-nobel-prize-medal

18 Hunter, S. T. and Cushenbery, L. (2015) 'Is being a jerk necessary for originality? Examining the role of disagreeableness in the sharing and

utilization of original ideas', *Journal of Business and Psychology*, 30 (4), 621–39.
19 Starmans, C., Sheskin, M. and Bloom, P. (2017) 'Why people prefer unequal societies', *Nature Human Behaviour*, 1 (4), 0082.
20 https://www.cia.gov/news-information/featured-story-archive/2012-featured-story-archive/simple-sabotage.html
21 Grolleau, G., Mzoughi, N. and Sutan, A. (2009) 'The impact of envy-related behaviors on development', *Journal of Economic Issues*, 43 (3), 795–808.
22 Chetty, R., Grusky, D., Hell, M., *et al*. (2017) 'The fading American dream: Trends in absolute income mobility since 1940', *Science*, 356 (6336), 398–406.
23 同上。
24 Boltz, M., Marazyan, K. and Villar, P. (2019) 'Income hiding and informal redistribution: A lab-in-the-field experiment in Senegal', *Journal of Development Economics*, 137, 78–92.
25 Norton, M. I. (2014) 'Unequality: Who gets what and why it matters', *Policy Insights from the Behavioral and Brain Sciences*, 1 (1), 151–5.
26 Luce, E. (2017) *The retreat of Western liberalism*. London: Little, Brown.
27 https://www.politico.com/story/2009/04/inside-obamas-bank-ceos-meeting-020871
28 Pettigrove, G. and Tanaka, K. (2014) 'Anger and moral judgment', *Australasian Journal of Philosophy*, 92 (2), 269–86.
29 Dubreuil, B. (2015) 'Anger and morality', *Topoi*, 34 (2), 475–82.
30 同上。
31 Van'tWout, M., Chang, L. J. and Sanfey, A. G. (2010) 'The influence of emotion regulation on social interactive decision-making', *Emotion*, 10 (6), 815–21.
32 元の論文は Calvillo, D. P. and Burgeno, J. N. (2015) 'Cognitive reflection predicts the acceptance of unfair Ultimatum Game offers', *Judgment & Decision Making*, 10 (4), 332–41、質問は次のサイトから引用した。http://journal.sjdm.org/14/14715/stimuli.pdf
33 直感的には「イエス」と答えたくなるかもしれないが、理性がバラは花だと結論することはできないと言う。すべての花には花びらがあるかもしれないが、だからといって必ずしも花びらのあるものはすべて花であるという意味ではない。仮に最初の文が「花びらを持つものはすべて花である」であれば、バラには花びらがあるので花であると結論できただろう。
34 直感的には 30 人と答えたくなるかもしれない。しかし、上から 15 番ということは、ジェリーの上には 14 人の生徒がいることを意味する。また、下からも 15 番ということはジェリーの下にも 14 人の生徒がいるということだ。つまり、ジェリーより上の 14 人と下の 14 人、ジェリー本人を合わせると 14

人＋ 14 人＋ 1 人＝ 29 人となる。
35 2 人の看護士が 2 人の患者の血圧を測るのに 2 分かかるということは、1 人の看護士が 1 人の患者の血圧を測るのに 2 分かかるという意味だ。200 人の看護士が同時に始めれば、2 分後にはそれぞれ 1 人ずつ患者の血圧を測り終える。つまり、200 人の患者の血圧を測れるはずだ。ということで答えは 2 分である。
36 Calvillo and Burgeno (2015).
37 Kirk, U., Downar, J. and Montague, P. R. (2011) 'Interoception drives increased rational decision-making in meditators playing the Ultimatum Game', *Frontiers in Neuroscience*, 5, 49.
38 同上。
39 同上。
40 Chapman, B. P., Fiscella, K., Kawachi, I., *et al*. (2013) 'Emotion suppression and mortality risk over a 12-year follow-up', *Journal of Psychosomatic Research*, 75 (4), 381–5; Greer, S. and Morris, T. (1975) 'Psychological attributes of women who develop breast cancer: A controlled study', *Journal of Psychosomatic Research*, 19 (2), 147–53; Thomas, S. P., Groer, M., Davis, M., *et al*. (2000) 'Anger and cancer: An analysis of the link- ages', *Cancer Nursing*, 23 (5), 344–9; McKenna, M. C., Zevon, M. A., Corn, B., *et al*. (1999) 'Psychosocial factors and the development of breast cancer: A meta-analysis', *Psychology*, 18 (5), 520–31; Cameron, L. D. and Overall, N. C. (2018) 'Suppression and expression as distinct emotion-regulation processes in daily interactions: Longitudinal and meta-analyses', *Emotion*, 18 (4), 465–80.
41 https://www.nottingham.ac.uk/cedex/documents/papers/2010-02.pdf
42 Dubreuil (2015).
43 McCullough, M. E., Kurzban, R. and Tabak, B. A. (2013) 'Cognitive systems for revenge and forgiveness', *Behavioral and Brain Sciences*, 36 (1), 1–15.
44 同上。McCullough, M. (2008) *Beyond revenge: The evolution of the forgiveness instinct*. New York, NY: John Wiley & Sons.
45 Barclay, P. (2013) 'Pathways to abnormal revenge and forgiveness', *Behavioral and Brain Sciences*, 36 (1), 17–18.
46 同上。
47 Kahneman, D., Knetsch, J. L. and Thaler, R. H. (1986) 'Fairness and the assumptions of economics', *Journal of Business*, 59 (4), S285–300.
48 Mowe, S. (2012) 'Aren't we right to be angry? How to respond to social injustice: An interview with Buddhist scholar John Makransky', *Tricycle*, https://tricycle.org/magazine/arent-we-right-be-angry/
49 同上。